자살

심리치료의 실제

자살

심리치료의 실제

Paul G. Quinnett 저
이혜선 · 육성필 공역

학지사

한국의 독자에게

자살로 사랑하는 사람을 잃게 될까 봐 걱정하는 이들과 자살을 심각하게 고려하고 있지만 아직 시도하지 않는 이들, 자살을 시도했지만 살아남은 이들, 자살을 했으나 자신의 이야기를 우리에게 선물로 남긴 한국인들께 이 책을 바칩니다. 또한 자살을 예방하기 위해 수고를 아끼지 않는 모든 이에게 이 책을 바칩니다.

폴 퀴네트

*역*자*서*문*

누군가와 대화를 하다가 문득 '이 사람 혹시 자살하려고 하는 거 아닌가?' 라는 생각이 들었을 때, 그에게 자살에 대해 직접 물어보지 못하고 주저하는 이유는 자살이라는 말이 주는 무게와 부담스러움 때문이기도 하겠지만, 아마도 그가 자살을 결심했다고 대답했을 때 도대체 뭘 어떻게 도와줘야 할지 모르는 막막함 때문일 것이다.

죽음을 고려하고 있는 사람을 마주하고 있다는 것은 굉장한 부담일 수 있지만 동시에 굉장한 기회일 수도 있다. 쉬운 일은 아니겠지만, 그를 도와 죽음보다는 삶 쪽으로 조금 더 다가오게 할 수도 있기 때문이다.

이 책은 폴 퀴네트의 『Counseling Suicidal People: A Therapy of Hope』를 번역한 것이다. 저자는 30년 이상 자살 환자를 치료한 경험과 연구 결과를 바탕으로 자살하려는 사람들을 돕는 방법을 구체적으로 제시하고 있다. 서문에서 저자가 밝힌 것처럼 이 책은 자살에 관한 이론이나 치료법들을 학파별로 분류하여 제시한 이론서가 아니다. 자살에 관한 이론이나 일반적인 심리치료에 대해서는 알고 있지만, 내 앞에 앉아 있는 사람이 자살을 생각하고 있다고 했을 때 구체적으로 어떻게 해야 할지 아득한 사람들을 위한 책이다. 이 책은 자살하려는 사람을 직접 맞닥뜨렸을 때 우리가 무엇을 할 수 있는지, 무엇을 해야 하는지를 말해 주고 있다. 따라서 이 책은 상담자나 치료자, 의사, 교사, 군의관 및 정신건강을 맡고 있는 담당자들에게 커다란 도움이 될 것이며, 자살 생각에서 벗어나지 못하는 자녀를 둔 가족이나 죽고 싶어 하는 친구를 둔 사람들에게 좋은 지침서가 되어 줄 것이다.

이 책은 실제로 자살하려는 사람들을 만나 본 경험이 적은 사람들은 절대 알 수 없는, 풍부한 경험에서 우러난 조언과 일화로 가득 차 있다. 죽겠다는 사람을 살리는 것은 우리의 지식과 학위가 아니라 그를 돕겠다는 강한 의지와 희망을 버리지 않는 진심어린 태도라고 한다. 굳은 결심을 한 사람 앞에서 하는 우리의 노력이 어설프고 실수투성이 일지라도 폴 퀴네트가 일러 준 대로 희망을 가지고 애쓰다 보면 누가 알겠는가, 우리의 진심이 자살하려는 사람의 마음을 움직일지.

지난 일 년간 연속해서 세 권의 자살 책을 번역하느라 무척 바쁘게 보낸 것 같다. 세 권의 책을 번역하기로 결심한 것은 욕심일 수도 있지만 자살 환자를 보는 데 있어서 세 권이 모두 필요하다고 생각했기 때문이다. 첫 번째 책인 『자살의 인지치료: 자살하고 싶을 때』(학지사, 2005)는 인지치료에 기반을 둔 자살치료서다. 이 책은 자조서적(self-help book)의 형식으로 되어 있어서 자살을 생각하는 사람이 직접 상담을 받는 것처럼 스스로 해 볼 수도 있고 상담자들이 활용할 수도 있는 많은 치료 기법과 방법을 담고 있다. 두 번째 책인 『돌이킬 수 없는 결정, 자살』(학지사, 2005)은 자살을 생각하고 있는 일반인을 위한 책이다. 자살을 결심하기 전에 반드시 생각해 보아야 할 주제들을 솔직하고 담담하면서도 유머러스한 어조로 설명하고 있다. 세 번째 책인 『자살심리치료의 실제』는 자살 사고를 가지고 있거나 자살 시도를 하는 사람들을 돕고자 하는 정신건강전문가를 위한 책이다. 이 세 권의 책은 자살과 관련되어 있는 사람들에게 도움이 되었으면 하는 소망을 담고 있다. 역자들은 앞으로 청소년 자살에 관한 책을 소개할 계획을 가지고 있다.

책을 번역하는 과정에서 많은 분의 도움을 받았다. 짧은 기간 동안 세 권의 책을 출판할 수 있게 해 주신 학지사의 김진환 사장님, 꼼꼼하고 정확하게 교정을 봐 주신 편집부의 김순호 차장님, 이세희 과장님과 저작권과 관련된 업무를 챙겨 주신 안선영 씨께도 진심으로 고맙다는 말씀을 전한다. 또한 문맥을 정확히 이해할 수 있도록 도와주고 격려를 아끼지 않았던 착한 선생님, Betti Geen과 Rori Wells에게도 깊은 고마움을 전한다.

역자 대표

*들*어*가*는*말*

이 책은 자살하려는 사람들을 치료하는 방법을 담은 포괄적인 논문이 아니다. 오히려 그와는 거리가 아주 멀다.

하지만 여기서 시작할 수 있다.

이용 가능한 모든 연구 결과를 살펴보면, 자살 행동을 예방할 수 있는 최선의 방법은 주요 정신장애와 대뇌의 장애(brain disorder)에 대한 정확한 진단과 적극적 치료라는 것을 알 수 있다. 자살과 정신장애의 관련성에 대한 세계의 문헌 대부분을 검토하고 임상장면에서 30년 이상 수백 명의 자살 환자를 치료한 경험을 통하여, 나는 치료가 생명을 구한다는 것을 진심으로 확신하게 되었다.

또 한 가지 확실한 것은 자살하려는 모든 사람이 치료를 받으려고 하거나, 찾아가거나, 받아들이지는 않는다는 것이며, 때로는 치료를 받을 수 있는 곳이 없을 수도 있다는 것이다. 예를 들어, 임상적 우울증을 앓고 있는 한 젊은 흑인이 분노와 불안정성에 대해 잘못된 진단을 받아 양극성 기분장애에 대한 치료도 못 받고 교도소에 수감될 수 있다. 은퇴한 노인이 주요 우울증이 아니라 수면장애로 진단을 받을 수도 있다. 자살 생각을 가진 알코올 중독인 여자가 음주운전 혐의로 체포되면, 기소를 당해 알코올 중독 회복기관으로 이송될 것이며, 그녀의 어린 시절의 신체적, 성적 학대—그리고 그것이 유발한 외상후 스트레스 장애—에 대해서는 인지되지 못한 채 정확한 진단도, 치료도 받지 못할 수 있다.

정신장애를 둘러싼 낙인이 사람을 죽게 한다. 대뇌의 장애를 앓고 있는 많은 사람이 자신에게 병이 있다는 사실을 알지 못한 채 자살로 생을 마감한다. 가족이나 친구의 사랑 그리고 그가 똑똑하고 교육을 많이 받았고 남들이 부러워하는 삶을 산다는 사실은, 고통스러운 마음에 자살이 안식을 줄 것이라고 믿어 버리는 데에 아무런 영향력도 미치지 못한다.

자살은 극도로 복잡한 행위다. 어쩌면 인간의 모든 행동 중에서 가장 복잡할 것이다. 자살은 반(反)직관적이고 개별 사례를 예측하기 어려우며, 두려움, 낙인, 금기 그리고 너무나 부족한 과학적 이해로 인해 제대로 알려져 있지 않다.

그러나 우리가 자살에 대해 알고 있는 것도 조금은 있다. 우리는 우리를 안내해 줄, 근거에 기반을 둔 많은 연구 결과를 가지고 있다.

우리는 이해와 공감 그리고 관심이라는, 생명을 구하는 기본적인 기술을 보유하고 있다. 이 책은 다른 사람을 돕고자 하는 사람에게 치유적 환경을 제공할 수 있도록 우리가 할 수 있는 일을 제시하기 위해 쓴 것이다. 우리 모두는 이미 강력한 치료제를 알고 있다. 즉, 그것은 절망에 빠진 사람의 이야기에 귀를 기울이고 그들을 안내하고 그들에게 희망을 주는 능력이다.

다음에 제시하는 아이디어와 제안은 현대의 문헌들과 정신건강, 물질남용, 심리치료, 임상적 자살학 분야에서의 나의 경험을 바탕으로 한 것이다. 여기에는 전문적 관점과 개인적 관점이 모두 들어 있다. 이 책을 자살의 개입 · 치료에 관한 주제의 결정판 같은 것으로 파악해서는 안 된다. 이들 주제에 대해 좀 더 상세한 공부를 하고자 하는 사람을 위해 자살에 관한 훌륭한 서적과 웹사이트를 부록에 제시하였다. 이것이 자살을 이해하기 위한 여정의 첫걸음이라면 당신의 여행이 계속되도록 격려하고 싶다.

정보가 도움이 되기 위해서는 접근하기 쉽고 사용하기 편해야 한다. 즉, 간결함과 내용의 배치가 중요하다. 나는 심리학적 전문용어를 최소화하고, 수년간 많은 학생들이 요구해 온 것, 즉 실질적인 개입에 초점을 맞추도록 노력하였다. 내용에서 언급되는 핵심정보에 대한 참고문헌은 이 책의 맨 뒷부분에서 찾아볼 수 있다.

자살의 언어

자살의 언어는 문화에 상당한 영향을 받는다. 백인 위주의 미국 문화에서는 자살을 암시하는 광범위한 속어가 사용되고 있다. 예를 들면, '멀리 떠나다(off)', '흙 먼지를 뒤집어 쓰다(take a dirt bath)' 같은 표현을 쓴다. 상담자가 자살하려는 사람을 효과적으로 상담하기 위해서는 자살의 문화적 언어를 배우는 것이 중요하다. 당신이 그 언어에 대해서 아직 잘 모르고 있다면 함께 일하는 다른 사람들에게 그것을 배워야 한다.

한 젊은 미국 원주민이 '영적인 흔적을 따라' 가려는 계획을 가지고 있다고 하면, 이것은 자살 소망을 표현한 것일 수 있다. 여덟 살 된

어린아이가 자살이라는 용어가 무슨 뜻인지는 몰라도 '트럭에 뛰어들다.' 라는 표현이 죽음을 의미한다는 것은 알 수 있다. 미국 문화에서 많은 십 대 소녀들이 약물을 과다복용하고 잠이 드는 자살에 대한 일반적인 환상을 가지고 있는데, 이것을 '숲 속의 잠자는 미녀 플랜' 이라고 부른다.

자살은 평생에 걸쳐 발생하는 것이고, 연령이 증가함에 따라 위험성이 증가하기 때문에 노인들과 일하는 사람들은 특별히 자살의 언어에 민감해야 한다. 또한 비록 자살에 대한 언급이 없더라도, 극심한 고통을 겪고 있는 사람은 자살을 현재 상황에 대한 합리적 대안이라고 생각할 수 있다는 점을 염두에 두어야 한다. 최근의 연구들은 노인이 자신의 자살 생각과 감정에 대해 이야기하기를 꺼린다는 결과를 제시하고 있다. 그러므로 상담자는 반드시 좀 더 직접적으로 질문을 해야 한다.

솔직하게 이야기할 필요가 있다. 생명을 살리는 개입과 치료를 가능하게 하는 것은 자살 생각과 감정—**병의 증상으로서**—을 솔직하게 이야기하는 데서 비롯된다.

자살하려는 사람과 일하는 것은 종종 응급실에서 외상을 입은 사람을 다루는 것과 비슷하다. 당신 앞에 있는 사람들은 때로, 말 그대로 죽어 가고 있다. 당신 앞에 있는 사람들은 우울함, 낙담, 깊은 절망감 때문에 죽어 가고 있다. 자살하려는 사람과 일한다는 것은 겁쟁이가 할 수 있는 일이 아니다. 그러나 상상할 수 있는, 가장 대가가 큰 일일 수 있다. 자살의 언어를 배워라. 그러면 고통이 너무 심해 자살만이 안식을 줄 것처럼 느끼는 사람을 치유하는 과정을 시작할 수 있을 것이다.

유 머

자살하려는 사람과 일한다는 것은 스트레스가 될 수 있기 때문에 나는 약간의 유머로 그 짐을 가볍게 하려고 노력해 왔다. 자살하려는 사람을 존중하지 않는다는 말이 절대 아니다. 오히려 유머는 그 일이 가능하도록 돕기 위한 것이다.

내가 처음으로 자살 환자를 만났던 때를 똑똑히 기억하고 있다. 나는 주립 정신병원에서 젊은 심리학자로 일하고 있었는데, 한 우울한 트럭 운전사가 입원하게 되었다. 그는 사냥용 칼로 갈비뼈를 가르고 심장을 찌르려고 했기 때문에 가슴에 매우 심한 상처를 입었다. 나는 비탄에 빠진 그의 긴 이야기를 들었다. 그는 직장을 잃었고 아내는 그를 버리고 떠났다. 그는 술을 마시기 시작했고, 그의 트럭은 할부금을 갚지 못해 압류되었다. 술집에서 술을 마시던 어느 날 그는 주먹싸움을 벌였고, 그 와중에 이빨 두 개가 부러졌다. 그는 술에 취하고 절망에 빠진 채로 눈 위를 비틀거리며 걸어가다가 바지 뒷주머니에 넣고 다녔던 칼을 꺼내 자살을 시도했다. 내가 그 면담의 끝부분에 했던 생각을 기억한다.

'세상에! 이 남자는 전문가의 도움이 필요하잖아.'

물론 나도 전문가이긴 했다.

하지만 그때 나는 자살 위험성의 평가에 대한 수련을 받지 못했었고, 그에게 어떤 말이나 행동을 해야 할지 갈피를 잡지 못했다. 나는 자살을 시도했던 사람을 만나 본 적이 전혀 없었다. 내가 그 심각한 첫 자살 환자에게 해 준 유일한 치료적 행위는 환자를 내버려 두거나 내가 공황상태에 빠진 채로 느닷없이 방을 뛰쳐나가 버리지 않은 것이었다.

30년이 지난 지금, 나는 두려움을 잘 극복했고, 공황상태에 빠지는 일은 거의 없다. 그리고 나는 자살하려는 환자들과 일하는 것을 좋아한다.

어느 날 한 친구와 낚시를 하러 갔다. 그는 구매 부서에서 일하는 사람이었는데, 내가 하는 일을 잘 알지 못했다. 하루는 그가 물었다.

"폴, 하루 종일 우울하고 자살을 생각하는 사람들의 이야기를 어떻게 참고 들을 수 있나?"

나는 즉시 대꾸했다.

"누가 듣는대?"

하지만 물론 나는 듣는다. 그리고 당신도 그럴 것이다. 사려 깊은 경청이 생명을 살린다. 그러니 계속 가 보자.

이 책은 개입(intervention)과 처치(treatment)라는 두 부분으로 나뉘어 있다.

개입과 자살 여행

첫 번째 부분은 자살이 고정된 사건이 아니라 과정이라는 기본적인 이론적 개념에 따라 전개하였다. 이 말이 의미하는 것은, 간단히 말해 처음으로 당신이 자살하려는 사람을 접촉하는 순간에, 소위 자살 여행(suicide journey)이라고 부르는 것을 끝낼 수도, 계속 할 수도 있는 사람을 만나고 있다는 것이다.

자살 여행은 목숨을 끊는 것이 고통을 멎게 하고 문제를 해결해 주며, 걱정거리를 없애 줄 것이라는 생각과 함께 시작된다. 이 여행은 때로 실제로 자살을 하는 것으로 끝나기도 한다. 이 여행은 짧고 충동적인 것일 수도 있지만, 길고 힘겨운 일일 가능성이 더 많다. 당신이 이 험난한 길을 따라가는 사람들을 어디에서 만나는가는 매우 중요한 일이다. 예를 들어, 당신이 이전에는 자살을 결코 생각해 본 적이 없었다가 감당할 수 없어 보이는 문제에 직면하여 처음으로 소극적인 자살 생각을 하기 시작한 젊은이를 알게 되었다면, 당신이 할 일이 몹시 어려워 보이지는 않을 것이다. 그러나 당신이 나이가 많고 백인에 알코올 중독이고 두 번 결혼에 실패한 경험이 있으며, 납세기피 혐의로 기소되어 있는 회계사이자, 이전에 자살을 기도했던 과거가 있고, 아내가 다음 주 금요일에 자신을 떠날 것이라는 사실을 알고 있는 사람을 만났다고 하면, 당신은 자살로 가는 여행의 거의 끝에 다다른 사람을 만난 것이라고 할 수 있다.

우리가 이들 각각의 여행자들에게 어떻게 반응하는지(그리고 그들이 우리의 개입에 어떻게 반응하는지)가 그들이 살도록 돕는 데 결정적인 역할을 한다. 그러므로 이 책의 첫 부분에서는 자살성의 다양한 단계와 평가, 우리가 이용 가능한 개입의 범위에 대해 다룰 것이다.

몹시 충동적인 사람(자살하려는 많은 사람이 충동적이다)을 제외하고 내가 만나 본 대다수의 자살하려는 사람은 대체로 비슷한 여행을 했다. 고속도로나 시골길이나 우회로 등 길은 다양하지만 자살을 하려는 사람은 모두 그 생각을 가지고 출발해서, 적극적인 계획으로 나아가고, 그들이 치명적이라고 믿는 계획을 수립한다. 자살하려는 사람은 대개 최종적으로 행동을 취하기 전에 죽을 의도가 있다는 것을 다른 사람에게 알린다.

이러한 의사표현은 직접적이거나 간접적인 언어적 위협에서 자살 제스처, 조용한 행동적 단서 그리고 공공연하게 치명적이지 않은 자살 시도를 하는 것까지 다양하다. 대부분의 사람은 이 여행이 끝에 점점 가까워질수록 죽음에 가까이 갔다는 신호를 보낸다. 예외가 있긴 하지만 고통받는 사람들은 대부분 내가 기술한 경로를 따라 여행을 한다.

이 책의 첫 부분에서는 이들 여행자를 어떻게 만날지, 어떤 질문을 해야 할지, 이들을 안전하게 지키기 위해서 어떤 행동을 취해야 하는지를 다룰 것이다. 여기에서 제안하고 있는 것들은 도움을 제공하는 사람의 여건에 따라 변용될 수 있다. 당연히 이런 개입을 하는 다른 방법이 있다. 그러나 여기에 제시한 방법이 나에게는 가장 효과가 있었다.

처치와 희망의 치료

이 책의 두 번째 부분은 치유하는 사람들, 즉 치료자, 사례관리자(case manager), 목회자, 상담자, 임상가 그리고 그 외에 자살하려는 사람과 일하는 많은 사람들을 위한 것이다. 따라서 이 부분에서는 지친 여행자들이 험난한 길을 한걸음씩 내딛는 것뿐만 아니라 삶의 여정이 자연스런 최종 목적지로 향하는 것을 즐기도록 돕기 위해 우리 자신과 우리의 수련과 우리의 치유적 관계를 사용할 수 있는 많은 방법을 다룰 것이다. 즉, 전략, 기법 그리고 개입법 등을 제시해 놓았는데, 이것은 당신이 생명을 구하는 작업에서 골라 사용할 수 있는 도구이며 고려해야 할 사항이다. 마지막으로 돕는 역할을 하는 우리, 내담자 그리고 우리가 일하는 시스템에 내재된 몇 가지 문제에 대해서도 언급할 것이다.

개인적인 자살 예방 지지 시스템

이 책의 마지막 페이지에 병원, 정신건강센터, 가능한 슈퍼바이저, 상담자 등의 목록을 제시하였으며, 당신이 그들의 이름과 전화번호를 적어 일종의 개인적인 지지망을 구성하도록 하였다. 일단 전화번호와 사람들을 선택해서 이것을 완성했다면 그 번호를 늘 가지고 다닐 수 있다.

마지막으로

우리가 자살과 자살예방에 대해서 모르는 것이 산더미 같다는 것을 기억하기 바란다. 하지만 현재 우리는 10년 전에 비해 자살과 그 원인에 대해서 훨씬 더 많이 알고 있다. 자살의 이해와 관련된 연구들이 최근에 많이 진행되고 있으므로 희망을 품을 이유는 충분하다.

우리가 하는 일이 이 세상에서 매년 자살로 죽는 만 명의 사람을 구한다거나, 백 명이나 심지어 열 명을 구하는 일이 아니라 해도 우리가 오늘 만난 한 사람은 참을 수 없는 심리적 고통에서 벗어날 길을 찾는 우울하고 절망에 빠진 영혼이다.

미국자살학회의 창시자 중 한 사람인 에드윈 슈나이드먼(Edwin Shneidman) 박사는 그 참을 수 없는 심리적 고통을 '정신통(psychache)' 이라고 불렀다. 나는 이것이 자살하려는 사람들이 느끼는 것을 잘 담고 있는 용어라고 생각한다. 우리는 그 어려움과 정신통을 조금이라도 감소시키는 방법을 어느 정도 배울 수 있으며, 우리의 과업을 수행할 수 있다.

우리가 여기서 배우는 만큼이면 충분히 그일을 할 수 있을 것이다.

차례

⁑ 한국의 독자에게 5
⁑ 역자 서문 7
⁑ 들어가는 말 11
⁑ 이 책을 이용하는 방법 19

01 생명을 구하는 일곱 단계: 개입이 어렵지 않은 경우 31

1단계: 'S' 질문을 하라 32
2단계: 시간을 벌어라 37
3단계: 안전한 치료적 환경을 마련하라 39
4단계: 자살하려는 사람이 계속 이야기할 수 있게 하라 41
5단계: 안전망을 형성하라 44
6단계: 생존 계획을 수립하라 47
7단계: 안전에 대한 동의를 구하라 – 소위 '자살하지 않겠다는 계약' 50
요 약 63

02 개입이 어려운 경우에 할 수 있는 개입 65

Counseling Suicidal People: A Therapy of Hope

일이 잘 풀리지 않는 경우 66
도움을 받는 것에 대한 저항 67
정신과 병동에 입원하는 것 69
위험 요인의 예 72
위험성 평가의 딜레마에 대한 또 다른 해결책 74
입원 결정 75
확고한 입장 77
격한 감정 78
지루함 79
분 노 79
좌 절 79
자신의 감정을 조절하는 것 80
자발적 입원 81
준비하는 방법 82
비자발적 입원 85
비자발적 치료 체계 86
생명을 구한다는 부담감 88
우리 자신을 돌보는 것 89

03 처치, 관리 그리고 치료 91

Counseling Suicidal People: A Therapy of Hope

좋은 관리 94
좋은 처치 94
상담만으로는 충분하지 못하다 95
적극적인 처치가 늘 필요하다 95
취하지 않은 맑은 정신 없이는 안전도 없다 96
훌륭한 진료가 생명을 구한다 97

만성적인 정신질환 98
정신과 입원 100
외래 환자 관리 102

04 Counseling Suicidal People: A Therapy of Hope

치료자를 위한 조언 105

치료자가 가장 중요하다 105

05 Counseling Suicidal People: A Therapy of Hope

희망의 치료 113

준비-기본 구조 116
치료적 관계 형성 117

06 Counseling Suicidal People: A Therapy of Hope

치료적 제안과 전략 123

절대 위약효과를 망쳐 버리지 마라 125
진단을 하라 126
우울증 여부를 확인하라 128
우울증을 발견했다면 약물치료를 고려하라 130

불안장애와 공황장애를 확인하라 *133*
알코올 중독과 약물남용을 확인하라 *134*
도박 문제를 확인하라 *136*
자살의 유가족인지의 여부를 확인하라 *138*
정신병을 확인하라 *141*
폭력에 대해 확인하라 *143*
세인트 존의 약초, 광선치료 그리고 다른 대안적인 처방 *151*
치료자의 안전한 구조를 깨지 마라 *156*
E.R.A. 다루기 *158*
권한을 부여하는 방법 *160*
어쩔 수 없는 것은 그냥 놔 두고 나머지 것을 고쳐라 *163*
당신의 치료 계획을 감찰하라 *165*
독서 요법 *166*
섭식 조절 *169*
운 동 *170*
오메가-3 지방산 *170*
H.A.L.T. 단계 *171*
매일 하루씩 *175*
고통을 분리시키기 *177*
비상구를 막지 마라 *180*
절대로 자살에 대해 승인하지 마라 *182*
신중하고 적극적이며 확신을 가지고 행동하라 *187*
강한 호기심을 가져라: 콜롬보 기법 *188*
삶에 특별 허가를 내 주라 *190*
방해전략 사용하기 *192*
생각하고 느낄 수 있도록 허용하라 *195*
가족을 개입시켜라 *196*
가족 절제술 *198*
수치심을 느끼지 않게 하라 *201*
재구성하기 *202*
'다시 카우치로 돌아가세요' *204*
베일에 가려진 모든 자살 위협을 확인하라 *206*
위험이 증가되는 시기를 예상하라 *207*

폭풍 전야의 고요함에 주의하라 *209*
이야기의 처음을 찾아라 *212*
죽음 이후를 상상하라 *216*
당신에게 소크라테스가 필요할 때: 질문을 하는 기술 *222*
거짓 자존심을 직면하게 하라: 하지만 부드럽게 *226*
자기 노출 *230*
발생할 수 있는 최악의 일은 무엇인가 *232*
계획 B *234*
선반 위의 꿈 *238*
테디베어 전략 *240*
큰 문제에 대한 새로운 조망 *242*
애완동물의 힘 *243*
당신처럼 좋은 사람이 이렇게 살다니요 *245*
심호흡을 가르쳐라 *249*
균형을 잡아라 *251*
만성적으로 우울한 자살 환자를 위한 개입법 *253*
만성적으로 자살하려는 사람들을 위한 좋은 치료제: 리네한 해법 *258*

07

Counseling Suicidal People: A Therapy of Hope

맺는 말: 당신 자신을 돌보라 *265*

희망의 전염 *269*

부록 *273*

생명을 구하는 일곱 단계: 01
개입이 어렵지 않은 경우

당신이 이미 자살하려고 결심한 사람, 또는 적어도 당신이 판단하기에 자살에 대해 생각하고 있는 것으로 보이는 사람과 접촉을 했다고 하자. 당신은 아마 지금 두 가지를 추측하고 있을 것이다.

* 상황이 심각한가, 심각하지 않은가
* 당신이 뭔가 해야 하는 입장인가, 아닌가

자살의 예방과 개입에 있어서 첫 번째 규칙은 **뭔가를 하는 것**이다. 뭔가 잘못 할까 봐 두려워하지 마라. 아무것도 안 하는 것이 사람을 죽게 한다. 잠재적으로 자살할 가능성이 있는 사람이 아직 우리와 함께 있다면 적어도 그의 일부에는 살기를 소망하는 마음이 남아 있는 것이다.

내 말을 믿어 주기 바란다. 그 살기를 바라는 마음은 상담자로서의 우리의 실수를 당신이 상상하는 것보다 훨씬 너그럽게 용서해 줄 것이다. 그러므로 계속 가자. 첫걸음을 내딛어 보자.

1단계: 'S' 질문을 하라

당신의 머릿속에 떠오른 질문이 "이 사람이 자살할 가능성이 있을까?"라면, 그 사람의 머릿속에서 이미 당신이 걱정하고 있는 일이 일어나고 있을 가능성이 매우 높다. 그러므로 의심스럽다면 **질문을 하라.** 긴장을 풀고 물어보라.

"몹시 힘들어 보이는데, 혹시 죽음이나 자살에 대해 생각하고 있나요?", "목숨을 끊는 것에 대해 생각해 본 적이 있나요?", "더 이상 살고 싶지 않다고 생각해 본 일이 있나요?" 또는 "잠이 들어서 영원히 깨어나지 않았으면 좋겠다고 바란 적이 있나요?" 하고 질문하라.

만일 어떤 사람이 죽음에 대해서 암시를 하는 것 같다면(예를 들어, "다 정리해 버리고 싶은 마음이에요.") 머뭇거리지 말고 직면하라. "지금 자살에 대해서 생각하고 있다는 말인가요?" 또는 "자살에 대해 생각해 보신 적이 있나요?"라고 질문하라.

자살 생각과 감정을 물어보는 방법은 많이 있으며, 어떤 것이든 당신에게 가장 잘 맞는 것을 사용할 수 있다. 문제의 핵심으로 바로 들어가는 질문이라면 대부분 효과가 있을 것이며, 특히 연령이나 인종 등을 고려하여 질문을 한다면 더 효과적일 것이다.

다른 책에서 나는 자살에 관한 질문(suicidal question)을 'S' 질문이라고 불렀다. 다른 S질문—성(sex)에 대한 질문—을 할 때와 마찬가지로 자살에 대해 물어보는 것은 쉬운 일이 아니다. 내가 몇 년간 수천 명의 임상가들을 수련시키는 동안, 많은 사람이 S질문을 하려고 하면 말이 목에 걸린 듯 잘 나오지 않는다는 불평을 하였다.

그 말이 목에 걸린 듯 느껴지는 것은 당연한 일이다. 당신은 그 사람에게 죽기를 원하는지 묻고 있는 것이다. 당신은 속으로 다음과 같은 생각을 하고 있는 자신을 발견할지 모른다. '내 참, 이 사람이 정말 자살하려 한다고 대답하면 어떻게 하지? 내가 무엇을 해야 되는 거지? 내가 공연히 그런 생각을 그 사람 머릿속에 심어 주는 것은 아닌가? 내가 상황을 더 악화시키면 어떻게 하지?'

당신이 S질문을 하면 무슨 일이 벌어질지에 대해 궁금해하고 걱정하는 것은 괜찮다. 그러나 걱정과 의문은 30초 이내로만 하도록 하라.

그러고 나서 물어보라.

그렇지 않으면 당신이 도우려고 하는 그 사람은 그가 스스로에게 어떤 행동을 할 것인지 암시한 것에 대해, 당신이 말도 꺼내지 못하는 사람이라고 믿을 수 있다. 당신이, 전문적인 치료자인 당신이 자살에 대한 질문을 할 수 없다면 누가 할 수 있겠는가?

습관이 되도록 하라

죽음이나 자살에 관한 반복적인 생각에 대해 질문하는 것이 의례적이고 편안한 습관이 되어야 한다. 그 질문이 의례적인 것이 되지 못하면, 첫 면접에서 자살하려는 많은 사람을 그냥 놓치게 될 것이다.

나의 클리닉과 지역 정신건강센터에서는 모든 의료진이 자살에 대해 질문을 하도록 하는 의무 규정을 만들어 놓았다. 우리의 고용인 지원 프로그램(Employee Assistance Program)을 통해 상담을 받으러 온 100명의 사람들 중 7명이 첫 면접에서 자살 생각이 있다는 것을 인정했으며, 우리 정신건강센터의 외래병동에 입원한 100명의 환자 중 46명이 자살 생각이나 감정 또는 최근에 자살 시도를 했던 경험이 있었다는 보고를 하였다.

자살 생각과 감정에 대해 의례적으로 질문하는 것은 대부분의 의사들(정신과 의사들의 경우는 제외하고)이 하는 현재의 표준적 진료에 포함되지 않는다. 따라서 의사가 당연히 자살이나 죽음에 관한 반복적인 생각에 대해 질문했을 것으로 여기는 것은 적절하지 않다. 환자가 분명하게 임상적으로 우울해 보일 때, 자살에 대한 질문을 할 확률이 증가되긴 하지만, 이것이 현재의 병원진료에서 의례적으로 하는 과정이라고 보기는 매우 어렵다.

나는 가정의학과 레지던트와 개업 중인 의사들을 교육하면서, 환자들에게 자살 생각이나 감정을 경험하고 있는지 의례적으로 물어보라고 늘 강조했다. 때로 자살에 대한 반추는, 진단을 받은 적은 없으나 치료를 받으면 나아질 수 있는 임상적 우울증을 확인하는 황금문을 여는 놋쇠 열쇠일 수 있다.

불행하게도 특정한 수련을 받은 적이 없다는 것이 의료적 검사의 일부로서 그런 질문을 의례적으로 하는 것을 방해한다. 한 의사가 이런 말을 하였다.

"만일 그 사람이 그렇다고 대답하면 어떻게 해야 하는 거죠?"

또 다른 의사는 다음의 이유로 S질문을 하는 것을 꺼렸는데, 그는 "어떤 환자가 그렇다고 말하면 그날 스케줄을 다 비워야 되잖아요. 제가 그 사람 이야기를 들어야 하잖아요. 대기실에는 사람들이 잔뜩 앉아 저를 기다리고 있는데 말입니다."라는 이야기를 했다. 그러나 다른 의사들은 늘 하는 진료과정의 일부분으로 자살에 관한 질문을 하며, 그것이 사람의 생명을 구한다.

주저하는 마음과 우리가 면접을 한 사람이 자살을 할 수도 있다는 두려움 때문에 우리 중 일부는 절대 도움이 안 되는 방식으로 S질문을 하기도 한다.

이런 방식으로 질문을 하면 **안 되는** 예를 들어 보자면, "자살을 생각하고 있는 건 아니죠, 그렇죠?" 라고 말하는 것이다.

이런 방식으로 질문을 구성하는 것은 아니라는 대답을 하도록 강요하는 것이며, 자살하려는 사람 앞에서 문을 닫는 일이다. 이것은 "제발 당신 문제를 가지고 날 부담스럽게 하지 마십시오." 라고 말하는 것이다. 이런 식으로 질문을 하는 사람은 그렇다는 대답을 들을까 봐 겁 먹은 사람일 가능성이 많다. 모든 사람이 누가 자살한 사람을 진료했었는지 알기 때문에, 긍정적인 대답은 당신에게는 생명을 살리도록 도울, 적어도 어떤 책임이 있다는 것을 의미한다.

S질문을 했을 때 나타날 수 있는 최상의 결과는 질문을 받은 사람이 즉각적으로 안도감을 느끼는 것이다. 누군가 자신의 고통을 알아보았고, 그것을 물어봐 줄 정도로 관심을 기울여 준 것이다. 이것은 생명을 구하는 개입의 시작이 될 수 있다.

몇 년 전에 나는 정신건강센터에서 자살 생각을 드러내는 환자에 관한 연구를 수행한 적이 있었다. 환자들에게 자살 생각과 감정, 자살 계획 그리고 과거사를 알아보는 구조화된 면접을 실시하였다. 간단히 말하면, 자신의 임상가들이 자살 생각에 관한 질문을 하는 데 대해 편안하고 유능하다고 느낀 환자들이, 자신을 면접한 사람이 그 주제에 대해 불편해하고 유능하지 못한 것 같다고 지각했던 환자들보다 미래에는 나아질 것이라는 희망을 더 높게 보고하였다.

S질문을 하는 것이 좀 무례한 일인 것 같다고 걱정하지 마라. 그리고 당신이 자살에 대해서 질문을 했는데, 그가 자살하려는 것이 아니라는 사실을 알게 된다면 마음을 놓을 수 있을 것이다. 이런 일을 하는 데 있어서는 어리석은 질문이 목숨을 구한다. 물어보지 않고 그냥 지나가는 것은 비극을 초래할 수 있다.

불쾌하다고 해서 전립선 문제를 탐지하는 검사를 받으라는 권고를 거부하는 노인처럼 자살 환자를 검사하지 않고 그냥 두면 제 수명을 다 채우기 전에 죽음을 맞이할 수 있다. 당신이 누군가에게 자살에 대해서 생각하고 있느냐고 물어보았는데, 그가 그렇다고 대답했다면, 당신은 이미 한 생명을 구한 것일 수 있다.

• 참고 •

자살에 관한 많은 암시와 위협이 복잡하게 되어 있어서 때로 해석하기 어려울 때, 미안해하고 주저하기보다는 대담하고 뻔뻔한 것이 차라리 낫다.

마지막으로, 어떤 사람의 자살 감정이나 생각을 부정하거나 최소화하거나 어떤 식으로든 축소하는 것은 절대로 도움이 되지 않는다. 최근에 나의 사무실에서 만났던 젊은이는 바로 일주일 전에 불면증, 심한 우울증, 자기 파괴에 대한 생각이 끊임없이 반복되는 증상 때문에 응급실을 찾아간 적이 있었다. 그는 최근에 심각한 상실을 겪었으며, 임상적 우울증과 물질남용의 과거사가 있었고, 지금은 자살 위기에 놓여 있었다. 그를 진료했던 정신과 의사는 30일분의 항우울제를 처방해 주었고, 그에게 "자살하려는 상태는 아니다."라고 설명하였다. 3일 뒤에 그는 아파트 문을 잠그고, 가지고 있던 약을 모두 먹은 뒤, 비닐봉지를 머리에 쓰고 목을 졸랐다. 다행히도 그는 죽지 않았다.

2단계: 시간을 벌어라

이제 당신과 이야기하는 사람이 자살하려 한다는 것을 알았다면, 다음 질문은 정도에 관한 것이다. 이것은 평가를 위한 질문이다. 다음 부분에서 평가에 대해 좀 더 다루겠지만, 이 시점에서는 다음 두 가지 질문에 대해 대답하는 것이 중요하다.

* 이 사람은 10분 안에 죽기를 원하는가, 아니면 자살을 조금 뒤로 미룰 수 있는가?
* 우리가 이야기를 나눌 수 있을까?

이 질문들에 대한 대답이 "그렇다. 자살을 뒤로 미루고 대화를 나눌 수 있다."라면 우리는 시간이 좀 있는 것이며 비상버튼을 누를 필요는 없는 것이다. 자살에 대해서 생각해 왔느냐는 질문을 받으면 대부분의 사람은 대화를 나누고 싶어 한다. 사실 그들은 몇 주, 몇 달 또는 몇 년 동안 누군가와 이야기 하기를 기다려 왔다. 그렇기 때문에 어떤 사람이 자살하려고 한다는 당신의 두려움이 맞는 것으로 확인되었을 때, 경청의 과정을 시작하는 것이 좋다.

정신건강 관련 종사자들이 접촉하는 거의 대부분의 자살하려는 사

• 참고 •

언제나 면담을 시작한 지 20분 이내에 자살에 대해 질문하도록 하라. 그렇게 해야 그 대답이 '그렇다' 일 때, 적절한 평가과정을 거칠 시간을 가질 수 있다.

람은 10분 안에 자살을 하지는 않는다. 이들은 내일이나 다음 주 금요일 정오, 이번 달 말일, 그리고 언젠가 ……에 죽을 생각이지만 바로 지금은 아니다.

즉각적으로 자살하려는 사람—어떤 최종적이고, 잔인한 행위에 가까워지면서, 매우 각성되고 동요되어 있는 사람—들은 응급실이나 정신병원 이외에서는 찾아보기 힘들고, 경찰이나 응급 정신건강 전문가 또는 준의료인들이 데리고 온 경우를 제외하고는 매우 드물다. 급성적인 자살 위기는 단지 몇 분 정도, 길어야 몇 시간 정도 지속되며, 며칠이나 몇 주일 동안 가는 경우는 없다. 불행하게도 그러한 삽화 기간 중 적지 않은 수의 사람들이 목숨을 잃는다.

다시, 그가 얼마나 빨리 자살하려 할지에 대해 잘 모르겠다면 몇 가지 질문을 더 하면 된다. 좀 더 질문을 하는 것만으로도 자살 생각을 하는 사람은 당신이 계속 도움을 주기 위해 필요한 편안함에 도달할 수 있다. 당신이 환자를 보살필 의료적 · 법적 책임을 가지고 있는 전문가라면, 구체적인 자살 위기 평가에 대한 특정 수련이 좀 더 필요할 수도 있다.

3단계: 안전한 치료적 환경을 마련하라

이제 우리가 자살을 뒤로 미루고 대화를 나누기로 하였다면 우리는 다음의 두 가지 아주 중요한 것을 이루어 나갈 것에 동의할 필요가 있다.

* 안전한 환경을 조성한다.
* 자살이 해결할 수 있는 문제에 대해 알아본다.

안전한 환경을 만들어 간다는 것은 간단히 말해 그 사람이 가지고 있거나 근처에 두고 있는, 자신에게 해를 미칠 수 있는 어떠한 수단도 제거한다는 것을 의미한다. 이것은 칼이나 면도날, 권총 또는 그가 소지하고 있는 알약 같은 것을 달라고 요청하는 것이다. 만일 10층 건물의 창문 밖 난간에 기댄 채 뛰어내리겠다고 하는 사람과 대화를 하고 있다면 안에 들어와서 이야기하자고 하는 것이 안전한 환경을 만드는 길이다. 어떤 사람에게 총을 내려놓으라고 하고 당신이 그것을 집어서 안전한 곳으로 치우는 것(단, 총기를 다루는 데 익숙한 경우에만 총을 만질 것)이나, 면도날, 그리고 알약이나 칼을 치우는 것도 마찬가지다.

자살의 수단이 집에 있다면 그것을 버리겠다는 동의를 얻는 것이 중요하다. 때로 이것은 매우 어려운 일이지만 반드시 해야 할 일이다(자살 수단을 내놓기를 꺼리는 것에 대해서는 **치료적 제안과 전략**에 있는 **E.R.A.를 다루기** 부분을 보라). 또한 내담자가 어린이나 청소년이라면, 집 안을 안전하게 만들 책임이 있는 어른의 이름을 목록으로 만들어 놓아야 한다.

• 참고 •

당신 자신을 위험(그 위험성이 비록 낮은 것이라고 해도)에 빠뜨리는 일은 절대 권장하지 않는다. 자살하려는 사람은 전형적으로 그를 도우려는 사람을 죽이지 않는다. 그러나 사고가 일어날 수 있다. 왜 그럴 기회를 만드는가?

때로는 치료적 관계 형성이 잘 될 때까지 안전한 환경을 조성하는 것이 불가능할 수 있다. 그런 경우에는 폐쇄병동에 입원시키는 것이 필요할 수 있다. 불안정하고 불안하며 절망에 빠진 사람이 자살의 수단을 가지고 있도록 내버려 두는 것은, 도와주려는 사람이 자신에게 진심으로 관심을 기울이는 것이 아니라는 식으로 해석될 수 있다. 예를 들면, "쉐런이 나를 진심으로 아낀다면 내가 수면제를 가지고 있지 못하게 했을 텐데……."라고 생각한다.

전화상담이 어쨌든 가장 어렵다. 그러므로 당신이 안전한 환경을 만들겠다는 약속을 받아 내지 못했다면 치료자로서 하는 행동의 수위를 올려야 한다. 당신이 전화로 안전한 환경을 만드는 일이나 이후에 상담을 받는 일에 대하여 몇 분간 최선을 다해 설득하였는데도 그가 거부하거나 설득이 잘 되지 않고, 당신이 생각하기에 여전히 위험성이 높다고 느낀다면 그가 어디에 있는지 확인해서 경찰이나 정신건강전문가에게 연락하라. 당신이 전화를 통해서 그와 접촉하거나 자살의 수단을 제거할 수는 없으며, 그 사람이 언제 그리고 얼마나 많은 약을 삼켰는지를 정확히 말할 수 없다. **만일 의심스럽다면 도움을 청하도록 하라.**

당신이 그들의 사생활을 침해하고 본인들의 의지에 반해 그들을 평가하고 억류하도록 제삼자를 보냈다고 해서 불평하는 대부분의 사람들이 소송을 하겠다고 위협하기는 하지만, 실제로 그렇게 하지는 않을 것이다. 당신이 그들에게 전화한 것이 아니라 그들이 당신에게 전화한 것이다. 그리고 그들은 판사와 배심원들에게 당신이 그들의 사생활을 침해함으로써 그들에게 어떤 식으로든 해를 입혔다는 것을 증명해야 한다. 당신이 따뜻한 마음을 가지고 있고, 좋은 의도를 가진 사람이라면 그런 일이 일어날 가능성은 매우 적다.

응급 서비스와 외래 그리고 위기상담전화를 총괄하는 책임자로서 일해 온 오랜 시간 동안, 우리 기관과 나는 자살하려는 사람에게 사생활과 시민권을 침해했으므로 고소하겠다는 이야기를 종종 들었다. 그러나 치료가 좀 더 진행된 이후에는 이러한 위협의 말을 하지 않는다. 나는 환자가 며칠 동안 나에게 화를 내는 것이 영원히 죽는 것보다는 낫다고 믿고 있다.

4단계: 자살하려는 사람이 계속 이야기할 수 있게 하라

당신이 안전한 상황을 조성했든 아니든 간에 목숨을 구하는 관계를 계속 유지해야 하는 이유는 분명하다. 즉, 그 사람이 자살을 통해 얻을 수 있는 것이 무엇인지를 깨달을 때까지 살아 있게 하는 것이다. 여기에 자살하려는 사람이 이야기하도록 하는 방법을 제시하였다.

* 온 정성을 다해 주의를 기울여라. 라포(rapport)를 잘 형성했다는 것은 바로 상대방이 자신의 이야기에 진심으로 귀를 기울이고

있다고 느끼는 것이다. 그러므로 그 사람이 너무 흥분한 상태로 더듬거리거나, 중독이 되었거나, 정신병적인 상태 또는 조리 있게 말할 수 없는 상태가 아니라면 다 들어 주도록 하라. 그리고 자신에게 이야기하라. '듣자…… 듣자…… **배우자**.'

* 자살에 대해 일상적인 이야기를 하듯 담담하고 개방적으로 이야기하라. 자살하려는 사람들은 따뜻하고 유능하고 차분한 사람을 애타게 찾는다. 자살 생각에 쉽게 놀라지 않으며 자살에 대해 말로 표현하기를 꺼리지 않는 사람을 원한다. 당신이 바로 그 사람이어야 한다.
* 자살 생각에 대해 비난하지도 좋게 말하지도 마라. 자살을 가능한 대안 중 하나로 수용하긴 하지만 현재 당면한 문제에는 가능한 해결책이 많이 있다는 입장을 취하라.
* 고통스러운 감정—특히, 몹시 당황하거나 압도당한 느낌—을 완화시켜라.
* 그가 얼마나 엉망인 상태에 빠져 있든 간에 당신은 그를 돕기 위해 그 자리에 있을 것이라고 담담하게 이야기해 주어라. 그저 "제가 여기 있습니다. 거기에서 벗어나도록 제가 돕겠습니다." 하고 이야기하라.
* "당신이 어떤 기분인지 정확하게 알고 있어요."라거나 "내일 아침이면 기분이 좋아질 거예요." 같은 상투적인 이야기를 하고 싶은 마음이 들어도 꼭 참아라. 극도의 심리적 고통을 경험하고 있는 사람에게 그런 상투적인 이야기는 별로 소용이 없다. 그런 쉬운 방법들이 효과적이었다면, 자살하려는 사람이 자살하고 싶은 마음을 계속 품고 있을 리가 없다.

* 이해하지 못했다고 말하는 것을 두려워하지 마라. 왜냐하면 다 이해한다고 하면, 당신은 자살하려는 사람에게 그들 자신도 이해하지 못하겠다고 느끼는 것을 당신이 금방 이해했다고 말하는 것이기 때문이다. 그러므로 정말로 이해한 것이 아니라면 이해한다고 이야기해서는 절대로 안 된다. 당신이 이해했다는 것을 확실히 알 수 있는 유일한 방법은 어려움에 빠진 사람에게 확인하는 것뿐이다.

좋은 질문과 탐색적 진술의 예를 들어 보자.

* 아버지 차를 당신이 찌그러뜨린 것을 알게 되면 아버지가 진짜로 크게 화를 내실 것이라고 생각하는군요.
* 당신 이야기를 들으니까, 그녀가 돌아오리라는 희망은 별로 많지 않은 것처럼 들리네요.
* 이번에 입시에서 실패하면 부모님이 더이상 학비를 대주지 않으실 거라고 생각하나요?

이런 질문을 통해서 당신의 이야기가 맞는지에 대한 확인을 받을 수도 받지 못할 수도 있다. 더 많은 확인을 받을수록 더 많이 이해할 수 있다. 그리고 자살하려는 사람이 당신이 자신을 이해했다고 더 많이 믿을수록 상황은 더 잘 풀린다.

처음으로 자신의 자살성에 대해 드러낸 사람들에게 가장 도움이 되는 것은 이해와 수용이며, 인간의 고통에 대해 측은하게 여기는 마음이다. 또한 긍정적인 결과가 나타날 것이라는 굳건한 신념도 도움

• 참고 •

세상에서 가장 안전한 가정은 아무것도 가정하지 않는 것이다.

이 된다. 그러나 이 낙관주의가 대책 없는 허황된 장담이어서는 안 된다. 만일 자살하려는 사람의 문제가 쉽게 해결될 수 있는 것이었다면 그들은 이미 문제를 해결하였을 것이다.

그러므로 당신이 첫 만남에서 자살하려는 사람에게 전달할 주요 메시지는 다음과 같다.

"맞아요. 상황은 절망적입니다. 그러나 희망이 전혀 없는 것은 아닙니다. 뭔가 할 수 있는 일이 있을 테니 함께 찾아 봅시다."

이런 굳은 신념의 말을 "아무리 험난해도, **우리가 함께** 이 어려움을 헤쳐 나갈 길을 찾을 수 있을 겁니다."와 같은 안심시키는 말과 함께 전달할 수 있다.

만일 당신이 내담자에게서 희미한 미소나 안도의 한숨, 또는 자살을 몇 분이나 몇 시간이라도 미루는 데 동의하는 듯한 그 어떤 것이라도 발견하였다면 당신의 임무는 거의 완수된 것이라고 볼 수 있다.

5단계: 안전망을 형성하라

이제 조금 숨을 돌리자. 당신은 잘 하고 있다. 개입(intervention)은 거의 끝났다. 우리는 한 시간 정도를 여기에 집중했고, 이제 지평선에 떠오르는 어렴풋한 희망의 빛을 볼 수 있게 되었다. 우리는 생명을 구하는 관계를 맺기 시작했고, 이제 몇 가지 마무리하는 일만 남았다.

당신이 방금 맺은 관계의 질에 따라 환자가 즉각적으로 자기 파괴적인 행동을 할 위험성은 급격히 줄어든다. 다만, **얼마나 줄어드는지**가 오늘날 자살학의 최대 난제며, 개인적인 그리고 전문적인 관점에서 아직까지 제기된 문제 중 최대 고민거리다. 그러나 나는 과학이 다 밝혀내지 못한 부분 때문에 잠 못 자고 뒤척일 필요는 없다고 생각한다. 그 대신에 우리가 할 수 있는 것을 하도록 하자.

당신이 숨 쉴 공간(우리는 안전한 환경을 조성했고, 문제에 대해 파악하는 시간을 가졌으며, 자살하려는 사람과 무슨 일이 일어날 수 있는지 살펴보고 이야기할 수 있는 충분한 시간을 가지기로 합의했다)을 만들어 놓았으니, 이제 그것을 어떻게 안전하게 지킬 것인지 살펴보자.

* 정보를 좀 더 얻자. 이 말은 기본적으로 그 사람이 왜 현재의 위기를 겪게 되었는지에 대해서 파악하기 위해 그의 인생에 대한 가능한 모든 정보를 탐색하는 것을 말한다. 자살을 하면 무슨 문제가 해결되는가? 왜 그 사람이 지금 자살을 하려고 하는가? 자살의 가족력이 있는가? 역할모델이 있었는가? 이 책의 전반에 걸쳐 제시되는 수십 가지의 질문은 면접자가 죽음과 삶의 이유에 대해서 탐색하고 자살 생각과 감정을 촉발시킨 문제에 대해 확인하는 작업을 더 잘 할 수 있도록 도와줄 것이다. 죽고자 하는 소망이 강할 수도 있고 약할 수도 있다는 것을 기억하자. 당신은 그 사람이 얼마나 위험한 상태인지에 대해 잘 알지 못할 수 있다. 당신은 의뢰하는 역할을 담당하고 있어서, 당신이 맡은 역할은 자살 위기와 관련된 사실을 확인한 뒤, 그를 좀 더 경험

이 풍부하고 수련을 많이 받은 사람에게 의뢰해서 보다 심층적인 판단을 하도록 하는 것일 수 있다. 좀 더 신중한 결정과 자문을 통해 얻은 자료들을 바탕으로 병원에 입원하거나 외래로 치료를 받는 것과 관련하여 어떤 행동을 취할 것인지를 결정할 것이다.

* 다른 사람을 개입시키도록 하자. 여기에서 '다른 사람'이란 동료, 슈퍼바이저, 자문관 등을 말한다. 만일 가족과 접촉할 수 있다면, 그들에게 당신 가족 중 한 사람이 자기 파괴적인 행위를 할 수 있다고 알리는 문제에 대해 신중하게 고려해 보아야 한다. 부모는 자신의 자녀가 어려움에 처해 있다는 것을 알 필요가 있다(미국의 어떤 주에서는 일정 연령에 이를 때까지 이러한 문제에 대한 정보를 부모에게 공개하도록 요구하는 법을 가지고 있다).

• 참고 •

다른 사람에게 알리는 것은 자살하려는 사람의 의사, 비밀보장에 관한 법, 당신의 학교나 기관의 정보 공개에 관한 규정, 그 사람의 나이와 같은 몇 가지 불확실한 문제에 달려 있다. 그러나 당신은 자살하려는 사람의 상태에 대해 비밀을 지키겠다는 약속을 해서는 절대로 안 된다. 비밀을 지키겠다고 합의하는 것은 당신과 그 사람 모두를 위험에 처하게 할 수 있다.

때로 어떤 사람이 자살을 하려는 이유가 누군가를 상처 입게 하려는 것인 경우가 있다. 이 '누군가'와 접촉을 하는 것이 문제를 악화시키지는 않을 것이다.

다른 사람을 개입시키기 전에 자살하려는 사람에게 그 사람이 자살 위기에 대해서 알게 되는 것에 대해 어떻게 생각하는지 물어보라. 그리고 그 사람과 접촉하는 것에 대해 허락을 받아야 한다. 일단 의사소통의 네트워크가 확장되면 가족에게서 정보를 수집해야 한다.

가족에게서 정보를 얻는다는 것이 얼마나 중요한지에 대해서는 아무리 강조해도 부족하다. 자살하려는 사람은 자신의 상태를 축소해서 당신에게 이야기할 수 있지만 가족은 좀 더 정확한 사실을 알고 있을 것이다. 가족이 관찰한 것은 종종 위험성을 평가하는 데 결정적 역할을 한다. 그러므로 처음으로 기회를 잡았을 때 가능한 많은 정보를 얻을 수 있도록 최선의 노력을 기울여야 한다. 이제 생존 계획(survival plan)으로 넘어가 보자. 이것은 가족이 개입할 수도 있고 개입하지 않을 수도 있다.

6단계: 생존 계획을 수립하라

최고의 계획은 간단한 것이다. 어떤 사람이 병원에 가지 않을 것이라면 좋은 계획은 **안전성, 전화 연락, 상황이 악화되었을 때 어떻게 해야 할 것인지에 대한 분명한 지침** 등의 요소를 포함하고 있어야 한다. 여기에 간단하고 안전한 계획의 구성 요소를 제시해 놓았다.

안전 제일

안전성을 확보하라. 이 말은 그 사람을 언제든지, 그리고 진심으로 돌봐 줄 수 있는 사람을 가까이에 배치해 두라는 것이다. 가능하면 같은 지붕 아래 있는 것이 좋다. 이 말은 또한 자살하려는 사람의 주거지에서 자살의 도구(칼이나 약 등)가 될 수 있는 모든 것을 제거하는 것을 의미한다. 모두 그런 것은 아니지만 젊은이들 중에는 충동적으로 자살을 하는 경우가 있다. 안전한 계획은 자살 시도를 막는 것이며, 자살 행동을 못하도록 좌절시키는 것이다.

전화 연결

자살하려는 사람이나 생존 계획의 일부가 되는 사람이라면 누구에게든 적어도 세 가지 전화번호를 알려 주도록 하자. 여기에는 그 지역의 위기상담전화, 즉각적으로 진료를 받을 수 있는 응급실 전화번호 그리고 당신의 사무실 전화번호나 당신에게 연락할 수 있는 다른 전화번호가 포함된다. 누구나 119를 알고 있다. 그러나 많은 사람이 그것을 이용하기를 꺼린다. 당신이 자신의 집 전화번호를 알려 줄 것인지 아닌지는 당신에게 달려 있다. 하지만 개인적으로 전화를 하는 것일수록 연결이 더 잘 된다. 중요한 것은 자살하려는 사람 앞에 생명을 구하는 다리를 놓는 것이며, 거기에 다리가 있다는 것과 그것은 언제나 개방되어 있고 건너기 쉽다는 것을 그 사람이 알게 하는 것이다.

위기 시 지침

자살하려는 사람, 그의 친구, 부모 그리고 그를 돌보고 있는 사람들에게 분명한 지침을 제시하고, 관련된 사람들이 위기(A)에서 해결책(B)까지 가는 방법을 알고 있는지 확인하라. 예를 들면, 무슨 일이 생겼을 때 가장 가까운 병원이나 정신건강 위기관리팀에 연락하는 방법을 알고 있어야 한다. 뜻밖의 결과의 법칙(일이 잘못될 가능성이 있다면 꼭 그 일이 일어나는 것, 머피의 법칙 같은 것-역자 주)은 자살하려는 사람들에게 늘 일어나는 일인 것 같다. 다시 한 번 강조하지만, **아무것도 가정하지 마라.**

안전하고 쉽게 접근 가능하고 구체적인 지침을 담은 생존 계획을 마련해 놓은 후에 남은 일은 지속적인 상담이나 치료를 받게 하는 것이다. 이러한 도움은 당신에게 받을 수도 있고 당신이 의뢰한 다른 사람에게 받을 수도 있다. 의뢰를 잘 하는 것은 일종의 기술이므로 적어도 다음 사항을 확인하도록 하자.

* 자살하려는 사람에게 다음에 만나 볼 전문가의 이름, 전화번호, 시간 그리고 주소를 적어 주도록 하라.
* 자살하려는 사람이 당신과 함께 있는 동안 의뢰를 준비하라.
* 가능하다면 그 사람과 함께 있는 동안에 당신이 의뢰하려는 전문가에게 전화를 걸어 그와 이야기를 나눌 수 있게 하라.
* 자살하려는 사람과 당신 그리고 전문가 사이의 다음 약속을 확인하라. 이러한 사람 사이의 연결은 일종의 안전망 역할을 하며, 다른 그 무엇보다 중요하다.
* 자살하려는 사람이 의뢰에 대해서 불편해하는 것 같으면 전문가와의 약속에 당신이나 다른 주위 사람이 그와 함께 가거나, 그가 정말 불편해하는 것이 무엇인지 재평가하도록 하라. 좀 더 한정적인 조치, 예를 들면 입원이 필요할 수도 있다.

7단계: 안전에 대한 동의를 구하라 – 소위 '자살하지 않겠다는 계약'

나는 '자살하지 않겠다는 계약'이라는 용어를 좋아하지 않는다. 비록, 대중적이고 널리 사용하는 용어이며, 일말의 유용성이 있기는 하지만, 이러한 계약의 유용성을 지지하는 연구 결과가 발표된 적은 없었다. 더 안 좋은 것은 이러한 '계약'은 치료자로 하여금 자살하려는 사람이 극심한 위기에 처해 있는 중에는 도움을 청하기 위해 전화를 하기 어렵다는 사실이나, 그들의 정서적인 상태로는 도저히 약속을 지킨다는 것이 불가능하다는 사실을 간과하게 한다.

내 환자 중 한 사람에게 절망과 고통의 어두운 터널로 들어간 동안에 나에게 전화를 할 수 있었는지에 대해 물은 적이 있다. 그는 대답하기를 "선생님, 선생님은 그게 어떤 상태인지 몰라요. 일단 그 상태에 들어가면 고통을 멈추게 하는 것 이외에 아무 생각도 할 수가 없어요. 전화를 해요? 말도 안 돼요."라고 하였다.

나는 전문적 치료를 받는 중에 자살을 해 버린 수많은 사람의 의료기록을 검토해 보았는데, 그들의 마지막 방문기록에 '자살 사고를 부인함. 안전을 위한 계약을 맺음'이라고 씌어 있는 것을 많이 보았다.

여전히 나는 삶에 대한 충성스런 서약—반드시 치료자에게 서약을 할 필요는 없다—이 유용할 수 있고, 급작스런 자살 위기를 평가하는 데 도움이 된다고 생각한다. 도움을 청하고 치료를 받겠다는 언어적 서약은 치료 관계를 구조화하는 것과 관련해서 환자의 동의를 구하는 데 있어서 핵심적인 단계다. 나의 제한된 연구에 따르면, 많은 환자가 안전과 치료 계획에 대해서 동의를 한 이후에 계속 살기로 결심했으며, 기분이 좀 더 나아질 수 있는 방법을 찾았다는 데 대해 안도감을 표시하였다.

아마도 우리의 임상적 전문용어에서 '자살하지 않겠다는 계약' 이라는 용어를 빼 버리기는 너무 늦은 것 같으므로 계약의 기본 요소를 간단히 설명하고, 문헌의 출처를 밝히며, 이와 관련된 찬성과 반대의 입장을 살펴보도록 하자. 이 문제에 대한 다른 전문가의 언급과 자살을 한 수십 명의 자료를 검토한 이후, 나는 환자들이 자기 파괴적인 행위를 하기 전에 '자살하지 않겠다는 계약' 이나 자살하지 않겠다는 약속을 한 경우가 많았다는 것을 확인할 수 있었다.

그러므로 계약에 대해 좀 더 논의해 보자.

첫째, 계약이란 양자 간의 거래다. 일반적인 용어로 말하자면 계약은 상호적인 약속이며, 각 당사자가 어떤 것을 얻기 위해 어떤 것을 주겠다는 마음에서 대면하는 것이다. 이 만남에서 두 사람은 제안된 계약의 결과와 특성을 이해할 수 있는 법적 유능성(충분한 인지적 능력과 기능)을 갖추고 있어야 한다. 그러므로 뇌 손상으로 인해 심각한 증상을 보이는 사람의 경우와 마찬가지로, 여덟 살 된 아이와 자살하지 않겠다는 계약을 하는 것이 과연 적절한 것일지는 의문의 여지가 있다. 계약은 어느 한쪽이 심각한 정도의 '정신적 장애나 손상' 을 입은 상태라면 자동적으로 무효가 된다.

계약의 언어가 분명할수록 그 관계는 이해할 만한 것이 된다. 계약의 구성 요소에는 **양자에 의해 수용된 상호적 약속에 대한 제안**이 포함된다. 만일 자살하려는 환자가 자살하지 않겠다는 계약을 거부한다면, 우리는 적어도 치료적 동맹이 적절히 형성되지 못했고, 환자가 자살을 시도하지 않겠다고 약속한 경우보다 위험성이 더 큰 것 같다는 사실을 알 수 있다.

자살하지 않겠다는 계약에서 우리는 환자에게 자살로 죽지 않겠다는 약속을 성실하게 지키라고 요구하곤 한다. 그러나 이것은 상호 관계이기 때문에 상호적 의무는 두 사람 모두에게 부과되어야 한다. 당신의 제안은 환자의 어떤 제안과 맞바꾸는 것인가? 이것이 이런 유형의 계약에서 간과되는 측면이다.

* 당신은 환자가 당신 집으로 개인적으로 전화하는 데 동의하는가?
* 당신은 그 사람이 치료비를 지불할 능력이 있든 없든 간에 계속 치료하기로 약속하는가?
* 당신은 환자가 당신을 필요로 할 때라면 언제나 거기에 있을 것이라고 약속하는가?
* 당신은 언제나 친절하고 사려 깊고 주의를 기울이고 진실하며 결코 치료적 실수를 하지 않을 것이라고 약속하는가? 달리 말하면, 당신은 치료 작업을 완벽하게 하겠다고 약속하는가?
* 당신은 일종의 '특별 계약'에 의해, 자살 환자에 대한 당신의 전문가적 의무에서 벗어날 수 없기 때문에, 당신이 제공한 표준적 치료에 대해 우선적인, 최종적이고 항시적인 책임이 있다는 사실을 이해하고 있는가?

이런 질문들에 대해서 대답하자니 마음이 좀 불편한가?

그럴 수 있을 것이다. 왜냐하면 당신이 자살하려는 사람에게 제공해야 할 이 모든 '가정된' 제안을 분명히 적어 넣기를 바라지 않는다는 것은 당신이—알지 못하는 사이에—성실하고 온전한 노력을 기울이겠다는 그 계약의 목적을 위반하였을수도 있기 때문이다.

만일 당신도 모르는 사이에 당신의 제안과 상호적 계약을 위반한다면 무슨 일이 일어날까? 또는 당신의 통제권을 벗어난 어떤 이유로 인해 당신이 계약을 지킬 수 없다면 어떻게 될까?

그 정답은 당신이나 자살하려는 사람 모두에게 그 계약이 즉각적으로 무효가 되는 것이다.

환자와 맺는 자살하지 않겠다는 계약은 종종 일방적이고, 그들에게는 많은 것을 포기하게 하는 반면에 우리는 거의 아무것도 포기하지 않는 내용을 담고 있다. 우리가 협상 테이블로 가지고 가야 하는 대부분의 것은 고려의 대상에서 빠져 있으며, 계약서에서 언급하지 않는 것들은 바로 환자에게 위험한 것이다.

모든 계약은 내가 당신에게 이것을 줄 테니 당신은 나에게 저것을 준다와 같은 합의를 포함하고 있다. 그 합의사항에 어떤 변화가 있거나 어떤 사항이 변경되면 수정안을 제출하게 된다. 수정안은 새로운 계약을 필요로 하며, 그것은 상대방에 의해 새로 승인되어야 한다. 그러므로 당신이 치료자로서 계약의 목적에 부합되지 못했다면, 계약은 즉각적으로 종료된다.

너무나 많은 상담자가 협상의 목적을 이해하지 못하며, 어느 정도는 상담자가 먼저 잘 해야 내담자가 안전에 대한 약속을 이행한다는 것을 모르고 있는 것 같다.

요약하자면, 환자는 당신이 대단한 능력의 치유자이기를 기대하는데, 당신은 가끔씩 조그만 기적밖에 보여 줄 수 없다면, '약속한 대로' 해 주지 못하는 것은 즉시 자살하지 않겠다는 계약을 무효화하고 환자를 위기에 빠뜨릴 것이다. 그러므로 절대로 당신이 지킬 수 없는 계약을 가지고 환자의 생명에 대해 장담하지 마라. 기억하라. 그 어떤 법적인 서류도 자살을 막을 수는 없다.

지금까지 출간된 문헌들을 조사해 본 결과, 자살하지 않겠다는 계약에 관해 다음과 같은 찬성의 입장과 반대의 입장을 찾아볼 수 있었다.

자살하지 않겠다는 계약에 대한 찬성 입장

* 치료 효과를 증진시킬 수 있는 유용한 도구로 사용될 수 있다.
* 치료를 좀 더 받겠다는 치료적 동의로 사용될 수 있다.
* 압도적인 자살 충동에 저항할 심리적 이유를 제공해 줄 수 있다.
* 환자가 **지금은** 죽지 않는다는 '합의'에 이르렀다는 데 대해 안도감과 편안함을 경험할 수 있다.
* 약속은 지켜야 한다는 도덕적 코드로 접근할 수 있다.
* 혼란스러운 위기 상황에서 할 일을 구체적으로 제시해 줌으로써 불안감을 감소시킬 수 있다.
* 자살 충동이 일어났을 때 특정한, 그리고 미리 생각해 볼 대안적 반응을 제공해 준다.
* 글로 씌어 있는 계약서는 그 사람이 죽음이 아니라 삶을 선택하기로 했다는 '서류에 기록된 증거'가 된다.
* 살기로 하는 계약을 맺었다는 것은 치료자가 환자의 고통에 대해 경청하고 이해한다는 증거가 될 수 있다.
* 상대적으로 위급한 자살 위험성에 대한 중요한 진단적 정보를 제공해 준다.

자살하지 않겠다는 계약에 대한 반대 입장

* 환자가 실제로는 그렇지 않은데도 불구하고 안전하다는 거짓 안정감을 치료자에게 줄 수 있다.
* 정신병리의 증상이 심각하거나 급성적인 경우에는 적절하지 못하다.
* 치료적 동맹이 맺어져 있지 않은 상태에서는 아무런 의미도 없다.
* 충동조절능력이 약하거나 거의 없는 환자, 또는 급성적인 고통, 불안정함, 심한 불안을 경험하고 있는 환자에게는 위험할 수 있다.
* 약물이나 술을 복용하거나 남용하고 있는 사람들에게 이런 계약을 하는 것은 위험할 수 있다.
* 어떤 사람들에게는 문화적으로 적합하지 않을 수 있다.

아동이나 청소년에게는 혼합되거나 제한된 정도의 가치밖에 없는데, 특히 그가 몹시 충동적이거나 미성숙한 경우에 그러하다. 현재는 어떤 경우에만 이것을 사용할 것인지에 대한 일반적인 합의가 존재하지 않는다.

어떤 전문가들은 '자살하지 않겠다(no-suicide)' 는 계약에 반대하여 '자해하지 않겠다(no-harm)' 는 계약을 선호한다. 어떤 준자살(parasuicidal) 내담자(자살을 하려는 것처럼 말하고 행동하지만 자살할 의사는 없는 사람)에게는 이 용어를 사용하는 것이 적절할 수 있다. 그러나 자해하지 않을 것을 요구하는 것은 자살을 하면 안 된다는 요구, 안전에 대한 명시된 동의, 위기 관리 그리고 치료 계획과 같은 것이 아니다. 특히, 어떤 사람이 치명적인 수단으로 목숨을 끊으려고 계획하고 있는 경우에 그러하다. 내가 예전에 보았던 한 십 대 소년에게 자해하지 않겠다는 계약에 대한 의견을 물어보았을 때 그는 이렇게 말했다.

"선생님, 좀 현실적이 돼 보세요. 저는 자해를 하려는 게 아니에요. 저는 자살을 하려는 거라고요!"

• 참고 •

만일 당신이 자살하려는 사람과 '계약'이라는 단어를 사용하려고 한다면 제발 이것이 법적인 용어와는 의미적으로 아무런 상관이 없는 용어라는 점을 이해하기 바란다. 계약은 조항과 개정, 종결의 사유 그리고 그 외에 다른 세부사항을 필요로 한다. 여기서 더 중요한 문제는 계약이라는 것이 두 당사자가 온전한 마음의 상태에 있을 때만 체결될 수 있는 것인데, 심각한 자살 위기를 겪고 있는 사람들은 깊은 마음의 고통으로 인해 온전한 마음의 상태라고 보기 어려울 수 있다는 것이다.

이제 대안을 고려해 보자.

당신이 환자를 직접 상담하든지 아니면 다른 사람에게 의뢰를 하든지 간에 계속 사는 방법을 찾아보겠다는 정직하고 성실한 결심을 얻어 내기 위해 노력하는 일은 그에게 살려는 의지가 얼마나 있는지를 알아보는 간접적 검사인 경우가 종종 있다. '나는 살고 싶다.'와 같은 진술은(스스로에게 하는 말이든 다른 사람에게 하는 말이든 간에) 개입의 긍정적인 결과라 할 수 있다.

사람은 우스운 면이 있다. 우리는 절망에 빠져 자살하려는 마음을 먹지만 계속 살게 해 줄 치료를 위해 협상을 하는 기회가 생기면 그렇게 한다. 그러나 어떤 사람은 마찬가지로 자살을 하려고 하지만 죽음 쪽으로 더 가까이 가 있어서 협상을 하지 않는다. 면담에서 최종적으로 어떤 결과가 나올 것인지(삶으로 돌아갈지 죽음으로 다가설지)는 내담자와 치료자 사이의 관계의 질에 의해 결정되는 경우가 많다.

나의 경험과 자살하려는 사람들을 평가하고 치료한 다른 사람들의 경험에 비추어 보았을 때, 면접자가 적대적이고 냉담하고 관심이 부족하다고 지각된 경우에는 자살 위험성이 증가하였고, 면접자가 친근하고 개방적이며 따듯하고 진실하다고 지각된 경우에는 위험성이 감소하였다.

면접자의 자질이 수집된 정보의 질을 결정하고, 그럼으로써 평가와 개입의 질을 결정한다는 것은 의문의 여지가 없다. 면접자는 **긍정적이고 신뢰할 수 있는 관계가 형성되었다고 확신하기 전**에 안전에 대한 합의나 위기 관리 계획에 참여할 것을 절대로 요구해서는 안 된다.

때로 어떤 사람과 한 시간 정도의 상담 작업을 마친 이후에, 그 사람에게 살아 있어야 한다는 특정한 합의를 요구하지 않아도 되겠다는 느낌을 받을 수 있다. 그러나 내가 조언하고 싶은 것은 어쨌든 물어보라는 것이다. 당신이 그의 마음을 잘못 읽은 것이 아니라는 점을 확인하고, 끔직한 일이 일어나지 않을지를 확인한 다음에야 당신이 그래도 할 수 있는 일을 다 했다는 생각에 편히 잘 수 있을 것이다.

안전성 합의와 위기 관리 계획의 구성 요소

안전성 합의의 구성 요소는 기본적으로 단순히 살아 있겠다고 약속하는 것 이상이다. 이것은 자살하려는 사람에게 제안한 의뢰와 치료 계획의 위험성과 이득을 알리는 과정을 포함한다. 안전성 계획은 자살의 수단이 될 수 있는 것을 제거하는 데 동의하고, 술이나 약물에 취하지 않은 온전한 정신으로 생활하며, 의학적 조언을 따르는 데 동의하는 것을 포함한다. 이 계획의 일부로 환자는 처치(보통 약의 복용을 포함하는 치료와 가족의 개입 등)가 이루어질 수 있도록 안전한 환경을 유지하기로 합의하게 된다.

전반적으로 위기 관리와 처치 및 의뢰 계획에 대한 수용은, 안전성에 대한 동의와 삶으로 돌아가기로 하는 약속을 함축한다. 이것은 미래를 인정하고 수용하는 것이며, 이상적으로는 전문적인 치료를 받기로 약속하는 것이다. 이러한 동의를 단지 구두로 할 수도 있고 서면으로 하는 방법도 있다. 이런 유형의 안전성 합의는 환자가 외과적 수술을 받기로 동의했을 때 하는 서면 동의 과정(수술 하루 전에는 식사를 하지 않고, 특정한 약을 특정 시간에 복용하고, 마취제 사용을 허가하는 등) 이상이다. 환자는 법적으로 무능하지 않으며, 제안된 치료법의 위험성과 이득에 대해 이해하고 평가할 수 있는 능력을 가지고 있다고 가정된다.

평가 면담은 다음의 두 가지 예 가운데 하나와 유사한 방식을 사용하는 것으로 마무리할 수 있다.

* 이 문제들이 정리될 때까지 자살을 하지 않겠다는 약속을 할 수 있습니까?
* 우리가 함께 작업을 하려면 당신이 살아 있겠다고 약속을 할 필요가 있습니다. 그럴 수 있습니까?

서면 기록(chart note)은 이러한 질문이 함축하고 있는 것보다 훨씬 많은 정보를 기록할 수 있다.

치료나 의뢰와 관련되어 당신이 어떤 제안을 하려고 할지에 대해서는 내가 이야기할 수 있는 부분이 아니다. 당신이 스스로 결정해야 한다. 당신이 일하는 기관이나 병원, 클리닉이 환자가 기대하는 것(전문적 치료, 자격 있는 의료진, 안전한 환경 등)을 기록해 놓은 어떤 것을 가지고 있을지도 모르지만, 대부분의 기관은 자살하려는 환자가 다른 의례적인 진료 이상의 어떤 것을 기대할 수 있는지에 대해서 명시해 놓은 서면 자료를 가지고 있지 않다. 자살 환자에게 당신이 이야기하든 안 하든 간에 당신은 늘 표준적인 진료를 할 것이라고 기대될 것이다.

어떤 치료자는 근무 시간 이후에는 전화를 받지 않으며, 어떤 치료자는 전화를 받는다. 어떤 치료자는 집으로 전화를 하도록 허용하며, 어떤 치료자는 절대로 그렇게 하지 않는다. 환자는, 정말 최소한 유능하고 윤리적인 진료를 받을 권리를 가지고 있다. 그러나 그 정도도 보장되지 않는 경우가 발생하곤 한다.

다시 한 번 말하지만, 당신이 어떻게 하든 간에 **당신이** 지킬 수 없는 약속에 대해서 환자의 목숨을 걸고 장담하지 마라.

대부분의 비(非)정신병적이고, 약한 정도의 스트레스를 겪으면서 자살하려는 사람들은 약속을 하면 지켜야 한다고 생각한다. 그러므로 차라리 악수를 하면서 살려고 노력하겠다고 말하는 것이 서면 동의서를 작성하는 것보다 낫다. 나는 우리와 우리를 필요로 하는 사람 사이에 서면으로 된 동의서가 꼭 필요하다고 보는 사람(그것은 우리가 서로를 신뢰하지 못하기 때문에 변호사라도 개입시켜야만 하는 것처럼 느껴진다)을 만난 적이 없기 때문에 악수 한 번 하고 미소를 짓는 방법을 택

할 것이다.

그러나 어떤 자살하려는 사람과 치료자에게는 위기 관리 계획에 대해 동의하고 서명하는 것이 유용한 것 같다. QPR 연구소에서 발간된 QPRT 자살위기관리검사(Suicide Risk Management Inventory)는 구두 동의와 서면 동의 두 가지를 모두 담고 있다.

QPRT 자살위기관리검사의 몇 가지 핵심 질문에 대해서 조금 더 부연 설명을 하자면 QPRT는 질문(Question), 설득(Persuade), 의뢰(Refer), 처치(Treat)를 상징한다. 거기에는 입원 환자와 외래 환자에게 적합하게 만든 세 가지 버전이 있다.

구조화된 임상적 면담에서 QPRT는 현재의 자살 위기를 평가하고, 위기 관리 계획을 수립하도록 도와주며, 안전성과 '의료적 조언을 따르는 정도' 를 증가시키기 위한 부분을 포함하고 있다.

이 QPRT는 열두 명의 전문가에게 자살 위험성을 평가하는 질문 중에서 가장 중요한 것을 제시하도록 한 후, QPRT의 저자가 성인을 위한 표준화된, 높은 수준의 임상적 면담을 확보하는 데 가장 중요한 15개의 핵심 질문을 추출하였다(청소년과 아동에게는 다른 질문 과정을 사용한다). 너무 자세히 들어가기보다 성인/노인용 QPRT의 첫 다섯 질문을 제시하겠다.

현재 자살 생각과 감정이 있다는 것을 확인한 뒤, 면담자는 다음 질문을 하고 그 답을 기록한다.

무슨 일이 있었는가?

환자의 조망으로 문제를 파악한다. 이것이 진짜로 관심을 가져야 할 유일한 입장이다.

지금 자살을 하려는 이유는 무엇인가?
오랫동안 상황이 안 좋았을 수 있다. 그러나 '왜 지금 자살을 하려고 하는가?' 라는 질문에 대한 대답은 위기, 상실 그리고 거부 등의 경험을 이끌어 낸다.

어떤 방법으로 자살을 하려고 하는가?
고려하고 있는 자살 방법을 확인하도록 돕는다.

언제 그리고 어디서 자살을 하려고 하는가?
자살을 시도할 시간과 장소를 특별히 정해 놓았다는 것은 위험성이 더 높다는 것을 의미한다.

과거에 언제 그리고 어떤 방법으로 자살을 시도하였는가?
과거에 자살을 시도했었는지, 현재와 유사한 위기를 겪은 적이 있었는지를 확인한다.

이 질문에 대한 대답(아동용 버전은 내용은 유사하지만 연령에 적합하게 되어 있다)은 안전성 합의와 처치 참가에 동의하는 것을 포함해서, 위기 평가와 표준화된 위기 관리 계획으로 유도한다.

점차 광범위하게 사용되고 있는 QPRT는 한 페이지 분량의 차트 형식으로 되어 있는 포괄적인 검사이며, 임상가들과 자살하려는 사람 모두가 긍정적으로 평가하였다. 내가 수행한 연구에 따르면, 지역정신건강센터에서 초기 평가 면담을 받은 자살 환자 표집의 89%가 '자살에 대해 질문하는 방식에 대해 만족한다.'고 응답하였고, 또한 70%가 면담 이후에 자살하고 싶은 마음이 줄어들었다고 하였다.

이 구조화된 면담에 대해서 긍정적으로 느낀 사람 중 대다수가 면접자들이 자신을 '이해한다'는 느낌을 받았다고 보고하였으며, 면접자가 자살이라는 주제에 대해 '편안하게' 이야기하는 것 같았고, 미래에 대해 좀 더 '희망적인' 느낌을 받게 해 주었다고 보고하였다.

좀 더 부연하자면, 이 연구에 참여한 면접자들은 경험 있는 정신건강전문가들이었고, 8시간 동안 자살위기평가 과정과 QPRT의 사용법에 관한 과정을 이수하였다.

QPRT의 아동용 버전은 동일한 접근법을 사용하지만 질문의 구성이 다르다. 질문은 십 대 이전이나 십 대 그리고 부모나 양육자들이 응답하게 되어 있으며, 그 목적은 위험성과 관련된 정보를 수집하여 건전한 위기 관리 계획을 수립하려는 것이다.

특별히 주의할 사항: 술을 마시지 않아야 안전하다

술은 자살에서 매우 중요한 역할을 하기 때문에(어떤 보고서에서는 자살을 하는 사람의 대다수가 죽을 당시에 술이나 약물에 취해 있었다고 제시하였다) 도움을 받는 중에는 술이나 약물을 하지 않겠다는 동의를 받도록 하라. 술은 사회적 판단력을 손상시킬 뿐만 아니라 자살을 포함해서 자신의 행동에 뒤따르는 결과를 예상하는 능력을 감소시킨다. 우리가 우울하거나 화가 나 있을 때, 술이 이들 증상을 잠시 가라앉혀 줄 수도 있겠지만 감정 상태를 참을 수 없는 수준으로 끌어올릴 수도 있다.

혈류에 대한 알코올의 직접적인 심리적 효과는 예측하기 어렵다. 그 결과, 충동성과 자포자기하는 부정적인 생각이 증가되어 갑작스럽게 매우 치명적인 상황이 발생할 수 있다. 술에 취한 사람이 자신은 안 취했다고 말한다고 해서 그렇게 간주해서는 절대로 안 된다. 술에 취한 사람은 누구나, 자살하지 않겠다는 약속을 포함해서 어떤 약속이든 성실하게 지키기 어렵다.

그러므로 어떤 사람이 술에 취해서 자신을 안전하게 할 수 없거나 하려고 하지 않는다면, 약물남용이나 중독에 대한 평가를 받도록 하는 것을 포함해 좀 더 강도 높은 개입이 필요할 수 있다.

요 약

대부분의 자살하려는 사람은 별다른 논쟁 없이도 살아 있겠다는 데 대해 동의할 것이다. 그들은 당신의 손을 잡고, 고개를 끄떡이며, 자신에게 시간을 좀 주겠다고 약속할 것이다. 그들은 공감하며 자신의 이야기를 들어 주는 사람을 찾은 것만으로도 원하는 도움을 어느 정도 받았다고 할 수 있을 것이다.

어떤 경우에 자살하려는 사람은 주변을 안전하게 만드는 데 동의하지 않거나, 정신적인 장애가 있거나 중독되어 있어서 안전을 확보하고 살아 있겠다고 약속하는 것이 우선적인 과제가 될 수 없는 경우도 있다. 어떤 사람은 자신의 이야기를 분명하게 하지 않거나, 살아 있겠다고 약속하는 것을 거부하기도 한다. 또 어떤 사람은 24시간만, 3일만 또는 일주일만 더 살겠다고 약속하기도 한다. 만약 한 달을 살겠다는 약속을 받아 낼 수 있다면 상황이 아주 절망적인 것은 아니다. 그러나 그가 하루나 일주일 혹은 의뢰할 사람을 만나게 하기에 충분한 시간 동안 다른 사람들이 그를 도울 수 있도록 거기 머물러 있겠다는 믿을 만하고 성실한 약속을 할 수 없다면, 당신은 희망척도에서 매우 낮은 점수를 받는 사람을 만난 것이라고 할 수 있다. 그들은 이렇게 말하는 것 같다.

"제 이야기를 들어 주셔서 고맙습니다. 하지만 저는 자살을 선택했습니다."

이제 당신은 비상 버튼을 누르고 다음 장으로 넘어가야 할 것이다.

02 개입이 어려운 경우에 할 수 있는 개입

앞 장에서 우리가 만난 자살하려는 사람들은 자기 파괴를 향한 여정의 시작 단계에 있는 사람들이었다. 이들은 삶보다는 죽음이 더 나은 것 같다는 생각을 탐닉하고 있지만—적어도 아직은—죽음에 깊이 몰두하고 있지는 않았다. 어떤 요인(연령, 성별, 인종, 알코올 남용이나 우울증 여부 등)이 그들을 막고 있건 간에 그들은 조금 더 기다리고 대화를 나누어 보겠다는 데 동의할 정도의 약속을 할 수 있었다. 그들은 적어도 한동안은 자신의 남은 인생이 어떻게 펼쳐질지에 대해 숙고해 보려는 의지를 가지고 있다.

우리가 방금 논의했던 사람들은 양가감정을 느끼고 있으며, 고통을 끝내고 살아갈 방법을 찾고 싶은 것이지, 죽기를 원했던 것이 아니었다. 그러므로 자신을 위험한 상황에 처하지 않게 하고 치료를 받겠다는 약속을 받아 내는 것이 상대적으로 쉬웠다. 여행자에 비유하자면, 이들은 지금 운전하고 있는 험난하고 울퉁불퉁한 길이 평탄한 고속도로로 진입하는 길에 있는 짧은 비포장 도로인지를 확인하기 위해 좀 더 살아보자는 데 동의할 수 있었다.

개입이나 치료를 통해 희망이 충전되면, 자살의 위험성은 급격히 감소된다. 사실 자살 생각을 다시 촉발하는 어떤 문제가 생기지 않았는지를 간간이 확인하는 것만으로 충분하며, 환자를 걱정에서 멀어지게 할 수 있다. 일단 치료가 시작되면, 그의 기분은 좀 더 나아지고 인생의 문제가 해결되기 시작한다. 그러면 얼마 안 가 자살은 그 모습을 감추게 된다.

일이 잘 풀리지 않는 경우

그러나 때로는 개입이 잘 안될 때가 있다. 치료는 실패하고, 치료제는 효과가 없고, 치료자는 실망을 한다. 때로 당신과 대화를 나누고 있는 사람은 인생의 마지막 1마일이 남았다고 생각하고 달리기 시작한다.

때로 그 사람은 급성적인 또는 만성적인 문제에 대한 해결책으로 자살을 선택한 것을 포기하려 하지 않는다. 때로는 너무나 많은 다른 문제가 한꺼번에 발생해서 도저히 탈출구가 보이지 않을 수도 있다. 그리고 당신이 한 시간 이상 열심히 작업을 한 이후에도 그는 다시 희망을 품을 수 있다는 확신을 하지 못할 수 있다.

왜 그들이 당신을 믿어야 하는가? 어쩌면 당신을 만난 지 얼마 안 됐을 수 있다. 당신은 그들이 아는 모든 사람 중에서, 그들이 겪고 있는 극심한 심리적 고통에 대해서 진짜로 알지는 못하는 그저 조금 좋은 사람일 수 있다. 그들을 안 지도 얼마 되지 않았는데, 당신은 지금-여기서 진정한 안식을 보장해 주는 유일한 해결책을 포기하라고 요구하고 있는 것이다.

당연히, 상당한 시간과 노력 그리고 때로는 돈을 자살 계획에 쏟아부은 사람들이 순순히 그것을 포기하지는 않을 것이다. 그들은 어떻게 살 것인지를 알아내려는 것이 아니라 어떻게 죽는지를 결정하려고 하는 것이다.

도움을 받는 것에 대한 저항

어떤 사람들에게는 자살 계획을 세우는 것이 개인적 통제감을 느끼게 해 주는 유일한 원천이자, 최근에 즐기고 있는 유일한 행위인 경우가 있다. 그러므로 당신이 그 계획을 포기하라고 하는 것 같으면, 이제는 너무 늦었고 너무 부족하다고 느껴지는 도움에 대해 저항할 수 있다. 당신이 안전성과 치료에 대한 약속을 요구했을 때 환자들은 회피적인 태도로 다음과 같은 말이나 행동을 할 수 있다.

* 밧줄을 어디다 두었는지 '기억' 할 수 없다.
* 모은 약을 아직은 포기하고 싶지가 않다.
* 분명히 그들은 다음에 다시 만나자는 데는 동의했지만 아무런 약속도 잡지 않는다.
* "걱정하지 마세요. 그때가 오면 당신을 더 이상 괴롭히지 않을 겁니다."

* “고맙습니다. 당신의 이야기는 정말로 도움이 되었어요. 지금까지 제가 무엇을 해야 할지가 분명하지 않았어요. 하지만 이제 당신과 이야기를 나누고 나니 기분이 훨씬 좋아졌어요. 이제 가도 되죠?”

당신이 이러한 혼합된 메시지를 받기 시작하면, 그들의 생각을 다음의 사례에 비추어 비교해 볼 수 있다.

* “당신은 선량한 사람인 것 같아요. 하지만 당신을 믿을 수는 없어요. 과거에 내가 믿었던 모든 사람이 나를 속였는데, 왜 당신은 아니겠습니까?”
* “당신이 하는 치료가 과연 내 고통을 멈추게 해 줄 것인지 잘 모르겠어요. 하지만 내가 가지고 있는 약이 고통을 멎게 해 줄 것이라는 점은 확실합니다.”

이 사람의 속마음은 안전성과 미래에 대한 분명하고 성실한 약속을 하기를 거부하는 것이다.

이제 당신은 어려운 결정을 해야 한다. 당신이 다음 단계로 할 행동이 상황을 호전시킬 것인지 악화시킬 것인지를 잘 판단해야 한다. 내가 ‘악화’라고 말한 것은 당신이 다음에 할 일이 자살하려는 사람의 소망에 정면으로 상충되는 일이고, 그 사람을 더 흥분하게 하거나 심지어는 화나게 할 수도 있기 때문이다.

하지만 이미 당신은 멀리까지 왔고 도망칠 수 있는 방법은 없다.

사실 당신은 지금 뭔가 심각하게 잘못되었다는 것을 알고 있으며, 당신이 양식 없는 사람이 아닌 한 당신은 잘못된 것을 바로잡기 위해 뭔가 해야 한다. 적어도 시도라도 해야 한다. 당신은 자살하려는 사람과 함께 말 그대로 생사를 판가름하는 기로에 서 있는 것이다.

이 시점에서 치료자는 혼자서 그 사람을 안전하게 할 수 없다는 것을 깨닫게 된다. 도움이 좀 더 필요한 것이다. 즉, 정신과 병동(또는 이와 비슷한)의 안전함을 고려하지 않을 수 없을 것이다. 이제 당신은 좀 더 앞으로 나아가야 한다. 이 '강요하는 문제' 는 확실히 그동안 당신이 쌓아 온 약간의 동맹 관계를 시험할 것이다.

정신과 병동에 입원하는 것

정신과 병동에 입원하는 것이 늘 최선의 선택은 아니지만 때로는 필요하기도 하다. 정신건강이나 다른 영역의 전문가들(사회사업가, 정신과 간호사, 상담자, 심리학자, 의사 그리고 정신과 의사)은 자살 위험성이 높은 사람을 어떻게 할 것인가를 판단하라고 고용된 사람들이다. 하지만 그들이 그 일을 잘 하든 못하든 그러한 조치 이면의 판단은 위기평가면담에서 나온 사실에 근거해서 이루어진다. 여기에 자살위기평가의 커다란 문제점이 있다.

자살이란 것이 아무리 명확해 보이더라도 자살을 실제로 예측하는 것은 본질적으로 불가능하다. 이것은 비행기 사고나 지진이나 특정 인물의 자살처럼 드물게 일어나는 사건을 예측할 때 생길 수 있는 당연한 문제다. 그러나 우리가 이미 알고 있는 위험성을 최소화하기 위해 할 수 있는 일이 몇 가지 있다.

우리는 위험성을 이해하고 있다. 우리는 비행기 충돌 사고가 있을 수 있다는 점을 안다. 하지만 어떤 비행기에서 언제 사고가 날까? 적절한 유지 보수와 교육 과정이 비행기 충돌의 위험성을 감소시켜 줄 것이다. 위기 관리에 있어서는 원칙, 의례적 절차 그리고 표준화된 안전 지침을 따르는 것이 가장 중요하다. 당신이 항공기를 탄다고 할 때, 당신의 목숨은 3만 피트 상공에서 한 시간에 수백 마일을 가는 운송수단이 안고 있는 위험성을 최소화하면서 안전을 담당하고 있는 누군가의 손에 달려 있는 것이다.

매일 우리는 무엇을 먹을 것인지부터 운전을 할 때 안전띠를 매야 한다는 것까지 위험성에 대한 자료와 위험성을 줄이기 위해 어떤 일을 해야 하는지에 대한 조언의 홍수 속에 살고 있다. 위험성을 줄이고 안전성을 증가시키는 길은 우리가 부지런히 그런 자료를 이용하는 것밖에 없다. 이는 자살 위기를 관리해야 하는 가족들과 자살하려는 사람을 돕는 경우도 마찬가지다.

자살하려는 사람과 함께 일하고 그 위험성에 대해 알고 있는 사람은, 알코올 중독에 걸린 우울한 노년 남성의 자살률이 높다는 것을 알고 있다. 그러나 정확하게 어떤 사람이 어떤 상황에서 어느 날 죽을 것인지는 결코 알 수 없다. 우리는 다만 지식을 통해 조심할 수 있을 뿐이다.

미국의 기본 자살률을 살펴보면, 1년에 10만 명당 약 12명이 자살을 한다. 실제로 자살로 죽은 사람들의 수는 적절한 예측을 하기에는 너무 적은 것이다. 그러므로 누가 자살로 죽을 것인지를 알아맞혀야 한다고 할 때, 최선의 추정은 그 사람이 자살을 하지 않을 것이라는 답일 것이다. 그러면 아마 대부분의 내기에서 당신이 이기게 될 것이다.

그 결과 그리고 절대적으로 자살의 기저율(base rate)이 낮기 때문에 모든 자살은 회고적으로 보았을 때 가장 잘 예측할 수 있다. 즉, "나는 그가 자살을 할 것이라는 점을 알았다. 모든 징후가 다 있었다."

이런 드문 사건을 예측하는 데 제한점이 있기 때문에 우리가 할 수 있는 최선의 일은 기존에 알려져 있는 위험 요인에 대해 배우고, 그것을 감소시키며, 자살 행동과 연관되어 있다고 알려진 위험성에 대하여 가족이나 주변 사람들을 교육하는 것이다. 우리는 이러한 작업을 심장질환이나 당뇨병, 암의 위험성이 높은 사람을 위해 하고 있다. 우리가 왜 이런 작업을 자살 위험성이 높은 사람을 위해 할 수 없겠는가?

요약하자면, 자살을 예방하기 위해 우리는 합리적이고 신중하며 효율적인 주의를 기울일 필요가 있다. 특히, 어떤 사람이 자살하려는 마음을 가지고 있거나, 목숨을 끊을 생각을 하고 있다는 것을 우리가 알았을 때 말이다.

• 참고 •

위험 요인은 안정적인 변인(연령, 인종, 정신과적 진단, 과거의 자살 시도, 이혼한 상태 등)일 수도 있고 불안정한 변인(중독, 수면 부족, 불안정성 등)일 수도 있지만, 자살은 실제로 이 모든 것의 소용돌이 속에서 일어나며, 우리가 통제할 수 있는 것이 거의 없는 심리사회적 맥락에서 가장 빈번하게 일어난다. 통계적으로 보았을 때 취약한 사람은 이번 주에는 자살 위험이 낮았다가 다음 주에는 자살 위험이 높을 수 있다. 우리가 자살하려는 사람과 일할 때 가장 중요한 것이 바로 위기 관리와 위기 관리 계획을 세우는 것이다.

위험 요인의 예

연구가 많이 이루어진 자살의 위험 요인에 대해서 어느 정도는 알고 있을 것이다. 여기에서 미국 공중위생국장의 1999년 자살 방지를 위한 조치에서 나온 유력한 요인의 목록을 살펴보자.

* 이전에 자살을 시도했던 경험
* 정신장애, 특히 우울증이나 양극성장애와 같은 기분장애
* 정신장애나 알코올 및 물질남용장애를 동시에 가지고 있는 것
* 자살의 가족력
* 절망감
* 충동적이거나 공격적인 경향성
* 정신건강과 관련된 서비스를 받으러 가기 어려움
* 관계의 상실, 사회적, 직업적 상실 또는 재정적 손실
* 신체적 질병
* 특히, 총이나 독극물 같은 치명적인 수단에 접근하기 용이함
* 정신장애와 물질남용장애 그리고 자살에 붙어 있는 낙인 때문에 도움을 청하기를 꺼리는 마음
* 직접적인 개인적 접촉이나 부적절한 대중매체를 통해 자살한 중요한 사람들—자살로 사망한 가족, 유명인사, 동료 등—의 영향을 받는 것
* 문화적, 종교적 신념—예를 들면, 자살은 개인의 딜레마를 정리해 주는 고상한 해결책이라는 신념
* 한 지역에서 자살이 유행하는 것(이것은 전염병과 같은 효과를

가진다)

* 고립감이나 다른 사람들에게서 동떨어져 있다는 느낌

이것이 연구자들이 확증해 준 자살의 주요 위험 요인이다. 이 외에 **이전에 정신과에 입원한 경험, 집 안에 총을 소지하고 있는 것, 대처를 잘 하지 못했던 과거 경험, 충동성, 백인, 십 대 흑인 남자 그리고 다른 사람에게 부담을 준다고 느끼는 것** 등의 요인도 문헌에 나와 있다.

위험 요인의 목록은 얼마든지 길게 제시할 수 있다. 그러나 솔직히 자살 위험성을 판단하기 위해서 이 목록에만 의지한다는 것은 위험하다. 마찬가지로 심리검사 자료, 질문지, 검사지만을 지나치게 의지하는 것도 **현재의 자살 위험성**에 대해 질문해야 할 부분을 너무 많이 간과하게 한다.

우리는 어떤 심리검사나 면접법 또는 기존에 밝혀진 위험 요인들도 어떤 사람이 자살로 생을 마감할 것인지 아닌지에 대해 완벽한 예측을 해 줄 수 없다는 사실을 잘 알고 있다. 임상적 경험은 우리의 예측이 얼마나 틀릴 수 있는지를 반복해서 증명해 준다.

어쩌면 우리가 할 수 있는 최선의 것은 박식한 체하는 것을 포기하고, 우리가 아는 것을 가지고 겸손하게 우리의 의견을 너무 강하게 내세우지 않는 것이다. 우리는 어쨌건 "우리가 아는 것을 우리가 어떻게 해서 알게 되었나?"라는 질문에 대한 대답을 할 수 있어야 한다. 왜냐하면 자살하려는 사람을 보다 제한적인 환경, 예를 들어 정신병원에 입원시키도록 하는 문제에 있어서, 우리는 전문적인 의견—그것이 얼마나 불완전하고 증명이 필요한 의견이든 간에—을 피력하기에 충분한 대답을 할 필요가 있기 때문이다.

위험성 평가에 관해 기억해 두어야 할 마지막 사항은 당신이 어떤 방법을 사용하든, 얼마나 능숙하든, 또는 유사한 자살 환자에 대해서 동일한 결론을 내려 본 적이 있었든 간에 자신의 판단에 대해 늘 의문을 가져야 한다는 것이다.

남자 친구에게 버림받고 몹시 흥분한 십 대 소녀는 몹시 우울하고 자기애적이며, 알코올 중독인 60대 사업가가 총과 탄환과 고통을 끝내려는 계획을 가지고 있는 경우에 비하여 통계적으로 보았을 때 자살 위험성이 더 낮을 수 있다. 그러나 그것이 이 소녀는 살고 그 남자는 죽을 것이라는 의미는 아니다. 반대의 일이 일어날 수도 있다. 그리고 불행하게도 그런 일들이 일어나곤 한다.

위험성 평가의 딜레마에 대한 또 다른 해결책

구체적인 임상적 면접은 자살 계획에 대한 최고의 억제책이 될 수 있으며, 그 면접을 문서화하는 것은 자살 사건의 소송에 대한 최고의 억제책이 될 수 있다. 이 면접에서 밝혀진 사실, 수집된 정보, 그리고 어떻게 그런 관찰이 임상적 결정에 영향을 주는지가 사람들이 살아 있도록 도와주는 것들이다.

사람이 정신병적이거나 취해 있거나 통제 불능의 상태가 아니라면, 실제로 자살 위험을 막을 수 있는 유일한 사람은 바로 자살하려는 그 사람이다. 이 말이 좀 이상하게 들릴 수 있겠지만 사실이다. 반드시 자살을 하겠다고 결심한 사람은 죽을 방법을 찾아내곤 한다. 상대적으로 안전한 정신과 병동에서나 자살 위험성에 대해 밀착 주시를 하고 있는 경우에도 말이다. 간단히 말해 우리는 자살하려는 사람이 자신을 안전하게 지키도록 도울 필요가 있다. 연구자들이 우리 모두를 안전하게 지켜 줄 어떤 도구를 만들어 낼 때까지는, 우리가 자살하려는 사람과 맺는 관계의 질과 우리가 구축할 수 있는 가장 안전한 환경 안에서 만들어 내는 치료의 효과에 의존하는 것이 최선의 방법이다.

입원 결정

자살하려는 사람의 자기파괴(self-destruction)를 향한 여정을 초반부, 중반부, 후반부로 나눌 수 있는 과정이라고 본다면 안전성과 치료에 대한 약속을 이행하지 않으려고 하는 사람은 죽음을 향한 여행의 거의 끝에 도달해 있으며, 그 누구도 자기 대신 운전을 하게 하지 않으려고 하거나 그렇게 할 수 없는 사람이라고 볼 수 있다. 그런 사람은 더 이상 안전하지 못하며, 법적인 용어를 사용한다면 이제 '자신에게 위해를 가할 수 있는 위험성이 있다(danger to self).' 고 할 수 있다.

기본적으로 당신이 안전에 대한 성실한 이행 약속을 받아 낼 수 없다면, 입원을 시키거나 입원 결정을 할 수 있는 사람들과 상의를 하는 방법 이외에 선택의 여지가 없다. 자살하려는 사람이 통제권을 상실했다고 느끼거나, 당신이 보기에 그가 통제력을 잃었고 자신을 안전하게 지키거나 외래 진료를 받을 수 없다고 판단된다면 그때는 대개 입원이 최선의 선택이다.

급박한 자살 상태에는 거의 항상 심한 우울증이나 심각한 또는 전반적인 불면증, 심한 분노, 알코올이나 약물 중독, 정신병(psychosis)이나 다른 급성 정신장애(acute psychiatric illness)의 하나 또는 그 이상의 증상이 수반된다. 그러므로 입원을 판단하는 것이 꼭 어려운 것만은 아니다. 병원에서 그 사람을 입원시킬 것인지 아닌지는 별개의 문제다. 그러나 그 사람이 정신장애로 인하여 자신을 위험하게 할 것이라는 분명한 근거가 있다면 입원은 보통 가장 안전한 선택이 된다.

만일 당신이 정신건강과 관련된 전문인이 아니라면 병원에 입원하는 것이 필요한지 아닌지에 대해서 판단하는 것은 당신 몫이 아니다. 만일 의심스럽다면(특히, 당신이 평가한 것에 대해 다른 사람의 의견을 들어 볼 수 없다면) 개입 관계에서 한 걸음 물러서서 깊이 있는 도움을 받게 할 수 있는 곳을 알아보라. 병원에 입원해야만 하는 사람이 입원하지 않는 것, 또는 당신이 보다 안전한 환경의 필요성에 대해 역설했으나 그의 강한 저항에 부딪혀 입원시키는 것을 포기하는 것은 당신이 원하는 일이 아닐 것이다.

자살하려는 사람이 안전성에 대해 약속하거나 자살의 수단을 포기하지 않으려 할 때, 또는 자신의 미래의 안녕감에 관해서 협조하지 않으려 할 때 우리에게는 선택의 여지가 별로 없다.

이제 병원에 입원해야 한다는 사실(자발적이든 비자발적이든)에 직면하게 되면 자살하려는 사람 중 많은 사람이 갑자기 자신은 전혀 자살할 생각이 없다는 것을 당신에게 확신시키려고 한다. 그러므로 당신은 그런 일에 대해 준비를 해야 할 것이다. 여기에 자살하려는 사람들이 병원에 가는 것을 피하기 위해 하는 몇 가지 전형적인 이야기를 제시한다.

하지만 저는 정말 괜찮아요. 정말로 괜찮다니까요!

그냥 농담이었어요. 자살을 하지는 않을 거예요.

후, 뭐 그렇게 심각하게 생각하고 그러세요?

정신병원이요? 제가 당신한테 미친 사람처럼 보입니까? 저는 그 어떤 병원에도 가지 않을 겁니다.

병원이요? 저는 병원에 갈 수가 없어요. 누가 제 고양이를 보살펴 준단 말입니까?

저는 이미 빈털터리예요. 병원에 갈 돈이 없어요.

• 참고 •

당신이 만난 자살하려는 사람이 안전하지 못하고, 감독을 받는 안전한 환경에서 지낼 필요가 있다는 확신이 든다면, 둘러서 이야기하지 마라.

확고한 입장

자살하려는 사람을 안전하게 지켜야겠다는 마음을 먹었다면, 그들이 화를 낼 것이라고 예상할 수 있다. 사실 당신은 그들의 자유를 제한한 것이다. 당신의 이야기에 어떤 사람은 잔뜩 인상을 찌푸릴 것이고 어떤 사람은 욕을 할 것이다. 또 어떤 사람은 고소를 하겠다고 위협할 수도 있다. 이런 반응들은 불편한 감정이지만 피할 길이 없는 것이다.

사실 이 고비에서 당신이 판단을 해 놓고도 물러나 버린다면 미래가 얼마나 희망적일지에 대한 당신의 생각이 바뀌었다는 것을 암묵적으로 알리는 것일 수 있다. 그러므로 자살하려는 사람은 당신의 번복에 대해 오해하고 이렇게 생각할 수 있다. "그래! 내가 맞았어……. 희망이란 건 없었던 거야."

격한 감정

어려운 자살 위험성 평가 면접의 어느 시점에서든 격한 감정이 나타나게 마련이다. 자살하려는 사람이 괴로워서 찾아왔는데, 이제 자신의 인생을 자기 마음대로 할 수 없다는 사실에 직면하게 되면 더욱 흥분하게 될 것이다. 자율성을 위협받으면 환자는 헌법에 명시된 권리가 침해당하는 것이라고 주장할 것이며, 자유를 수호하는 이 나라에서 당신이 다른 사람의 의지에 반하는 행동을 제멋대로 강요할 수는 없다고 할 것이다. 이것은 아주 순도 높은 적대감일 수 있으며, 당신이 어느 먼 외계에서 온 것이 아니라면 어떤 강한 감정을 경험할 수 있다.

자살하려는 사람에 대해 이전에 느꼈던 공감과 이해의 좋은 감정은 지루함이나 분노(두려움) 또는 좌절감으로 바뀔 수 있다. 자살하려는 사람에 대한 이런 부정적인 감정은 적어도 내 경험으로는 자살하려는 사람을 달아나게 하거나, 도움을 주었던 바로 그 사람을 굉장히 생소하게 느끼도록 할 수 있다. 그들은 어쩌면 이렇게 이야기할 수도 있다. "저리 가세요. 내가 이미 죽었다고 생각하면 되잖아요!"

그러므로 자살하려는 사람을 평가하고 상담할 때, 그들에 대한 자신의 정서적 반응을 자주 점검할 필요가 있다.

지루함

자살하려는 사람들의 문제에 대해서 갑자기 지루하게 느끼는 것은, 당신이 아주 빠른 속도로 그와의 관계에서 정서적으로 철수되고 있다는 신호일 수 있다. 그와 한참 동안을 같이 보낸 다음에도 그는 여전히 당신과 경기(play ball)를 하려고 하지 않는다. 날은 저물고 당신은 지쳤다면 결국 결심을 할 수 없는 것처럼 보이는 사람과 계속 머물러 있기보다는 다른 방법을 찾아보는 것이 더 나을 수 있다.

분 노

보통 두려움은 분노의 뒷면이기 때문에 어느 정도의 분노를 느끼기 시작할 가능성을 예상하는 것이 좋다. 이 경우에(당신이 목숨을 구하려고 애쓸 때) 두려움은 당신이 실패할지 모른다는 감정에서 나온다. 당신이 어떤 사람의 목숨을 구하려고 노력해 왔고 최선을 다했는데, 이제 당신은 길을 잃었다는 이야기를 듣는다. 자신의 목숨을 당신의 손에 올려놓고, 그 손을 당신 등 뒤로 돌려 묶기를 원하는 사람에 대한 가장 일반적인 정서적 반응은 분노다.

좌 절

당신이 자살 위험성 평가를 했는데 환자가 살겠다고 하지 않는다면 좌절을 경험할 것을 예상하라. 목숨이 위태로운 상황에서 그는 비협조적이고 당신의 기술을 시험할 수 있다. 그 사람은 아무런 이유도 없이 친절함의 한계까지 당신을 밀어붙이려고 할 수 있다. 너무 좌절하지 않길 바란다. 많은 사람이 최근에 그를 실망시켰다는 것을 고려해 보라. 당신은 그저 그 줄의 맨 끝에 섰을 뿐이다.

자신의 감정을 조절하는 것

지루함, 분노(두려움), 좌절감을 예상하는 것, 그리고 그것이 정상적으로 나타나게 되어 있는 반응이라는 것을 아는 것은 그것이 일어났을 때 금방 깨달을 수 있도록 도와줄 것이다. 이런 감정을 느끼는 것은 부정적인 것이 아니라 긍정적인 것이다. 그것은 자신을 들여다보게 하고 자신의 내부에서 일어나는 일들을 알게 해 준다. 상황에 따라서는 그것을 자살하려는 사람에게 말하는 것이 적절할 수 있다.

> 당신도 알겠지만 나는 좀 겁이 납니다. 우리가 함께 대화를 나누고 당신의 어려움에 대해서 좀 이해하기 시작했지만, 당신은 마치 더 이상 내가 당신을 돕길 원하지 않는 것처럼 행동합니다. 혹시 다른 사람과도 이런 경험을 한 적이 있었나요?

당신은 여기서 도움이 되는 대답을 들을 수도 있고 관계를 다시 바로잡을 수도 있다. 자살하려는 사람은 이전에 비슷하지만 도움이 안 되는 대화를 나누었던 경험을 가지고 있을 가능성이 매우 높다. 당신의 질문은 문제의 핵심을 찌른 것이며, 모든 사람의 감정이 다 중요하다는 것과 무력감을 인정하고 있다.

또 다른 진실한 반응에는 다음과 같은 것이 있다.

> 당신이 지금 당장은 안전이나 치료에 대한 약속을 할 수 없을 수도 있겠다는 것을 깨달았습니다. 당신은 괜찮다고 할지 모르겠지만 나는 괜찮지가 않습니다. 나는 당신이 죽지 않고 계속 살도록 하기 위해 내가 할 수 있는 최선을 다하려고 여기에 있는 것이고, 그렇게 하려고 합니다.

자살하려는 사람에게 당신이 확고한 입장을 견지하고 있다는 것을 보여 주면 그는 대개 차분해지고 다시 치료 과정을 따라간다. 당신의 객관성과 좋은 판단력을 바탕으로 운전대를 잡고 있는 그의 손을 잘 살펴보고 방향을 이끌 결심을 해야 한다. 운전을 맡은 사람으로서(분명한 사고와 맑은 정신으로) 당신은 바른 일을 해야 한다. 그러면 나중에 자살하려는 사람이 다시 돌아와서 자신을 위해 용기 있게 행동해 주어 고맙다고 할 가능성이 크다.

자발적 입원

자신을 위험에 빠뜨리지 않겠다는 약속을 이행하려 하지 않는 자살하려는 환자가 어느 정도 주저하더라도 자발적으로 병원에 입원하는 편이 낫겠다고 확신한다면 그것이 제일 좋은 경우다. 비자발적인 입원은 환자를 언짢게 할 수 있고 환자의 자존심과 자기 가치감에 손상을 입힐 수 있다.

자발적인 입원은 상대적으로 일처리하기가 쉬우며, 입원 담당 의료진에게 위기의 심각성에 대해 전달할 필요가 있는 핵심적인 위험에 대한 정보를 제공할 수 있다.

당신이 자살하려는 사람에게 보내는 주된 메시지는 그가 안전하기를 당신이 원한다는 것이다. 당신은 그가 편안한 밤을 보내기를, 약의 복용을 시작하기를, 의사나 간호사와 이야기하기를 원하고, 안전한 곳에 있는 동안 상황이 정리되기를 바란다는 것이다.

자살하려는 사람은 이런 저런 골치 아픈 문제를 해결하려고 무던히도 애를 써 왔기 때문에 결국은 잠시 안식을 취할 기회를 가지는 것을 환영할 가능성이 많다. 비록, 초기에는 저항을 보이더라도 후에 "나는 원하지 않았었는데, 그 사람들이 고집을 부렸었지." 하고 친구에게 설명할 것이다.

준비하는 방법

현대의 정신과 입원의 특성에 대한 정보를 자살하려는 사람이나 그들의 가족에게 제공하는 것은 안전한 환경으로의 이송을 용이하게 해 줄 수 있다. 입원에 관한 두려움(상상한 것이든 실제적인 것이든)을 다루는 것은 위기에 빠진 사람을 자발적으로 입원하게 하는 가장 좋고, 가장 빠르며, 가장 효과적인 방법이다. 여기에 당신의 노력을 도와줄 몇 가지 정보가 있다.

* 요즘은 병원에 입원하는 기간이 길지 않다. 며칠에서 몇 주일 정도다.
* 의료진은 잘 훈련을 받아서 자살하려는 사람들이 경험하고 있는 고통과 아픔에 대해 잘 알고 있다.
* 자발적으로 입원한 환자는 약을 먹는 것을 포함해서 자신에게 요구되는 모든 것을 할 필요는 없다.
* ECT(Electro Convulsive Therapy: 전기충격치료)는 현대의 의료 기술 발전으로 인해 안전하고 효과적이긴 하지만, 환자의 동의 없이는 절대로 사용되지 않는다.
* 모든 유형의 환자 권리가 보장된다(전화 사용, 방문자 허용, 종교적 행위, 비밀 보장 등).
* 현대의 정신병원은 환자의 존엄성을 존중하는 치유의 장소다. 그곳은 독사 굴이나 감옥이 아니다.

정신과 입원의 일반적인 과정은 다음과 같다.

* 정신과 의사나 어떤 경우에는 응급실 의사와 통화를 하고 자살하려는 환자를 입원시키려고 한다고 말한다. 이때 다음의 정보가 필요할 수 있다.
  - 위험성 평가 면담의 요약본
  - 연령, 성별, 위기의 특성, 술이나 약물을 복용하는지의 여부, (만일 있다면) 그가 복용하는 약
  - 가족이나 보호자의 전화번호. 병원과 외래 진료소 사이에 일을 처리하는 방식에 따라서는 당신이 직접 환자의 입원 여부를

판단하는 책임을 맡은 의료진이 있는 곳으로 전화를 할 수도 있다.

- 어떤 의사는 좀 더 많은 정보를 원하겠지만, 당신이 수련을 많이 받은 전문가가 아니라면 무리한 것을 기대하지는 않을 것이다. 그들이 어떻게 정보를 수집하든 간에 입원을 시키는 것이 적절한 것인지를 판단하기에 충분한 정보를 알 필요가 있다. 그들은 종종 잠재적인 자살 가능성의 증거를 요구할 수 있다.

* 걱정을 불식시키고, 왜 지금 병원에 가는 것이 어려운지에 대한 뻔한 변명에 대처하기 위해 아기나 애완동물을 돌봐 줄 사람을 구해야 하고, 직장이나 아파트 관리인에게 말해야 하는 등 그 사람과 그의 안전 사이를 가로막는 어떤 것이든 조처해 주겠다고 하라.
* 보호자가 함께 갈 수 없다면 교통편을 알선해 준다. 대부분의 자살하려는 사람은 혼자서 병원에 갈 수 있다. 그러나 왜 위험을 감수해야 하는가? 누구든 책임을 질 수 있는 성인이 그 사람을 병원에 데리고 가기만 하면 된다. 택시 기사도 괜찮다. 만일 어떤 사람이 급성적인 자살 위기 상태고, 지금 당장 죽기를 원한다면 비전문인에게 그 일을 맡겨서는 안 된다. 그 대신에 119에 연락을 할 수 있다. 119에서 일하는 사람은 아마 경찰 운송수단을 알선해 줄 것이다.
* 청소년이 입원을 하는 경우에는 부모나 보호자가 함께 가서 지지를 보내 주고 안심할 수 있도록 해 주는 것이 좋다.
* 당신 자신을 위해서(그래야 밤잠을 편히 잘 수 있을 것이다) 의뢰한 사람이 잘 있는지 병원으로 전화를 해 보라.

• 참고 •

자살하려는 사람이 피를 흘리고 있다거나, 약물을 과다복용하였다고 생각되면, 119에 전화해서 응급구조팀을 불러라. 약물을 과다복용한 사람은 종종 어떤 종류의 약이나 독극물 혹은 그것들을 섞은 것을 얼마나 먹었는지에 대한 단서를 남겨 놓지 않는다. 만일 당신이 이러한 응급상황을 평가하는 적절한 수련을 받지 못했다면, 이를 잘 아는 사람에게 맡기도록 하라.

비자발적 입원

비자발적 입원은 최후의 방편이다. 이것은 어떤 사람이 급박한 자살 위기에 있다거나, 자신의 안녕을 위해 협조하기를 거부할 때 우리가 의무적으로 해야 하는 일이다. 우리가 자살하려는 이들에게 안전한 외래 환자 프로그램에 참여하거나 자발적인 입원을 하겠다는 약속을 받아 낼 수 없다면, 법을 따르는 것 이외에 다른 방법이 없다.

비자발적인 입원에 관련된 법은 나라에 따라 다르지만, 기본적으로는 다음의 질문을 한다.

* 정신질환 때문에 그 사람이 자신의 안전을 위태롭게 하고 있는가?

이 질문에 대한 답이 (임상적 관찰 결과나 전문가의 의견을 바탕으로 했을 때), '그렇다' 라면 법원은 그 사람을 시설에서 돌보고 보호하도록 할 것이며, 그리하여 그의 시민권은 제한될 것이다.

미국에서 첫 입원의 기간은 자신에게 위해를 가할 것이라는 증거를 계속 제출하지 않는 한 대개 2주를 넘기지 않는다. 시설이란 보통 주 정부에서 인가한 정신병원이나 일반 정신병원 또는 주립 정신병원에 속하는 병동이다.

당신이 어떤 공적인 지위에 있어서 자살하려는 사람을 정신병원에 비자발적으로 입원하도록 할 수 있는 적절한 법적인 보호 장치와 권한이 있는 것이 아니라면, 비자발적인 치료에 관련된 법이 어떻게 처리되는가와 관련된 모든 세부사항까지 알 필요는 없다. 그러나 이 법을 집행하는 책임자와 접촉하는 방법과 언제 그들에게 연락을 해야 하는지에 대해서는 알고 있어야 한다.

비자발적인 치료 체계

정신장애 때문에 자신에게 위험한 사람들을 억류하고 치료하기 위한 체계(system)는 나라마다 조금씩 다를 수 있다. 우리 자신을 위하여(그리고 우리가 접촉해야 할 자살하려는 사람들을 위해서) 체계가 어떻게 작동하는지에 대해서 시간을 내어 조금 배워 보자. 그리고 나서 이 책의 맨 뒤에 있는 연락할 번호에 이름과 전화번호를 기재하자. 당신이 다음 질문에 대해 적절히 대답할 수 있다면, 당신이 있는 지역사회에 관해 잘 알고 있다고 간주할 수 있다.

* 당신이 사는 지역에서 자살하려는 사람의 비자발적인 입원 여부를 평가할 책임을 맡은 사람은 누구인가? 경찰인가? 정신건강센

터인가? 어디에 먼저 전화를 해야 하는가?

* 그런 평가를 수행하는 사람이 집으로 방문을 하는가? 그들이 당신이 일하는 곳으로 오는가? 아니면 어떻게 자살하려는 사람을 그들에게 데리고 가는가?
* 치료를 위한 비자발적인 입원을 평가하기 전에 얼마나 오랫동안 그를 병원이나 시설에 머무르게 할 수 있는가?
* 비자발적인 입원은 얼마나 지속될 수 있는가? 지속적인 구속의 조건은 무엇인가?
* 환자가 일단 비자발적으로 입원한 뒤 자발적 입원으로 전환될 수 있는가?
* 안전하게 입원하도록 하기 위해 당신이 도우려고 노력했다는 사실을 그 사람 앞에서 증언해야 하는가?
* 아동의 경우 몇 살이 되었을 때 자신의 의지에 반해 치료 시설에 입원시킬 수 있는가? 그리고 부모에게 알려야만 하는가?
* 자살 위기를 안전하게 해결하고자 담당자에게 전화를 할 때 당신은 어떤 정보를 제공해야 할까?

당신이 이 몇 가지 질문에 대해 대답을 할 수 있다면 자살을 막기 위해서 법의 힘을 이용해야 하는 경우를 대비한 준비를 잘 갖추었다고 할 수 있다. 만일 이러한 질문에 대해 답을 할 수 없다면 당신이 속한 지역의 정신건강센터에 전화를 해서 그 답을 알아보라.

비자발적인 입원을 실행하는 일반적인 원칙은 주어진 사람의 궁극적인 안전을 위한 최종적인 결정이 순전히 우리 자신(정신건강전문가, 학교상담자, 치료자, 간호사 또는 자살 평가 상황에서 일하는 어떤 사람이

• 참고 •

몇몇 위기 치료 시스템에서는 강제 입원 대신에 현장 평가와 개입, 의뢰 서비스, 위탁 서비스 그리고 완전한 지역사회 안전망을 제공할 것이다. 좋은 소식은 그 일을 맡은 사람들이 생존 계획과 그 적용에 대한 책임을 져야만 하고 또 책임질 것이라는 점이고, 나쁜 소식은 그런 정교한 정신건강 전달 체계가 당신이 사는 지역에는 마련되어 있지 않을 수도 있다는 것이다.

든)에게만 달려 있는 일은 아니라는 것이다. 이것은 오히려 법원의 결정이다. 그러므로 법에서 정한 권리를 침해할 수 있는 복잡한 사회적 · 심리적 · 법적인 과정에 대해 짐작하여 처리하기보다는 안전을 위해 법원이 결정을 하도록 하는 것이 필요하다.

생명을 구한다는 부담감

자살하려는 사람의 미래에 대한 어떤 결정에 관여할 때에는 언제라도 인생에서 가장 무거운 부담, 즉 누군가가 죽지 않도록 조치하는 일을 떠안아야 한다.

개인적으로 나는 이보다 무거운 부담도, 이보다 더 보상이 되는 일도 알지 못한다. 아주 위험한 뇌 수술을 하는 의사도 그를 지원해 주고, 일이 잘 풀리지 않았을 때 위로를 해 주며, 후에(필요하다면) 법정에서 그를 위해서 "맞습니다. 스미스 박사는 그가 사람으로서 할 수 있는 최선을 다했습니다."라고 증언해 줄 많은 지원군을 갖추고 있다.

우리가 자살하는 사람과 함께 일할 때, 우리는 스스로에게 질문을 해 보아야 한다. 우리가 어디에서 이보다 더 큰 보상을 얻을 수 있는 잠재력을 가진 대단한 도전거리를 찾을 수 있겠는가?

외과 의사가 외과용 메스로 사람을 구하는 반면에 우리는 말로 그들을 구한다. 한때 아브라함 링컨은 심각한 우울증에 빠져 자살할 것을 고려해 본 적이 있다고 한다. 그를 살리고 미국의 역대 대통령 중 가장 사랑받는 대통령이 되도록 한 것은 사랑, 관심어린 말, 친구들의 지지였다. 자살을 예방하는 것은 잠재된 기적을 이루어지게 하는 일이다.

우리 자신을 돌보는 것

자살하려는 사람들과 일하는 우리는 자신을 잘 돌봐야 한다(이 주제에 대해서는 뒤에서 좀 더 상세히 다룰 것이다). 자살에 개입하는 사람, 위기관리자, 사례관리자 그리고 치료자로서 우리가 합리적이고 건강한 영혼을 가지고 있고, 충분한 휴식을 취하고 사람들에게 봉사하는 영역에서 적극적이지 않다면 우리는 아무 소용이 없을 것이다.

내가 '사람들에게 봉사하는 영역에서 적극적' 이라고 말한 데는 이유가 있다. 우리가 돌보던 환자를 자살로 잃는 것은 경력에 종지부를 찍는 경험이 될 수 있다. 자살해 버린 환자만큼 우리의 자존심에 심각한 상처를 입히고, 다른 사람들과 성공적으로 일할 수 있는 능력을 위협하는 것은 없다. 그러므로 우리가 할 수 있는 한 최선을 다해 노력하는 것도 중요하지만, 한편으로 자살로 누군가를 잃는 외상적 경험에서 우리를 보호하는 것도 매우 중요하다.

우리 자신을 보호하는 한 가지 방법은 **우리에게 맡겨진 일이 안전할**

수 있도록 모든 타당한 노력을 기울인 후에 우리의 의무를 이행하는 것이다. 우리는 이것을 유사한 수련을 받고, 유사한 경험을 가진 합리적이고 분별력 있는 사람이라면 누구든, 유사한 조건에서 유사한 환자를 보았을 때 하였을 법한 일을 함으로써 이룰 수 있다.

우리가 신이 되어야 하는 것은 아니다. 대단한 지혜나 빛나는 통찰력이나 완벽한 판단력을 갖추어야만 하는 것도 아니다. 우리가 할 일은 다만 우리가 그 당시에 아는 것을 바탕으로 최선의 결정을 하는 것이다.

이것이 정보를 얻어야 하는 중요한 이유다. 우리는 너무나 자주 모든 정보를 얻지 못하고 있다. 자살하려는 사람은 우리에게 숨기는 것이 많다. 가족도 비밀을 지킨다. 우리를 도울 수 있는 사람이 도움을 주지 않는 것이다. 제삼자는 우리에게 적절한 때에 결정적인 정보를 주는 데 실패한다. 좀 더 완벽한 정보가 좀 더 완벽한 결정을 내리게 한다. 그러나 최신식 자살위험성평가도 항공기 안전정비사가 목숨을 구하는 결정을 내리기 전에 요구할 만한 것(자세한 정보)을 우리에게 제공하지 않는다.

우리는 최선을 다해 이 작업을 할 수 있다. 다행히도 대개는 우리가 최선을 다한 것으로 충분하다. 어려운 자살 환자의 자문을 마치고 나서 의료진 중 한 사람에게 이런 말을 한 적이 있다. "이 작업이 고귀한 일이 아니었다면, 이 일을 하지 않았을 겁니다." 그리고 나는 이 말을 자주 떠올리곤 한다.

처치, 관리 그리고 치료 03

이 장의 제목과 이 책의 나머지 부분이 전개될 방향 때문에, 내가 자살하려는 모든 사람이 한두 가지 정신장애나 정서적 장애를 가지고 있다고 가정하고 있는 것처럼 보일 수 있을 것이다.

나는 그렇게 가정하고 있지 않다. 그러나 정신적으로 건강한 사람이 자살로 생을 마감하는 경우는 별로 보지 못했기 때문에 여기서 나의 초점은 치료 중이거나 치료를 받지 않은 대뇌의 장애로 고통을 받은 결과 자살 생각과 감정과 행동이 생긴 대다수의 사람에게 맞출 수 밖에 없다.

정신질환과 자살의 관련성에 관한, 급격히 확대되고 있는 세계의 연구 문헌들에 의하면, 자살을 행동으로 옮긴 사람들의 약 90%가 뇌의 기능에 어떤 장애가 있어 고통을 받았다고 한다. 이러한 뇌 기능의 손상은 대뇌 기능 부전이나 외상으로 인해 부차적으로 발생한 신경전달물질의 변화, 유전적 취약성으로 인해 더욱 심화된 스트레스,

약물과 알코올 사용 및 남용, 그리고 주요한 신체적 질병, 약의 부작용 또는 생물학적인 질병 과정과 연관된 증상을 포함하는 다른 생물학적 조건의 결과일 수 있다.

임상 장면에서 하는 광범위한 자살위험성평가는 환자에게 자살을 고려하고 있는지와 왜 자살을 고려하는지에 관한 질문뿐만 아니라 다음과 같은 여러 가지 세심한 평가를 포함한다.

* 현재 앓고 있는 정신장애가 있는가?
* 심한 불안을 경험하고 있는가? 있다면 그 원인은 무엇인가?
* 신체적 질환이 있는가? 갑상선장애를 앓고 있는가? 탐지되지 않은 종양이 있는 것은 아닌가?
* 복용하고 있는 약이나 약의 조합이 그런 증상을 유발하는 것은 아닌가?
* 수면장애를 겪고 있는가?
* 기분장애의 가족사가 있는가? 정신분열증이나 불안장애는 어떠한가?
* 충동성이나 폭력으로 문제가 되었던 적이 있는가?
* 과거에 자살 시도를 한 적이 있는가? 가족이나 급우 중 누군가 자살로 죽은 사람이 있는가? 자살의 역할모델이 된 사람이 있는가?
* 과거에 정신과 치료를 받은 적이 있는가? 만일 치료를 받은 적이 있다면 어떤 문제로 치료를 받았고, 그 결과는 어떠하였는가?

좋은 워크업(정확한 진단을 내리기 위한 각종 검사나 평가-역자 주)에서 다루는 질문이 앞에 제시된 목록에 제한되는 것은 아니다. 그러나 타고난 성격 특질, 기질, 유전적 취약성, 급성적 심리적 스트레스원(原), 현재 정신적 장애를 겪고 있는지의 여부와 그 정도, 그리고 여러 정신장애를 동시에 가지고 있는지의 여부 등을 묻는 질문은 반드시 해야 한다.

정신적 질병을 정확하게 평가하고 진단하지 못한다면 환자가 치료받지 못하거나, 부족한 정도의 치료만 받거나, 치료를 잘못받게 되는 일이 생길 수 있다. 이 모든 경우에 자살하려는 사람이나 그 가족에게 비극적인 결과가 나타날 수 있다.

오늘날 자살 예방에서 가장 커다란 도전거리 중 하나는 치료가 필요한 사람이 가장 적절한 도움을 받을 수 있는가 하는 것이다. 이것은 치료를 받을 수 있는 기회에 관한 문제일 뿐만 아니라 대뇌의 장애로 고통받는 사람들의 의료비 부담에 관한 문제이기도 하다.

자살로 죽은 대부분의 사람이 죽을 당시에 치료를 받고 있지 않았다는 점을 고려해 본다면 당연히 다음과 같은 질문을 제기해야 한다.

"그들이 필요한 도움을 받았더라면 지금 살아 있을까?"

자살 예방 영역에서 일하는 많은 사람은 이 물음의 대답이 '그렇다' 라고 믿는다.

이 책에서 사용하고 있는 '처치(treatment)', '관리(managrment)', '치료(therapy)' 는 그 의미가 조금씩 다르다. 자살 환자의 관리는 자살 생각과 행동을 유발하는 장애의 처치와 동일한 것이 아니다. 처치는 약물치료, 사회화 프로그램, 사례관리 등을 포함하며, 상담과 치료—나는 이 용어들을 더 선호한다—는 우리가 어떻게 우리 자신과 우리의 머리, 우리의 마음을 다른 사람이 치유되도록 돕기 위해 사용하는가를 말한다. 이 장에서는 다음에 나올 자살 환자의 치료를 위한 배경 설명을 하기 위해 관리와 처치에 대해 간략히 설명할 것이다.

좋은 관리

좋은 관리(management)는 처치를 받는 중에, 그리고 처치가 끝난 다음에 안전한 환경을 조성하는 것, 적절한 처치를 받을 수 있도록 하는 적절한 과정을 확보하는 것, 환자가 자살로 사망할 수 있는 위험성을 줄이는 것을 말한다.

켄 케시(Ken Kesey)의 소설 『뻐꾸기 둥지 위로 날아간 새』에 등장하는 차갑고 무자비한 간호사는 좋은 관리자(스케줄에 맞추어 적절하게 약을 먹도록 함)였지만 좋은 처치를 했다고는 보기 어려우며, 분명히 좋은 치료자가 아니었다. 자살 환자를 위한 최고의 결과를 산출하기 위해서 우리는 좋은 처치를 수반하는 좋은 관리뿐만 아니라 좋은 치료를 할 필요가 있다.

좋은 처치

이미 언급한 것처럼 자살을 행동으로 옮긴 대부분의 사람이 정신적 · 정서적 장애를 앓고 있었으나 치료를 받지 않은채 고통을 받았다. 각각의 주요 진단 범주(정신분열증, 조울증, 우울증, 성격장애 등)는 관리와 치료의 두 가지 견지에서 서로 다른 처리 과제를 남겨 놓는다.

이 책이 이러한 장애에 대하여 현재 이용할 수 있는 모든 치료 방법을 다루기 위해 쓰인 것은 아니기 때문에 자살하려는 사람을 상담하는 사람을 위한 핵심적인 세 가지 문제만을 강조하고 싶다. 다음의 관찰은 고통, 우울, 절망, 낙심 그리고 정신과적 무능함의 증상 수준이 경미한 경우부터 심한 경우로 평가되는 사람들에게까지 적용할 수 있다.

상담만으로는 충분하지 못하다

심각하게 자살을 생각하고 있는 사람의 처치(treatment)에는 고통을 감소시키고 대뇌 기능을 향상시키는 것으로 증명된 현대의 항정신병 약물—처방을 받아서 충분한 용량을 복용할 필요가 있다—이 최우선적으로 고려되어야 한다. 심각하게 자살을 생각하고 있는 사람을 상담이나 심리치료로만 치료하려고 하는 것은 치료를 잘못하는 것과 마찬가지다. 이러한 입장은 환자가 추천받은 또는 처방받은 약을 먹게 될 것이라는 의미가 아니라, 자격이 있는 의사의 의학적 자문을 구하는 것이 처치 계획의 일부분이어야 한다는 의미다.

적극적인 처치가 늘 필요하다

심각하게 자살을 고려하고 있는 사람은 종종 가까이 다가와 그들을 기다리고 있는 죽음과 안식이라는 조망을 가지고 순간순간을 살고 있다. 자살 위기 동안 고통의 급성적인 증상들은 즉시 완화되어야 한다. 즉, 불면증, 안절부절못함, 불안, 반추, 불안정성, 환각 그리고 다른 급성적 고통의 증후를 목표로 잡아서 반드시 처치를 해야 한다.

충분한 용량의 약을 적절히 복용하지 않은 경우 환자는 약효가 없다는 믿음을 가질 수 있는데, 이는 절망감을 치명적인 수준까지 끌어올릴 수 있다. 전문가들은 수면제나 가벼운 진정제에 중독되는 것에 대해 너무 걱정하지 말아야 한다. 어느 환자가 나에게 설명한 것처럼 말이다. 그는 생명을 위협할 정도로 약을 과다복용할 것인지에 대해 내가 평가하려고 하자, 이렇게 말했다. "그들이 나에게 잠잘 수 있는 충분한 약을 주거나 아니면 내가 주는 거지요. 하지만 그땐 영원히 깨어나지 않을 정도일 겁니다!"

취하지 않은 맑은 정신 없이는 안전도 없다

좋은 처치는 알코올이나 약물이 자살하려는 사람의 생활에 미치는 영향력을 평가하고 적절히 개입하는 과정을 필요로 한다. 중독은 뇌의 기능을 손상시키고 판단력을 흐리게 하며, 억제적 통제 능력을 감소시킨다. 그러므로 치료 회기 사이에 폭음을 하고 자살하려는 사람에게 항우울제를 처방하고 지지적 상담을 한다는 것은 암으로 죽어가는 사람에게 감기 치료를 하는 것과 같다.

물론, 자살 생각과 감정을 증가시키는 기저의 대뇌장애 치료 시 고려해야 할 많은 것이 있다. 그러나 가장 중요한 것은 상담자로서 우리는 처치가 효과가 있다는 것뿐만 아니라 그것이 수백, 수천 명의 생명을 살린다는 것을 개인적으로 확신할 필요가 있다는 것이다.

훌륭한 진료가 생명을 구한다

다른 주요 정신장애에 비해 양극성장애나 조울증으로 고통받는 사람이 자살을 한 사람 중 가장 높은 비율을 차지한다(치료를 받지 않았을 때, 다섯 명 중 한 명이 자살로 사망한다)는 연구 결과가 여러 나라에서 발표되었다. 또한 이 연구들은 시간을 두고 적절한 처치〔특히, 리튬 카보네이트(lithium carbonate)를 사용하는 경우〕를 하면 자살로 인해 사망할 가능성이 극적으로 낮아진다는 것을 보여 주었다. 또한 정신분열증, 우울증 그리고 다른 주요 정신질환을 앓고 있는 사람이 자살로 사망할 가능성을 감소시키는 처치의 효과에 대한 유사한 연구가 과학적 문헌에 많이 등장한다.

우리가 할 일은 자살하려는 사람이나 그 가족이 처치가 효과적이라는 것을 이해하도록 돕는 것이다. 그리고 오늘 복용한 약이 효과적이지 않다면, 우리는 그들에게 매일 신약에 대한 정보가 발표되고 있다는 사실을 상기시켜 줄 필요가 있다. 우리는 지식의 시대에 살고 있다. 신경과학의 발전은 우리가 정신장애를 이해하는 데 대단한 기여를 하였다. 우리는 충분히 희망을 품을 만하며, 다른 사람들에게 희망을 전달할 충분한 이유를 가지고 있다.

자살 위기에 대한 기쁜 소식 한 가지는 이미 존재하는 대뇌장애를 촉발하거나 악화시키는 부정적인 사건은 대개 한시적(time-limited)이라는 점이다. 우울 증상의 발생은 어느 정도 스트레스-스펙트럼의 영향력(stress-spectrum force)과 관련이 있기 때문에 자살하려는 많은 사람이 전문적 도움 없이도 위기를 잘 넘기고 좋아진다. 그러나 아주 많은 경우에 우울증이 스트레스에 의해 촉발되어 나타난 것이 아니기 때문에 생물학적 장애로 정확하게 진단받고 적극적인 처치를 받아야 한다.

사실 자살하려는 마음을 품은 대부분의 우울한 사람들은 진단을 받은 적도, 처치를 받은 적도 없다. 효과적인 처치를 받을 수 있는 가능성이 있는데도 말이다. 오늘날 미국에서 우울증을 겪고 있는 사람들은 수만 명 정도로 추정되는데, 이들 중 단지 1/3만이 전문적인 도움을 받으러 찾아가며, 그중의 1/3만이 적절한 치료를 받는다. 미국 공중위생국장의 정신건강에 대한 1999년 보고서에 따르면, 정신건강에 관련된 치료를 받아야 하는 사람 중 단지 절반 정도만이 치료를 받으려 한다고 하였다.

분명히 자살로부터 생명을 구하는 비결은 자살 위험성이 높은 사람들에 대한 대중의 인식과 교육, 의뢰에 대한 이해의 폭을 확대하고 진단과 처치를 받게 하는 것이다.

만성적인 정신질환

장기간 만성적으로 지속되어 온 심각한 정신질환을 가진 사람들은 자살에 대한 위험성이 높은 집단이라고 할 수 있다. 두 가지 이상의 진단을 받은 사람, 특히 두 번째 진단이 알코올 중독이나 약물 중독인 경우는 위험성이 더 높다.

만성적인 정신장애를 앓고 있는 사람에게 좋은 처치는 조심스러운 진단, 적절한 신체적 · 신경학적 · 심리적 검사, 항정신성 약물의 투약, 그리고 장기적이고 지역사회 기반에서 이루어지는 수준 높은 사례분석 서비스가 포함된 것이어야 한다.

지속적인 대뇌장애를 가진 사람을 위해 적어도 미국에서, 그리고 근래에는 정신건강센터가 최고의 지역 공동체 대안을 제공하고 있다. 나의 개인적인 의견으로는 지역사회에 살고 있는, 자살의 위험성이 있으며, 심각하고 만성적인 정신질환을 앓고 있는 사람의 생명을 구하는 가장 좋은 방법은 다양한 문화적 배경을 이해하고 질적으로 우수한 서비스를 제공할 수 있는 잘 수련받은 의료진이 포진하고 있는 정신건강센터에 찾아오기 쉽게 만드는 것이며, 의료진은 정신건강센터에서 충분한 자금 지원을 받을 수 있어야 한다. 일시적으로 병원에 입원하는 일은 전체적인 간호 계획을 수립하는 것과 더불어 어렵지 않은 일이어야 하며, 입원이 환자나 의료진에게 '실패'로 인식되어서는 안 된다. 이들 질환은 특성상 만성적인 것이며, 당연히 재발할 수 있는 것이다. 이러한 진료 체계는 아마도 치료에 가장 중요한 재료인 희망을 가져다줄 것이다.

마지막으로, 내가 좋은 처치의 기본에 대해 설명하는 이유는 **좋은 처치를 대신할 수 있는 것은 아무것도 없기 때문이다.** 대중 교육만으로는 충분치 못하다. 말로 하는 치료만으로도 충분치 못하다. 자조서적(self-help books)이나 자조집단(self-help groups)도 충분하지 못하다. 우리가 자살에 대한 대중의 이해 폭을 넓히고, 도움을 받는 것과 관련해서 낙인을 찍지 않으며, 즉석에서 서비스를 받을 수 있고, 스스로 치료를 받으러 찾아오지 않는 고위험 집단을 위한 적극적인 구제 프로그램을 제공할 때까지는 지역사회에서 일어나는 자살률의 감소를 기대하기 어렵다.

정신과 입원

환자를 입원시켜야 하는지의 여부가 외래에서 일하는 전문가들이 종종 직면하는 첫 번째 결정일 수 있다. 지금이 아니라면 언제 입원을 시켜야 할까? 어떤 조건하에서 상황이 변하기 시작할 것인가?

이것은 평가와 관련된 부분에서 지적하였듯이 늘 쉬운 결정이 아니다. 정신과 입원은 그 자체가 위기를 생성하기도 하고 악화시키기도 하기 때문에 입원 결정은 공유되어야 한다. 가족이 개입할 수 있으나 그 사람의 주치의, 처치를 했던 사람이나 응급 대처팀에 문의를 해야 한다. 물론, 자살하려는 사람의 소망이 존중되어야 한다.

정신과 입원 처치를 단지 한 번 받은 것으로는 '잘못된 곳'을 고치기 어렵다. 병원에 한 번 입원한 것이 주기적 우울증의 재발을 막을 수 있는 것은 아니다. 스트레스 관리, 외래치료, 치료제 투약 계획을 따르는지의 여부에 장기적인 주의를 기울이는 것이 고통받는 사람들을 회복시키고 자살 위험성을 감소시키는 방법이다.

예상치 못한 상실의 비극, 대인관계의 갈등을 유발하게 하는 반복적인 음주, 또는 중독장애에 수반되는 건강과 행복에 있어서의 점진적인 저하 등은 모두 자살 위기의 심화에 기여할 수 있는 요인이다. 병원에 머무는 기간은 잠시지만, 자살에 취약하게 만드는 문제는 오래 남아 있을 수 있다. 치유를 향한 경기는 토끼가 아니라 거북이가 이기게 될 것이며, 입원 병동의 간호사보다는 외래 진료소의 치료자가 종종 더 많은 도움을 줄 것이다.

또한 많은 자살이 정신병원에서 일어난다는 것과 그 어떤 사람도, 그 어떤 시설이나 병원도 완벽한 안전을 보장해 줄 수 없다는 것을 기억하는 것이 중요하다. 어떤 환자에게는, 특히 어떤 성격장애를 가진 사람에게는 입원이 적절한 선택이 아닐 수 있으며, 오히려 상황을 더 악화시킬 수도 있다. 그러므로 어떤 사람을 병원에 입원시키는 경우와 입원시키지 않은 경우 각각의 위험성과 이점에 대해 주의 깊게 살펴보고 문서화하는 작업이 필요하다.

입원에 대해 생각하는 또 하나의 방식은 자살하려는 사람을 위해 시간을 벌어 준다고 생각하는 것이다. 즉, 상황에 대해 다시 생각해 볼 수 있는 시간, 잠을 좀 잘 수 있는 시간, 위기를 가라앉힐 수 있는 시간, 다른 사람과 어려움에 대해 이야기를 나누고 치유가 일어날 수 있게 할 시간 말이다. 병원은 필요한 의학적 · 정신적 평가를 하고, 약물치료를 시작하며, 좀 더 분명한 외래 처치를 위한 프로그램을 짤 수 있는 가장 좋은 장소다.

정신병원, 거주형 치료센터(residential treatment center), 요양원, 구조화된 집단 가정(structured group home) 또는 사람이 밤을 보내는 시설은 일반적으로 '입원' 장면으로 간주한다. 이러한 장면에서 의료진은 입원한 사람이 자신에게 어떤 분명한 위험 행동을 할 가능성이 있다는 것을 알게 되었을 때 그들이 할 것과 하지 않을 것에 대해 구분할 책임이 있다.

현재 입원하였거나 24시간 보호시설에서 환자를 관리하는 방법에 대해 다루고 있는 최고의 지침으로, 나는 1999년에 행동건강진료조

직의 인가(the Accreditation of Behavioral Health Care Organization)에 관한 연합위원회에서 발간한 「부정적 사건을 예방하는 체계적 접근과 환자의 자살 예방」이라는 자료를 강력히 추천한다. 이 출판물은 약 500명의 입원 자살 환자의 자료를 분석한 결과를 바탕으로, 자살하려는 사람을 위해 안전한 처치 환경을 조성하는 것과 관련된 최신 지침을 담고 있다.

외래 환자 관리

좋은 외래 환자 관리란 좋은 처치와 적절한 치료를 제공하는 한편, 지역공동체의 안전망을 구성하는 것을 말한다. 이는 위기 평가를 위기 관리 및 처치 계획과 결합하는 것으로, 다음과 같은 기초적인 요소를 포함한다.

* 자살하려는 사람의 상황에 대해서 잘 알고, 재빨리 행동할 수 있으며, 그를 위해 어떤 안전성을 확보할 수 있는 권한을 가진 사람들의 네트워크를 구축한다.
* 필요한 경우, 병원에 입원할 수 있는 방법에 대한 사전 계획을 세운다. 이때 입원을 담당하는 정신과 의사의 전화번호를 알아두는 것이 좋다.
* 예상치 못한 위기 상황이 일어날 경우를 대비해 서로 이해할 수 있고 합의된 행동 계획을 세운다.
* 필요한 경우에 치료의 빈도나 가족 회기 또는 배우자나 중요한

주변 사람들과 함께하는 결합 회기의 빈도를 증가시키는 유연성을 발휘한다.

* 당신이 외출 중이거나, 그 지역 밖에 있거나, 또는 다른 이유로 환자를 볼 수 없는 경우를 대비해 예비 치료자를 둔다.
* 위기상담전화나 대기전화(on-call) 등을 마련한다. 환자와 도움을 제공할 수 있는 기관 사이에는 늘 건너기 쉽고 개방되어 있는 다리가 놓여 있다.
* 환자를 주로 진료했던 의사나 환자의 처치나 치료에 관여했던 다른 사람과 밀접한 작업 관계를 맺어 둔다. 예를 들어, 자살하려는 환자가 자살 감정을 그 네트워크에 있는 사람 중 한 사람에게만 알리는 경우가 있으며, 그 사람이 분명한 조치를 취하지 못할 수 있다.
* 치료제가 처방되었다면 처방받은 방식에 따라 약을 먹는지를 확인할 수 있는 방법이 있어야 한다. 많은 자살하려는 환자가 상황이 좋지 않을 때 과다복용하려는 의도로 치료제를 모아 둔다. 약을 먹지 않고 모아 둔다면 약물치료가 효과적일 수 없으므로, 약을 처방받은 대로 복용하는지에 대해 믿을 만한 사람이 확인할 필요가 있다. 지시받은 대로 따랐는지를 잘 확인하지 않는 것은 때로 환자에게 '그냥 자살하라.'는 메시지로 해석될 수 있다.
* 자살할 수 있는 수단에 접근하는 것을 제한하는 일은 평가 단계에서 시작되어야 하며, 현재 진행 중인 처치 계획 안에 반드시 포함되어 있어야 한다. 환자의 허락을 받아 총기나 밧줄, 독극물, 또는 기타 자살의 수단을 제거하는 것을 도울 수 있는 사람

을 개입시키도록 하라. 대개 이것은 그리 어려운 일은 아니지만 중요한 일이다. 어떤 사람이 충동적으로 행동하거나 술을 마시기 시작할 가능성이 있다면, 특별한 보호와 관심을 기울일 필요가 있다.

* 그 사람의 지역공동체와의 연결성, 그리고 도움을 제공하는 쪽의 어떤 변화에 주의를 기울이는 것도 중요한 일이다. 만일 자살하려는 사람에 대한 전문적인 책임의 소재가 불분명하다면 비극이 일어날 수 있다.
* 기관이나 클리닉이나 어느 치료자에게든 연락을 취한 자살 환자에게 '늦어도 월요일까지는 (어떤 사람)이 당신에게 연락할 것입니다.' 라는 말처럼 희망적인 말은 없을 것이다.
* 추후(follow up) 회기를 가지는 것이 아주 중요하다. 평가 면접이나 도움을 줄 수 있는 사람과의 첫 번째 만남 이후로 자살하려는 사람은 자신에게 관심을 기울이는 사람과 연결이 되었다는 느낌을 받을 수 있다. 그러나 자신이 목숨을 구할 수 있도록 도움을 줄 수 있는 사람과 연결되었다는 느낌을 받지 못한다면, 다른 사람의 모든 노력은 수포로 돌아갈 수 있다.

몇몇 헌신적인 사람의 도움으로 나는 자원봉사 치료진으로 구성된 자살 예방 응급전화를 수년간 운영해 왔다. 우리의 자랑스러운 자원봉사자들에게 보내는 주요 훈련 메시지는 바로 무조건적인 관심이 희망을 고취시키며, 그 희망이 한 생명을 구한다는 것이다.

치료자를 위한 조언 04

항정신제, 항불안제, 항우울제 등의 치료제들이 보여 주는 기적이 정말 대단한 것임에도 불구하고, 자살을 생각하고 있다고 말하는 사람에게 자살 생각에서 벗어나는 방법이 있음을 알려 주어야 할 경우가 종종 있다. 그러나 이것을 하기에 앞서 우리 자신에 대해 알아 두어야 할 것이 있다. 지난 수년간 수백 명의 치료자, 심리학자, 의사를 훈련시킨 경험을 통해 개인적으로 관찰한 몇 가지를 이야기하고자 한다.

치료자가 가장 중요하다

나는 자살하려는 사람의 치료는 기본적으로 절망감을 치료하는 것이며, 절망감은 끊임없이, 끝도 없이 계속되는 견디기 어려운 심리적 고통에서 생겨나는 것이라고 굳게 믿고 있다. 절망이란 고통받는 사람이 다시는 그 어떤 좋은 일도 생기지 않을 것이라고 믿는 심리적 상태다. 이 상태에 도달하면 이 압도적인 정서적 · 인지적 상태는 전염성을 띠게 되며, 다른 취약한 사람뿐만 아니라 치료자까지도 전염되게 할 수 있다.

만일 당신이 심각하게 자살을 고려하고 있는 사람과 작업을 할 기회가 있었는데, 그가 당신에게 왜 인생이 더 이상 살 만한 가치가 없는지에 대해 확실한 근거를 대며 한 시간 내내 설명하였고, 당신도 결국에는 그의 이야기에 부분적으로 동의를 하게 되었다면 이미 당신은 치료자가 절망에 감염되는 데 대한 면역력을 갖추지 못하였다는 것을 경험한 것이다.

자살하려는 사람과 상담 작업을 한 이후에, 당신이 이상하게 무기력하거나 비효율적이거나 무기력하다고 느낀다면 당신이 내담자의 자살 생각에 공모자가 되는 쪽으로 어느 정도 전염되었을 가능성에 대해 고려해 보기 바란다. 환자도 무력하고 당신도 무력하다고 믿는다면 둘 다 절망에 빠지게 될 것이다.

자살 환자와 상호 작용을 하는 사이에 전반적으로 전문성이 흔들린다는 주관적인 느낌을 받게 되면 당신이 절망감 바이러스에 감염된 것은 아닌지 의심하기 바란다.

여기서 나의 목표는 당신의 내담자가 인생은 살 만한 가치가 없다고 믿고 있는 것처럼 당신도 믿게 해 버리는 무시무시한 유령에 대항하는 면역력을 길러 주려는 것이다. 왜냐하면 당신이 내담자와 마찬가지로 회의적이고 절망적인 관점을 가지게 되면 당신은 곧 해결책이 아니라 문제의 일부분이 되는 것이기 때문이다.

사람을 돕는 일 중에 죽고 싶어 하는 사람과 치료 작업을 하는 것보다 힘든 일은 없겠지만, 우리는 할 수 있고 잘 해낼 수 있다. 생명을 구하는 일에 대해 우리가 낙천적이고 낙관적이기 위해서 마음에 새겨 두어야 할 몇 가지를 살펴보면 다음과 같다.

* 얼마나 수련을 받았건 간에 우리는 자살이라는 주제에 대해, 그리고 폭력과 죽음이라는 내재된 잠재성에 대해, 편안해져야 한다. 어떤 치료자는 환자가 자살에 대해 언급하면 움찔하거나 깊은 불안을 느낀다. 그것은 괜찮다. 하지만 당신이 자살에 대한 대화를 하는 중에 얼어붙거나, 어쩔 줄 몰라 하거나, 당황해서 꼼짝도 못한다면 당신이 할 수 있는 일은 둘 중 하나다. 그것을 정면으로 맞서 극복하거나, 자살하는 사람을 치료하지 않는 것이다. 겁에 질려 차분하게 판단할 수 없는 치료자는 자살하려는 사람에게 필요하지 않다.

• 참고 •

당신이 공황상태에 빠지겠거든 적어도 나중에 환자가 보지 않을 때 빠지도록 하라. 나의 경우 공황상태에 들어갈 것 같을 때, 한두 명의 동료를 만나는 것이 상당한 도움이 되었다.

* 치료자는 자살하려는 내담자 속에서 사람을 보아야만 한다. 도저히 이해할 수 없는 이상하고 기괴한 생명체가 아니라 사람 말이다. 이렇게 하기 위해서 우리 자신을 특별하다고 보기보다는

평범하다고 보는 것이 도움이 된다. 우리가 도우려고 하는 사람은 모든 핵심적인 부분에서 **우리와 같다**고 보는 것이 좋다. 우리가 잘 이해하고, 진실하고, 따뜻하다고 환자가 지각한다면 우리는 결코 잘못될 수 없다. 무수한 기술적 기법보다는 평범한 연민이 더 많은 자살 환자를 구한다. 나에게는 인생이 한 그릇의 스프 같다는 생각을 하는 것이 도움이 되었다. 즉, 실존적으로 우리 모두는 함께 이 세상에 존재하고 있다는 것이다. 우리 옆에서 있는 자살하려는 사람은, 비교를 하자면 스프 그릇의 약간 더 깊은 곳에 있을 뿐이다.

* 우리에게는 특별한 지식이 필요하다. 자살과 그 원인에 대해 배울 것이 많이 있으며, 그 정보를 얻는 것은 그리 어렵지 않다. 자살하려는 사람이 어떤 방식으로 생각하는지, 그런 생각이 어디에서 나오는지, 그들이 좀 나아졌을 때 안전을 유지하기 위해 우리가 할 수 있는 일이 무엇인지에 대해 알고 있다면 도움이 될 것이다. 이것은 박사학위를 필요로 하는 일이 아니다. 이 주제에 대한 책을 읽고 발간된 연구 자료를 검토하는 것은 우리가 해야 할 일이다. 또한 위기 개입의 기본이나 상담기술을 잘 적용하는 방법을 이해해야 한다. 이와 더불어 다른 사람에게 진심으로 관심을 가지고 있는 사람이라면 누구나 이 일을 할 자격이 있다.
* 우리에게는 지지적인 작업 환경이 필요하다. 우리는 우리가 하는 일로 말미암아 존중받을 필요가 있다. 심지어 존경을 받아야 하는 것이다. 생명을 구하는 것은 아주 어려운 일이다. 우리가 스스로에 대해서 좋게 느끼기 위해서는 좋은 전문적 지원 시스템이 필요할 뿐만 아니라 우리가 내담자를 좋아하고 그들도 우

리를 좋아할 필요가 있다. 사기가 저하되어 있고, 치료팀 구성원 간에 의사소통이 효율적으로 이루어지지 않는다면 자살 환자는 더 높은 위험에 처하게 된다. 당신이 슈퍼바이저라면 당신에게는 팀원을 지원할 특별한 의무가 있다. 그들을 격려하고, 정기적으로 보상을 주며, 그들이 이 힘든 일을 잘 해내도록 하기 위해 필요한 것이 무엇이든 후원해 주어야 한다.

* 우리 자신이 자살하려는 상태가 되어서는 안 된다. 적어도 우리가 자살하려는 사람과 일하는 동안은 말이다. 우리의 문제가 환자의 문제를 너무 가까이에서 비추는 거울이 되어 버리면 객관성을 유지할 수 없다. 따라서 우리 자신이 자살을 시도할 마음을 품고 있을 때는 자살하려는 사람의 치료를 절대 맡지 말아야 한다. 얼핏 보기에도 심각한 문제라고 할 수 있지만, 이런 상황에서 남을 돕겠다고 하는 것은 비윤리적이라고 볼 수 있다. 만일 당신이 자살하는 것에 대해 생각하고 있다면—그것은 치료자들 사이에서 드문 일이 아니다—자살이 주제로 대두되는 사례에서 손을 떼고 도움을 받아 보는 것이 좋다.
* 우리는 자신의 신념에 대해 알고 있을 필요가 있다. 당신이 어떤 이유 때문에 자살은 운명적인 것이고 막을 수 없는 일이라고 믿는다면 이 일을 하지 말아야 한다. 경륜 있는 많은 임상가들이 환자가 자살을 한 다음에 "사람이 일단 마음을 정하면, 우리가 할 수 있는 일은 없어." 또는 "이런 종류의 일은 예측할 수 없기 때문에 막을 수 없는 거야. 노력을 하면 뭐해?" 라고 말하는 것을 들었다. 만일 당신이 이런 비슷한 신념을 가지고 있다면, 당신의 생각을 재검토해 보거나 자살하려는 사람과 일하지 마라. 이 중

요한 일을 하는 단 한 사람의 치료자도 우리에게 소중한 것과 마찬가지로, 치료자가 환자의 생존 잠재력에 대해 회의적이라는 이유로 단 한 사람의 환자라도 잃을 수는 없는 것이다. 치료자의 태도와 신념이 회복과 치료에 대한 희망에 장애가 될 수 있는 위험 속에 내담자를 내맡기기보다는 차라리 나는 그를 해고할 것이다. 그리고 그렇게 해 왔다.

* 만일 당신이 자살의 유가족이라면(부모나 형제자매, 연인, 남편이나 아내, 자녀 등이 자살을 한 경우) 당신의 치료자가 있는 상태에서 이 일을 맡기 바란다. 동료와 그 비극에 대해서 이야기를 나누거나 자살 유가족을 위한 모임에 참가하는 것이 도움이 될 수 있다. 그러나 전문적인 치료를 받는 것이 가장 좋은 방법이다. 가까운 사람의 자살을 경험하고 살아남은 사람들의 문제를 전문 분야로 하는 치료자를 찾기가 쉬운 일은 아니겠지만 열심히 찾아보라고 권하고 싶다. 자살하려는 사람과 일하기 위해서는 우리의 상처 입은 부분에 대해 특별한 관심을 기울일 필요가 있다.
* 만일 당신이 자살로 환자를 잃은 경험이 있다면 자문이나 지지를 구하거나, 필요하다면 상담을 받아 볼 것을 권하고 싶다. 너무나 많은, 유능하고 마음이 따뜻한 치료자들이 상담했던 환자를 자살로 잃은 뒤에 은퇴하거나 관련 영역에서 철수하는 것을 보아 왔다. 만일 당신이 다른 사람들과 함께 일하는 상담 장면에 있다면 환자를 자살로 잃은 이후에 적극적인 지지를 받을 수 있어야 한다.
* 마지막으로 나는 유머가 이 작업을 할 수 있게 해 주고 힘을 실어 준다고 굳게 믿고 있다. 환자를 재물로 삼는 종류의 농담을

해서는 안 되겠지만, 유머는 우리가 하는 작업에 대한 열정을 공고하게 해 준다. 유머는 고통의 근원에서 갑자기, 그리고 확실히 거리감을 느끼게 만든다. 이것은 생각해 보지 않았던 부분에 대해서 생각하게 하고, 화장실에 써 있는 오래된 글귀인 '인생은 웃기는 것이고, 살아서 나간다면 행운인 거지'와 같은 말에 키득거릴 수 있게 한다. 공감적인 유머는 절대로 자살과 양립할 수 없는 것이라고 믿는다. 한때 알코올 중독인 트럭 운전사를 병원에서 면담한 적이 있었는데, 그는 술에 취하고 몹시 화가 난 상태에서 자살을 하려고 트럭을 절벽으로 몰고 갔다. 나는 그에게 어떻게 죽지 않을 수 있었냐고 물었다. 그는 "글쎄요, 너무 술에 취해서 절벽을 잘못 골랐어요. 거기는 별로 높지가 않았어요."라고 대답하고는 웃었다. "만일 제가 취하지 않았다면 더 높은 절벽을 찾아냈을 거예요. 그런데도 제가 술을 끊길 바라세요?!" 우리는 함께 웃음을 터뜨렸다. 그리고 우리 모두는 훨씬 기분이 나아진 것을 느꼈다.

유머는 누군가 말했던 것처럼 우리와 어두움 사이에 있는 유일한 것이다. 그리고 자살보다 더 어두운 주제가 어디 또 있겠는가?

희망의 치료 05

나는 여기에서 다룰 내용을 희망의 치료라고 부르겠다. 그렇게 부르는 데는 몇 가지 이유가 있다. 첫째, 연구가 마무리되었다. 아론 벡(Aaron T. Beck)과 그의 동료들이 수행한 연구 결과는 자살을 이해하는 데 중요한—가장 중요한 것은 아니더라도—심리적 구성 개념이 절망감이라는 것을 반복적으로 보여 주었다. 절망감은 우울한 사람의 핵심적 특성이며 자살 사고, 자살 감정, 자살 행동이 나타나게 하는 필수조건을 형성하는 다른 정신장애와 강한 연관성을 맺고 있는 것으로 나타났다.

사용 가능한 모든 심리 측정도구 중에서 **벡 절망감척도**(Beck Hopelessness Scale)에서 10점 이상을 받은 것이 평생 동안의 자살 위험성(lifetime risk of suicide)에 대한 최고의 단일 지표라는 것이 증명되었다. 다른 연구자는 자살 의도의 강도가 우울증으로 진단받은 것보다는 절망감과 더 높은 상관을 보인다는 것을 발견하였다. 384명의 입원한 자살 시도자에 관한 연구에 따르면, 절망감이 우울증과 자살 의도 사이의 관련성의 76%를 설명한다고 한다. 절망감은 또한 우울한 약물 중독자와 알코올 중독자의 자살 의도를 잘 예측하게 해 주는 변인이다. 절망감은 우울한 마음의 망가진 신경화학과 인지적 손상에서 새어 나오는 것 같다. 연구 결과에 의하면, 우울하고 절망적으로 느끼는 사람들은 생각이 좀 더 느려지고, 쉽게 다른 생각에 빠지며, 문제 해결 능력이 떨어지고, 생각의 폭이 제한되고 협소화되는 특징을 보인다. 절망에 빠진 사람들은 장밋빛 미래를 꿈꾸지 못한다. 그들은 성급하게 부정적인 결론을 내린다. 더 좋지 않은 것은 러시아식 수정주의—긍정적인 사건이나 성공에 대해서는 기억을 못하고 부정적인 경험이나 실패에 대해서만 회상하는 독특한 능력—때문에 고통을 겪는다는 것이다.

그러므로 나는 그동안 자살하려는 사람에게서 배운 것과 과학적 문헌을 통해 얻은 지식과 인생에 대한 내 자신의 관점과 경험을 통합해서 '희망의 치료'를 발전시켰다. 낙관적이고 목표를 지나쳐 적중하지 못하는 것이, 만성적으로 비관적이고 시도도 해 보지 않아서 목표를 맞추지 못하는 것보다는 더 낫다는 것이 언제나 나의 개인적 신념이었다.

상담 회기 중에 내가 자살하려는 사람을 돕기 위해 사용하는 특정 도구에 대해 설명하기 전에, 대학원을 다닐 때 내가 독불장군이었다는 것을 이야기하고 싶다. 나는 열심히 노력을 해 보았지만 나의 전적인 신념이 될 만한 '치료학파' 를 찾을 수 없었다.

나는 일종의 심한 절충주의자로, 스키너(B. F. Skinner)의 행동주의적 방법에서 칼 융(Carl Jung)의 무시무시한 만담, 앨버트 엘리스

(Albert Ellis)의 실용주의, 칼 로저스(Carl Rogers)의 따뜻함까지 여러 주장을 좋아했다. 나는 다양한 심리치료의 효율성에 대한 좀 더 훌륭한 연구 결과가 나오기 한참 전에 대학원을 다녔기 때문에 내가 알게 된 것은 몇 권의 책과 출간된 문헌, 뛰어난 임상 슈퍼바이저, 그리고 아마도 가장 중요한 역할을 했을 나의 환자들에게서 나온 것이다.

내가 일을 하기 시작한 이래 지난 30년 동안 이루어진 풍성한 연구를 바탕으로 판단해 보면, 나는 지금 인지행동주의자의 부류라고 고백할 수 있다. 그러나 실존주의적 경향도 강하고, 누군가 밀어붙인다면, 전통적인 역동이론에서 변함없는 영향을 받고 있다는 것을 고백하지 않을 수 없다. 또한 나는 늦은 밤에 혼자 남게 되면 사회생물학과 진화심리학에 관한 책을 읽으며, 언젠가 사람의 행동이 우리의 유전자로 상당 부분 설명될 수 있는 날을 학수고대하고 있다는 점을 고백한다.

나는 어떤 일이 왜 효과적인지를 이해하는 것보다는 효과가 있는 일을 하는 것을 더 좋아하기 때문에 교수님들이 상담 회기 중에 어떤 말이나 행동을 실제로 해야 하는지에 대한 지침을 좀 더 줄 수 없는 것에 대해서 늘 실망했었다. 심지어 그들이 무슨 말과 행동을 해야 하는지에 대해서 알고 있는 것인지에 대해 의심한 적이 있었다는 것도 고백한다. 여기에서 제시하는 것들은 나에게 효과적이었던 것이다. 아마도 그중 일부는 당신에게도 효과가 있을 것이다. 참고문헌 부분에 연구에 의해 지지된 도구들, 아이디어, 개입법 등을 제시하였다.

준비-기본 구조

자살하려는 사람과 하는 대부분의 상담 작업에서 내가 주로 사용하는 접근법은 환자의 사고에 직접적으로 도전하는 것이다. 이것은 반드시 관심과 돌봄이라는 맥락에서 이루어져야 하지만 기본적인 작업은 직면의 성격을 띤다. 인지적 접근을 사용하는 상담 작업은 적극적이고 구조화되어 있으며, 환자의 태도와 신념, 특히 현실 해석에 초점을 둔다. 즉, 신념을 현실이 아니라 가설이라는 관점에서 보는 것이다. 신념은 '기정 사실'이 아니다. 누군가 상황이 절망적이라고 결론을 내린다고 해서 실제로 상황이 절망적이라는 의미는 아니다. **다만, 그 사람이 절망적이라고 생각한다는 것을 의미할 뿐이다.**

이 치료적 접근의 목적은 환자가 인생의 문제—절망과 낙담에 기여하는 특성, 원인, 생물학적 요인, 학습된 영향력—를 지각하고 이해하는 방식을 바꾸는 것이다. 환자가 오래된 문제를 좀 더 분명하고 덜 극단적인 방식으로 볼 수 있다면 해결책을 찾지 못할 리가 없다. 문제 해결에 관한 많은 연구 결과는 우리가 어떤 익숙한 문제 때문에 좌절을 겪고 새로운 문제 해결 방법에 도달하지 못할 때 더 과격한 방법을 사용하려 한다는 것을 반복적으로 보여 준다. 이것은 어떤 유형의 임상적 우울증을 포함한 생물학적 소인을 가진 질병의 경우에도 마찬가지다. 이것에 대해서 생각할 수 있는 한 가지 방법은 질병이 있으면 질병에 대한 **태도**가 있기 마련이라는 것이다.

그러므로 우리는 자살하려는 사람이 어떻게 생각하는지, 그들이 어떻게 세상을 '바라보는지', 그리고 어떻게 잘못 해석된 '사실'을 바탕으로 한 논리적 실수가 잘못된 행동과 공식을 이끌어 내는지를 이해하도록 도와야 한다. 대부분의 자살하려는 사람이 가지고 있는 인지적 결함과 손상된 논리를 다루는 데 우리가 실패하면 이들은 다시 한 번 '자살은 안식을 준다.'는 끔직한 결론으로 돌아가게 된다.

이런 치료에서 말하는 방식은 우회적이지 않으며 때로는 꽤 지시적이다. 급성 자살 환자와 함께 작업을 할 때 나는 의도적으로 수동적이 되지 않으려고 노력한다. 수동적이 되는 것은 우리가 위급한 상황을 다루고 있는 것이 아니라고 환자가 결론을 내리게 할 위험을 무릅쓰는 일이다.

실수하지 말아야 한다. **우리는 위급한 상황을 다루고 있는 것이다.** 상황이 어떻게 풀릴 것인지를 마냥 생각하고 있을 수는 없다. 우리는 머뭇거릴 충분한 시간을 갖고 있지 못하다. 우리가 하려는 일은 나중에 아무 때나 해도 되는 일이 아니라 중대한 일이며, 생명을 구하는 작업이다.

그러므로 물리적·심리적으로 나는 적극적으로 질문을 하는 관계를 맺는 경향이 있으며, 상담 과정이 리더를 필요로 한다면 나는 그 일을 맡는 데 조금도 주저하지 않는다. 초반에 내가 얼마나 지시적이든 간에 상담 작업은 언제나 따뜻한 치료적 동맹 관계의 맥락에서 이루어진다. 치료적 개입, 기법, 전략은 다 좋은 것이지만 치료자와 환자 사이의 진실하고 바른 관계와 이해에 견줄 만한 것은 없다.

치료적 관계 형성

치료적 동맹 관계를 형성하는 것은 상담자나 환자 모두의 성공에 핵심적인 요소다. 당신이나 환자가 할 역할은 대부분 이미 정해져 있다. 당신이 치료자의 역할을 맡아 자살하려는 사람을 만난다고 할 때, 당신은 조용한 사무실이나 방해를 받지 않는 개인적 공간을 가지고 있을 것이다.

또한 당신은 비밀 보장의 약속을 지킬 것이고, 환자와 당신 두 사람은 돕는 관계며, 특별하고 아마도 한시적인 만남을 갖게 될 것이라는 점을 상호 이해할 것이다. 만일 상담이 잘 진행되면 상담 관계는 초기, 중기, 종결기로 나누어 진행된다. 여기에 상담 관계를 효과적으로 만드는 방법을 제시하면 다음과 같다.

* 처음 시작할 때부터 당신은 환자 편이라는 것을 분명히 하라. 자살하려는 사람은 대부분 세상에 자기 편은 아무도 없다고 느낀다. 어떤 경우에는 자기 편을 가졌던 적이 한 번도 없다고 느끼기도 한다. 그러므로 당신이 그의 편이 되어 주거나 "나는 당신 편입니다."라고 말해 줄 수도 있다.
* 환자가 존중받고 진심으로 보살핌을 받는다는 느낌을 받게 하려면 어떤 것도 당신과 환자 사이를 막지 않도록 상담실 공간을 배치하라. 커다란 책상을 놓는 것은 '너무 가까이 오지 마시오.'라는 의미다. 자살하려는 사람과 가능한 '가까이' 할 필요가 있다.
* 집중을 방해하고, 기분의 흐름을 끊어 놓고, 눈물을 흘릴 필요가 있을 때 울지 못하며, 치료자와 내담자 사이의 의사소통의 중요성에 대해 간과한다고 느끼지 않도록 상담 중에 전화를 받거나, 상담실 안으로 누가 걸어 들어오거나, 다른 비상식적인 일이 일

어나지 않도록 조치하라.

* 할 수 있다면, 내담자와 당신 사이에 개인적 공간을 사용할 수 있도록 배려하라. "원하시는 곳에 앉으세요."라고 말하는 것도 배려가 될 수 있다. 아무것도 통제할 수 없다고 느끼는 사람에게는 어디에 앉고 싶은지를 정하는 것도 도움이 될 수 있다.
* 이름의 경우도 마찬가지다. 이름에 대해서 이야기하는 것은 서먹한 분위기를 풀어 주고 치료 동맹의 형성을 지연시킬 수 있는 불필요한 형식성을 상당히 줄여 준다. "뭐라고 부르면 좋을까요?"라고 물어보라. 어떤 사람들은 '김은정 씨'라고 불러 달라고 할 것이고, 또 어떤 사람은 '은정 씨'라고 불러 달라고 할 것이다. '은정 씨'라고 부르는 것이 보통 더 낫지만 이것은 문화적인 배경을 잘 판단하여 결정하기 바란다. 당신도 환자에게 뭐라고 불리고 싶은지를 똑바로 밝혀라. 어떤 경우에는 친근한 명칭이 도움이 될 수 있고, 어떤 경우에는 그렇지 않을 수도 있다. 이것은 당신이 판단할 일이다.
* 신뢰라는 주제에 대해서 개방적으로 이야기하라. "과거에 당신을 도와주었던 사람이 있었나요?"라고 물어보라. 그렇다고 대답하면 그의 노력이 도움이 되었는지 물어보라. 도움이 되지 않았다면(상담 작업이 어떤 식으로든 실패로 끝났거나 경계를 넘어섰거나 비밀 보장의 약속을 지키지 않은 등) 신뢰를 쌓는 데 매우 오래 걸릴 수 있다. 오랫동안 치료받은 만성 자살 환자 중 한 사람이 나를 믿는 데 9개월 이상 걸렸다고 말한 적이 있다(그녀는 이전 상담자에게 성적인 학대를 당했으며, 그녀가 안전하다고 느낀 이후에야 그 이야기를 나에게 털어놓았다). 마찬가지로 어떤 사람이 사려 깊고

온정적인 도움을 받아 본 적이 없다면 신뢰는 늘 문제가 될 수 있다. 이러한 과거 경험 때문에 신뢰를 형성하는 데 더 많은 시간이 걸릴 수 있다. 깊은 신뢰 관계를 형성하는 데 몇 주, 심지어는 몇 달이 걸릴 수 있다. 그러나 낙심하지 마라. 치유라는 경기는 재빠른 사람이 이기는 것이 아니라 꾸준한 사람이 이기는 것이다. 만일 어떤 사람이 치유적이고 신뢰하는 관계를 맺게 되었다면 이전의 버려진 느낌을 상쇄할 수 있도록 이것을 배우고, 이행하고, 마음에 담아 두게 하라.

* 환자 일생에 대해 어떤 긍정적인 측면도 알아내지 못한 채로 첫 상담 회기를 끝마쳐서는 안 된다. 말하자면 과거의 성공, 성취, 또는 삶을 긍정하는 행동이나 꿈, 욕구 같은 것이라도 알아내야 한다. 당신은 환자가 할 수 있는 한 (그리고 때로는 그 이상으로) 이 작업을 할 필요가 있다. 왜 그래야 하는가? 반드시 환자의 좋은 점을 찾아내야 하기 때문이다. 어떤 것이든 괜찮다. 환자가 인형을 수집할 수도 있고, 한때 마라톤에 참가했을 수도 있다. 또한 할머니가 돌아가실 때 돌봐드렸을 수도 있고, 강물에 빠진 친구를 살렸을 수도 있다. 어떤 것이든 반드시 찾아야 한다. 대부분의 경우에 자살하려는 사람은 처음 몇 번의 상담 회기 대부분을, 또는 거의 전부를 자신이 얼마나 괴롭고 혐오스러운 존재인가에 대해 설명하는 데 사용하며, 그리하여 그가 자살할 만한 사람이라는 것을 인정받으려고 한다. 이것이 사실이라고 말할 수 있는 사람은 아무도 없다. 모든 사람은 가치 있는 존재다. 그의 장점을 찾으면 동맹을 시작할 수 있다.
* 마지막으로 치료 동맹을 형성하는 데 있어서 당신이 연합할 부

분은, 환자의 건강하고 삶을 긍정하는 부분이라는 점을 명심하라. 죽고 싶어 하는 부분이나 죽으려는 부분과 연대를 해서는 안 된다. 관계 형성을 하는 데 있어서 당신이 만들어 놓은 인간적 연결로 말미암아 자살 위험성이 직접적으로 줄어드는 것이다. 원칙은 이것이다. 친밀하고 상호 존경하며, 정서적으로 탄탄하고 안전한 대인관계를 맺는 사람은 자살을 할 가능성이 훨씬 적다. 상담자의 최우선 과제는 무엇인가? 내담자가 이러한 관계를 찾고, 형성하고, 유지하도록 돕는 것이다.

자, 그럼 이제 시작해 보자.

치료적 제안과 전략 06

동료나, 문헌의 저자, 환자 등 여기에 내가 다음의 제안을 하는 데 기여한 모든 사람에 대해 고마움을 표현할 수 있는 마땅한 공간이 없긴 하지만 '메리' 라는 여성에 대해 이야기를 해야겠다.

메리는 나를 만났을 때 40대 초반이었다. 그녀는 두 번이나 약을 과다복용하는 방법으로 자살을 시도했으며, 두 번 다 거의 죽을 뻔했다. 그녀는 20년간 반복된 지독하게 괴로운 주요 우울장애로 고통을 받았다. 치료제는 효과가 없었고, 입원은 그녀에게 수치감과 모멸감을 느끼게 할 뿐이었다. 정신과 의사와 나는 3년간 일주일에 한 번씩 그녀를 치료하였고, 3년이 지나서야 회복이 되기 시작했다. 메리는 지적이고 비관적이며 지독하게 절망적이었고, 자신이 죽어야만 한다는 것을 나에게 거의 확신시킬 정도로 똑똑했다. 우리는 종종 산다는 것의 장점에 대해 이야기를 나누다 마찰을 빚기도 했으며, 어느 날인가는 그녀가 나에게 자신을 포기해 달라고, 그냥 죽게 내버려 두라고 애원하기도 했다.

그러나 나는 포기하지 않았다. 그리고 메리도 포기하지 않았다. 그녀는 지금 네 명의 손자를 둔 할머니이고, 지난 15년간 잘 지내왔다. 그녀가 자살하려는 마음에 대해서 내게 가르쳐 준 것은 환자가 여행하면서 바라보는 내적인 풍경과 신체적 · 심리적으로 느끼게 되는 지독한 절망의 무게를 어떻게 견디어 내는가 하는 것이었다. 그것은 어디에서도 배울 수 없는 인생의 가르침이었다. 자살하려는 사람들이 나에게 많은 것을 가르쳐 주었지만 메리는 가장 중요한 것을 알려 주었다.

지난 수년간 나는 거의 전적으로 자살하려는 사람과 함께 일하면서 시간을 보냈다. 나에 대한 평판을 듣고 자살하려는 사람이 나를 찾아왔고, 그 가족이나 친구들도 그러했다. 나는 그들이 찾아와 주는 것이 기뻤으며, 그들이 내게 가르쳐 준 모든 것에 대해 고마움을 전하고 싶다. 그리고 나는 이제 내가 아는 것을 당신에게 전해 주고 싶다.

다음에 이야기하게 될 54개의 전략과 기법에 관해 이야기하자면, 그 모든 것을 총괄하는 단일한 논리가 배후에 있는 것은 아니다. 내가 할 수 있는 곳에서는 제안이나 개입법에 설명을 덧붙이도록 하겠다. 처음에 나오는 몇몇의 개입법을 제외하고는 일부러 특정 순서에 따라서 제안을 배열하지 않았다. 그리고 어떤 경우에는 특정 개입에 이름을 붙여 기억하기 쉽게 만들었다.

모든 치료자는 고유한 성격을 지니고 있기 때문에 자기(self)의 이용, 개입, 질문, 방법, 도식, 책략, 관점이 일부 잘 맞지 않는다고 느낄 수 있다. 그럴 수 있다. 그렇다면 그것을 사용하지 않으면 된다. 그리고 어떤 것이 잘 맞는다거나 유용하게 느껴지면 자유롭게 사용하기 바란다. 적어도 몇 가지는 모든 사람에게 효과적일 것이다.

절대 위약효과를 망쳐 버리지 마라

모든 치료에서 다 그런 것처럼 위약효과(Placebo effect)를 망쳐 버릴 일을 하지 않는 것이 중요하다. 위약효과는 당신도 알다시피, 당신이 치료 자격을 가지고 있다는 것과 당신이 자살하려는 사람의 앞에 있다는 단순한 사실에서 생겨나는 긍정적이고 바람직한 효과를 말한다. 환자는 당신과 이야기를 하고 나면 좋은 일이 생기고 기분이 나아질 것이라고 어느 정도 믿게 된다.

고통받는 사람은 이미 당신을 믿고 있다. 당신은 수련을 받은 상담자나 위기상담 자원봉사자로서, 정직하고 믿을 만하고 충직하고 용감할 것이며 현명할 것이다. 당신은 이 책을 포함해서 인간 조건에 대한 많은 책을 읽었다. 현명한 치료자라면 적어도 환자가 유능한 사람을 찾아왔다고 믿게 해야 한다. 이러한 신념은 희망의 불을 지피는 데 결정적이다.

당신이 위약효과를 망치기 위해 할 수 있는 일들은 많다. 즉, 졸거나, 종이를 만지작거리거나, 무관심하게 행동하거나, 퉁명스럽게 말하거나, 상담 회기 중에 별로 중요하지도 않은 전화를 받거나, 바보 같은 질문을 하는 등의 행동이 있다. 이런 일을 하지 마라. 그러면 반은 성공한 것이다.

당신의 사무실은 당신에 관해 많은 것을 말해 준다. 그러므로 그것이 당신의 위약효과를 손상시키지 않게 하라. 확인해 보라. 벽에 이상하거나 잠재적으로 불쾌함을 줄 수 있는 포스터 같은 것이 걸려 있지는 않은가? 책상이나 벽에 있는 어떤 것이 환자의 실패했다는 생각을 자극하거나, 치료자에 대한 환상을 깨도록 하지는 않는가? 분위기는 따듯함이 느껴지는가? 긍정적인 기분이 전해지는가? 아니면 관료적이고 남들은 상관없다는 식의 차가운 분위기인가? 당신 사무실의 장식이 사람들에게 어떤 영향을 줄지에 대해 잘 모르겠다면 당신에게 솔직한 의견을 이야기해 줄 수 있는 사람에게 물어보라.

진단을 하라

사람들이 전문가를 찾아가는 이유는 답을 얻기 위해서다. "제가 뭐가 잘못된 거죠?" 이것이 그들이 답을 구하는 첫 번째 가장 큰, 그리고 가장 중요한 질문이다. 치료자와 상담자는 무엇이 잘못되었는지 **명명할 수 있는** 능력을 가지고 있다. 그 힘은 당신의 전문가로서의 권위에서 나온다.

진단은 "미국 정신의학회의 정신장애의 진단 및 통계 편람(DSM)에 따르면, 당신은 주요 우울장애입니다."라고 말하는 것처럼 공식적일 수도 있고 "가슴 속에 한숨이 가득하네요."라고 말하는 것처럼 비공식적일 수도 있다.

당신이 문제라고 보고 있는 것을 명명하는 것이 중요한 것과 마찬가지로 환자에게 무엇이 문제라고 믿고 있는지를 물어보는 것도 매우 중요하다. 당신은 임상적 우울증으로 진단을 내렸지만 환자가 그 진단을 받아들이지 않는다면, 그가 치료를 받게 하는 데 어려움을 겪을 것이다.

자살 사고를 가진 우울한 경찰관을 만난 적이 있다. 그는 주요 우울 삽화에 해당되는 모든 증상을 보이고 있었다. 나는 그가 자신의 감정을 기술하는 데 있어 '우울증'이라는 진단명을 받아들이지 않을 것이라는 점을 알았기 때문에, 그에게 자신의 말로 무엇이 문제인 것 같다고 생각하는지를 표현해 보라고 하였다. 그때 그는 "글쎄요, 선생님, 제 생각에는 가슴에 구멍이 뚫린 것 같아요."라고 대답하였다.

우리는 이 말이 꽤 괜찮은 진단이라고 생각했으며, 그는 항우울제를 복용하고 지지적 상담을 받기로 했다. 다행히 그는 이 처방에 잘 반응하는 70%의 사람에 포함되었으며, 지금은 우리를 보호하고 순찰하는 본연의 역할로 되돌아갔다.

당신이 시작하거나 추천하는 치료에 진단은 결정적인 역할을 한다. 당신이 좀 더 주의를 기울일수록 더 좋은 결과가 나오겠지만, 첫 회기의 끝부분까지는 일종의 잠정적인 진단을 내리는 것이 중요하다. 보통 첫 시간의 후반부까지는, 그리고 과거력을 주의 깊게 파악한 이후에는 문제를 어떻게 명명할지에 대해 꽤 구체화된 아이디어를 가지고 있어야 한다. 당신이 확신할 수 없다면, "당신이 겪고 있는 일이 ~가 아닌가 싶은데요."라고 말할 수 있다. 문제를 명명하는 것은 다음에 제시하는 일을 전부 또는 대부분 제공한다.

* 누군가 적어도 무엇이 문제인지를 안다는 것은 내담자에게 평안함을 준다.
* 치료자가 문제가 무엇인지를 안다면 아마도 그것을 바로잡을 수 있을 것이라는 확신을 내담자가 가지게 되므로 희망을 품게 된다.

* 당신이 환자의 이야기를 들었다는 것 때문에 환자는 긴장에서 벗어난다. 이것은 지난 몇 주간 환자가 해 본 첫 번째 분명한 의사소통이었을 수 있다. 누군가가 자신의 이야기를 들어 주고 이해해 주었다는 것만으로도 혼란스럽고 절망스러운 느낌은 많이 줄어든다.

진단에 대해 이야기하는 형식은 다양하다. 어떤 사람에게는 무엇이 문제인지에 대해 공식적이고 의학적인 용어로 설명하는 것이 효과적이고, 어떤 사람에게는 너무 똑똑한 체하지 않는 것이 효과적이다. 예를 들어, 여자 친구가 떠나 버린 것 때문에 자살할 생각을 하는 임상적으로 우울한 젊은이에게 이야기할 때, 나는 "우리는 그걸 마취도 없이 심장수술을 한 거라고 하죠."라고 말하는 방법을 좋아한다. 만일 이 말이 그를 웃게 한다면 (희미한 미소라도 지었다면) 진단이 할 수 있는 가장 중요한 일을 해냈다는 것을 알게 된다. 바로 고통의 근원에서 한걸음 멀어지게 한 것이다.

우울증 여부를 확인하라

우선 나는 주요 우울장애나 임상적 우울증의 증상을 유발하는 의학적 조건이나 손상된 신체와 뇌의 화학적 상태를 기술하기 위하여 '우울증'이라는 말을 사용하는 것을 좋아하지 않는다는 것을 밝혀두고 싶다.

잘 들어 주기 바란다. 우울증을 치료하지 않고 방치하면 자살의 첫 번째 원인이 된다. 그러나 우울증이라는 용어는 이 질병이 요구하는 무거움을 묘사하기에는 너무 약하다. 나는 멜랑꼴리아(melancholia)라고 부르는 것을 선호하지만 이것은 구식 용어다. 그래서 나는 좀 더 의학적으로 잘 기술하고 생물학적으로 정확하며, 진지하게 들리는 적절한 용어가 등장하기를 기다리고 있다. 이 증후군에 대해서 좀 더 위험하게 들리는 이름이 우리가 하는 일을 좀 더 쉽게 만들어 줄 것이며, 이 생명을 위협하는 질환에서 더 많은 생명을 구해 낼 것이라고 확신한다.

케이 레드필드 제미슨(Kay Redfield Jamison) 박사가 국립 공영 라디오와의 인터뷰에서 이 질환이 가지는 심각한 위험성에 대해 언급한 내용 중에 다음과 같은 것이 있었다. "우울증은 나아지기 위해서 어떤 행동을 해야 한다는 점을 우리에게 설득시키기에는 너무 약한 말입니다."

모든 상담자가 사무실에 갖추고 있어야 할 저렴한 우울증 탐지 도구가 몇 가지 있다. 즉, 죽음이나 자살에 대한 생각을 반복적으로 떠올리는 사람 가운데 대부분은 치료받지 않은, 또는 치료 중인 우울증으로 말미암아 고통을 받고 있기 때문에, 첫 번째 상담 회기에서 **융 자기평정 우울증 척도**(the Jung Self-Rating Depression Scale)나 **벡 우울증 척도**(the Beck Depression Index)를 실시하는 것이 도움이 되는 경우가 많다.

광범위하게 사용 가능한 이 도구들은 간단하게 실시하고, 채점하고, 해석할 수 있다. 이것은 다음의 두 가지 면에서 중요한 정보를 제공한다.

* 우울증의 증상과 심각성에 대한 독립적인 측정치
* 진단과 관련해서 환자의 협조를 얻을 수 있는 기회

대부분의 경우 이 검사에서 점수가 높게 나올수록 약물치료를 고려해야 한다.

더글러스 제이콥스(Douglas Jacobs) 박사와 다른 많은 사람 덕분에, 미국에서는 매년 10월 중 하루를 정해 대대적인 검사를 받게 하는 '전국 우울증 선별의 날(National Depression Screening Day)' 프로젝트가 추진되어 상당한 효과를 보았다. 많은 사람이 이 프로젝트 덕분에 자살로 목숨을 잃지 않을 수 있었다. 내가 추천하고 싶은 것은 당신의 사무실에서는 매일 매일이 우울증 선별의 날이 되게 하라는 것이다.

우울증을 발견했다면 약물치료를 고려하라

우울증에 걸린 모든 사람이 다 자살 생각과 감정을 경험하는 것은 아니지만, 자살 생각과 감정을 경험하는 사람들의 대다수는 우울하다. 그러므로 당신이 우울증으로 진단을 내렸다면—특히, 그 정도가 중간 수준 내지 심각한 수준에 속한다면—현재 표준적인 진료인, 약효가 입증된 항우울제의 사용을 자문이나 처치 계획의 일부로 고려해야 한다.

이런 치료제를 사용함으로써 환자에게 도움을 줄 수 있는데도 우선적으로 약물 처치를 고려하지 않는 것은, 다른 **합리적이고 분별 있는** 치료자들이 환자가 심각하게 우울하고 자살을 하려는 경우에 했을 만한 조치를 취하지 **않은** 것이 된다.

이 점을 고려해 보자. 만일 당신의 환자가 자살로 사망했고 당신이 환자나 그의 가족에게 그러한 치료의 위험성이나 장점에 대해서 설명한 적이 없다면, 당신은 **현재의 표준적 진료**를 다하지 못한 것으로 간주되어 고소를 당할 수 있다. 임상적으로 우울하고 자살을 하려는 환자를 위한 현재의 표준적 진료는 항우울제의 사용에 대해 충분히 고려하거나 그것에 대한 자문을 받는 것이다.

여기서 당신에게 겁을 주려는 것은 아니지만, 그 약물은 그것을 복용한 대부분의 환자에게 있어서 우울증의 아홉 가지 주요 증상을 효과적으로 감소시켜 준다는 것을 반드시 이해하고 있어야 한다. 미국정신의학회의 『정신장애 진단 및 통계 편람』의 최신판에 나오는 우울증의 아홉 번째 증상은 죽음과 자살에 대한 반복적인 생각이다.

지속적이고 반복적인 자살 사고와 감정이 있다는 것은—비록, 우울증이나 다른 정신질환의 분명한 증상이 없다고 하더라도—치료제의 사용 여부를 판단하기 위해 정신적 평가를 고려할 충분한 이유가 된다.

당신도 알겠지만 사용할 수 있는 항우울제는 많이 있다. 이 책에서 그것들을 자세히 논의할 일은 아니지만 두 가지 사실만 간단히 언급하고자 한다.

가능하다면 오래된 TCA(Tricyclic Antidepressants, 삼환계 항우울제)보다는 최신의 SSRI(Selective Serotonin Re-uptake Inhibitor, 선택적 세로토닌 재흡수 억제제)를 사용하는 것이 바람직하다. SSRI는 과다복용해도 거의 위험하지 않지만, TCA의 경우는 과다복용하면 종종 치명적일 수 있기 때문이다. 그러나 특정 환자에 대한 의학적 효과를 보았을 때는, 오래된 항우울제 중 하나가 더 나을 수 있다. 현재 약효가 입증된 많은 치료제의 새로운 전달 시스템에 대해서 연구가 진행되고 있으며, 이는 문제가 될 수 있는 부정적인 부작용을 줄이고 치료적 이익을 증진시키는 방향으로 진행되고 있다.

항우울제는 처방받은 대로 복용하였을 때만 효과가 있다. 그러나 너무나 많은 환자들이 처방받은 용량대로 시간에 맞추어 약을 복용하지 않는다. 그렇기 때문에 치료 효과가 거의 또는 전혀 나타나지 않으며, 이는 미래에 대한 절망감만을 증가시켜 자살 행동에 대한 위험성을 낮추는 게 아니라 더 증대시킬 수 있다. 환자가 제대로 약을 복용하지 않는 것과 처치에 열성적으로 참여하지 않는 것은 관련된 모든 사람을 위험하게 할 수 있다. 더욱 안 좋은 것은 대부분의 우울한 환자들은 다 나은 것이 아니라 기분이 나아지기 시작하자마자 약을 꾸준히 복용하지 않는다는 것이고, 이는 증상이 다시 재발할 가능성을 증가시킨다.

우울증은 대개 반복되며 재발이 잘 되는 질환이다. 장기간에 걸쳐 자신을 제대로 돌보기 위해서는 이 질환에 대해 가능한 한 많이 배우고, 다시 재발하는 위험성을 최소화하는 방식으로 생활을 잘 관리하는 방법을 파악할 필요가 있다. 자살하려는 환자가 이 장애가 얼마나 위험한 것인지를 이해하고, 거기에 굴복하는 것이 아니라 그것을 관리하고 맞서 싸워 이기도록 돕는 것이 치료자로서 당신이 할 역할이다. 참고로 최신 정보와 연구 결과에 대해 잘 나와 있는 웹 사이트 주소를 이 책의 마지막 부분에 제시해 두었다.

불안장애와 공황장애를 확인하라

잔 포셋(Jan Faucett) 박사의 연구와 출판된 보고서에 기초하여 형성된, 국가 주도의 자살 연구 중 하나에 따르면, 치료받지 않은 불안장애, 공황발작, 공황장애는 자살을 행동으로 옮길 위험성과 관련성이 높으며, 특히 우울증을 수반하고 있는 경우에 그러하다. 동요, 반복되는 반추적 불안, 걱정거리에 대한 강박적 집착은 포셋 박사의 자살 프로파일 유형의 두 가지 특징을 보여 준다. 그러므로 불안증상과 최근의, 또는 이전의 공황발작 여부를 확인하기 위한 조심스러운 개인력 조사는 자살 위험성의 평가와 적절한 처리 계획에 필수적인 부분이다.

주의 깊은 개인력 조사와 직접적인 관찰에 덧붙여, 다른 여러 가지 도구 중에서 **벡 불안척도**(Beck Anxiety Scale)를 사용하는 것은 불안과 관련된 문제를 선별하는 데 매우 유용하고 경제적인 방법이다. 환자들이 잠을 잘 수 없고, 그들이 보기에 도망칠 수 없고, 바로잡을 수 없으며, 견딜 수 없다고 믿는 것에 대해 고통스런 집착을 하고 있다고 보고한다면, 상담자는 **특정한 자살 사고가 나타나지 않은 경우라 하더라도** 자살 위험성이 매우 높은 것으로 보고 주의해야 한다.

심리치료나 정신약물학적 방법, 또는 이 두 가지를 결합한 방법으로 불안장애와 공황발작, 공황장애를 효과적으로 치료할 수 있다. 불안 관련 증후군의 적극적인 치료는 자살 행동을 할 위험성을 감소시켜 준다. 그러므로 만일 당신이 약을 처방해 줄 수 있는 자격을 가지고 있지 않다면 주저하지 말고 의학적 관리를 위한 평가를 받을 수 있는 곳으로 그를 의뢰하도록 하라.

알코올 중독과 약물남용을 확인하라

알코올 중독과 물질남용장애는 상담 장면에서 쉽게 간과되기 때문에, 그리고 자살 행동의 위험성을 높이기 때문에 초기 평가 면접에서 이들 문제를 확인하는 것이 필수적이다.

알코올과 물질남용 문제의 유무에 대해서 선별할 수 있는 가장 간단하면서 가장 효과적이고 믿을 만한 방법 중 하나는 CAGEAID 질문법인데, 이것은 약물을 포함하도록 변용된 CAGE(CAGE Adapted to Include Drugs)의 첫 글자를 딴 것이다.

이 네 가지 질문이 알코올이나 약물남용의 진단을 어떻게 효과적으로 유도할 수 있는지 살펴보기 위하여 괄호 안에 있는 해석적인 대답을 고려해 보자.

[환자에게 하는 질문들]

C **당신은 음주나 약물 사용을 줄여야(Cut down)만 한다고 느낀 적이 있습니까?**

술이나 약물 때문에 곤란을 겪는 사람들만이 이 질문에 대해 그렇다고 대답할 수 있다. 보통 음주자는 음주를 통제할 필요를 느끼지 않을 것이다.

A **다른 사람이 당신의 음주나 약물복용에 대해 비난해서 당신을 화나게(Annoyed) 했던 적이 있습니까?**

사회적으로, 물질남용 문제는 중독된 사람이 보이는 난폭한 행동으로 정의된다. 술 또는 약물남용 때문에 주변 사람과 어려움을 겪는 사람이 이 질문에 대해 그렇다고 대답할 것이다.

G **당신은 음주나 약물남용에 대해 죄책감(Guilty)을 느낀 적이 있습니까?**
전형적으로 비병리적 물질 사용자는 취했을 때 나중에 죄책감을 느끼게 될 행동을 하지 않는다. 술이나 약물을 남용하거나 중독된 사람은 그런 일을 빈번하게 한다.

E **정신이 들거나, 숙취를 없애거나, 하루를 시작하기 위해(Eye-Opener) 아침에 일어나자마자 술을 마시거나 약물을 사용한 적이 있습니까?**
여기서 그렇다고 대답하는 경우는 종종 중기나 말기 단계의 중독 상태라고 할 수 있다.

네 개의 CAGEAID 질문 중에서 두 개에 긍정 대답을 했다면 물질남용 문제의 가능성에 대해 의문을 가져야 하며, 세 개에 긍정 대답을 했다면 추가적 질문을 통해 공식적 진단을 받을 가능성이 매우 높은 것이라고 할 수 있다. 그리고 네 개 모두 긍정 대답을 했다면 그는 거의 틀림없이 물질남용 진단을 받고 적극적인 치료를 받을 필요가 있는 사람이라고 볼 수 있다.

자살하려는 사람은 치료를 통해 살아남을 수 있는 가능한 모든 기회를 잡아야 한다. 만일 당신이 중독 전문가가 아니라면 당신의 환자가 전문가에게 도움을 받을 수 있도록 해야 한다. 종종 당신은 치료의 책임을 공유할 수 있다. 기억하라! 취하지 않은 맑은 정신 없이는 안전도 없다.

도박 문제를 확인하라

문제성 도박을 위한 국가회의(the National Council on Problem Gambling)에서 운영하는 웹사이트에 나오는 열 개의 진단적 질문 중에서 여덟 번째 문항은 "도박에서 잃은 것 때문에 우울하거나 자살하려는 마음이 든 적이 있습니까?"라는 것이다.

이것은 도박 문제를 가진 사람과 일하는 사람들이 점차 잠재된 자살 위험성의 문제를 인식하기 시작하였다는 것이다. 문제성 도박을 하는 사람 중 일부가 한두 가지의 정신적 장애를 앓고 있기는 하지만, 도박이 즐거운 사회적 활동에서 꼭 해야 하는 어떤 것으로 변질될 때는 뭔가 문제가 있는 것이라고 할 수 있다. 다른 중독이 그렇듯이 도박을 줄이거나 그만두려는 노력이 성공하지 못했다는 것은 심각한, 심지어는 생명을 위협하는 소용돌이에 휩쓸린 것이라고 볼 수 있다. 그렇기 때문에 도박 문제를 확인하기 위한 진단적 노력이 중요하다.

첫 번째 진단적 질문은 '도박을 하십니까?'와 같은 간단한 물음으로 시작할 수 있다. 만일 그렇다고 대답한다면 다음의 열 가지 중요한 질문을 할 수 있다.

* 원래 계획했던 것보다 더 오래 도박을 하는 경우가 자주 있습니까?
* 돈을 전부 잃을 때까지 도박을 하는 경우가 자주 있습니까?
* 도박 생각 때문에 잠을 이루지 못한 적이 있습니까?
* 청구서를 다 처리하지 못했는데도 수입이나 저축해 둔 돈을 도박에 사용한 적이 있습니까?

* 도박을 그만두려고 반복적으로 노력을 했는데도 성공하지 못했던 적이 있습니까?
* 도박에 들어가는 돈을 대기 위해서 법을 어기거나 어길 것을 고려해 본 적이 있습니까?
* 도박에 필요한 돈을 대기 위해서 돈을 빌린 적이 있습니까?
* 도박에서 잃은 것 때문에 우울하거나 자살하고 싶은 생각이 든 적이 있습니까?
* 도박을 한 이후에 몹시 후회를 한 적이 있습니까?
* 갚을 돈을 벌기 위해서 도박을 한 적이 있습니까?

이 질문에 대해서 한 가지 이상 그렇다는 대답을 한다면 심각한 도박 문제를 가지고 있음을 보여 주는 것일 수 있다. 그리고 가능하다면 평가 과정에 가족이 관여해야 한다는 점을 기억하기 바란다. 다른 중독과 마찬가지로 도박을 하는 사람은 사실을 부인하거나 거짓말을 하는 경우가 많다. 도박을 하는 사람은 자신의 도박 중독을 감추기 위해서 손실의 정도나 문제의 범위를 축소하는 경우가 종종 있으나 가족은 좀 더 상세히 문제를 알려 줄 것이다.

만일 당신이 도박 중독으로 고통받고 있는 사람을 돕는 과정과 관련된 전문적인 수련을 받지 않았거나 준비가 되어 있지 않다면, 다른 사람에게 의뢰를 하거나 가족이 개입할 수 있도록 하기 위해 두 배의 노력을 기울여야 한다. 다른 중독과 마찬가지로 문제성 도박은 종종 탐지하기 어렵고 치료하기도 어렵다. 그리고 다른 중독과 마찬가지로 회복되려면 유능한 전문적 치료뿐만 아니라 가족, 친구 그리고 도박에서 벗어난 다른 사람들의 지지와 사랑이 필요하다. 이 문제에 대해 간단한 교육을 받기 원한다면 익명의 도박자 모임(Gamblers Anonymous Organization, 도박 중독자의 재활모임-역자 주)이나, 문제성 도박을 위한 국가회의(the National Council on Problem Gambling)에 정보나 의뢰처를 문의할 수 있다.

최근에 나는 동료의 자살을 경험한 의료진을 도와 달라는 요청을 받은 적이 있다. 그들의 자살한 동료는 두 자녀를 가진 기혼의 전문가였으며, 평범한 의사로 보였다. 많은 사람이 그의 일과 유머 감각, 그리고 다른 사람에 대한 진실한 열정을 존경했다. 그의 자살은 완전한 미스터리처럼 보였다. 그가 남기고 떠난 사람, 심지어 15년 이상 그를 알고 지냈던 동료를 한 시간 반 동안 열심히 면담한 이후에도 그들은 그가 '왜' 자살을 했는가 하는 질문에 대답할 수가 없었다.

두 달이 지난 뒤에 그 의료진 중 하나이자 나의 오랜 친구가 나를 불렀다.

"자네가 왔던 날 우리는 그가 '왜' 죽었는지 대답할 수 없었지 않은가? 자네는 그 답을 알고 있나?"

"응." 내가 대답했다.

"그건 도박 때문이었어. 부동산을 처분하고 그가 가진 재산을 정리할 때까지 얼마나 안 좋은 일이 있었는지 주변에 있는 누구도 그 사실을 몰랐지. 그는 우리뿐만 아니라 아내한테도 문제를 숨겨 왔네."

자살의 유가족인지의 여부를 확인하라

자살하려는 많은 사람이 사랑하는 사람을 자살로 잃은 자살의 유가족이다. 이들 중 일부는 그들이 유가족이기 때문에, 또는 우울증이나 다른 정신과적 장애가 가족 내력으로 유전되기 때문에 자살의 위험성이 높을 수 있다. 당신이 면담할 사람은 자녀나 부모, 형제나 자매, 이모나 삼촌 또는 가장 친한 친구를 자살로 잃었을 수 있다. 그들은 때로 자신을 자살로 죽은 유명한 음악가나 작가의 '소울 메이트(soul mate)'라고 생각하기도 한다.

자살의 유가족에 대한 전통적인 정의는 혈연관계에 있는 친지를 자살로 잃은 사람을 말한다. 조금 더 허용적인 정의는 가까운 사람을 자살로 잃은 사람을 포함한다. 미국 자살학회에서 제공하는 도표에 따르면, 1970년 이후 미국에서만 5백만 명 이상의 사람이 자살로 혈연관계에 있는 친지를 잃었다고 한다. 그러므로 당신이 평가 작업을 하는 과정에서 자살의 유가족을 만날 가능성이 아주 높다고 할 수 있다. 자살의 유가족에 대한 좀 더 광범위하고 허용적인 개념을 사용한다면 당신은 아주 많은 자살의 유가족을 발견하게 될 것이다.

자살로 사랑하는 사람을 상실한 경험의 심리적 · 신체적 결과에 대해 상세히 기술하거나 이 중요한 주제에 대한 깊이 있는 정보를 이 책에서 제공할 수는 없다. 지금은 자살로 사랑하는 사람을 잃는다는 것은 극적이고 강렬하며 압도적이고 극히 고통스러운 경험이라는 것만 말해 두자. 이러한 상실은 심리적으로 둔기로 머리를 맞은 것과 같으며, 사별 경험을 악화시키고, 자살 생각, 자살 계획, 심지어는 자살 시도나 자살의 실행을 수반하는 임상적 우울증을 심화시킬 수 있다.

어떤 개입과 처치를 계획하고 있든 간에 자살 유가족의 문제에 특별한 지원이나 전문적인 관심과 주의를 기울이는 것은 매우 중요하다. 따라서 다음과 같은 질문 중 하나를 해 보는 것이 필요하다.

* 자살을 목격한 적이 있나요?
* 당신과 가까운 사람을 자살로 잃은 적이 있나요?

내담자가 앞의 질문 중 하나에 그렇다는 대답을 한다면 다음과 같이 물어볼 수 있다.

* 그 일이 당신에게 얼마나 영향을 미쳤는지 이야기해 보시겠습니까?
* 그 사람을 상실한 경험이 오늘날 당신의 생각와 감정에 어떤 영향을 미쳤을까요?

일단 당신이 이 영역 안으로 들어가면 많은 질문을 하게 될 것이다. 이것은 내담자 탐색의 중요한 영역이다. 일단 당신이 이 주제에 관한 문을 열고 들어가서 '자살'이라는 말을 둘러싸고 있는 금기와 낙인을 걷어 내고 나면 환상적인 일이 발생할 수 있다. 즉, 많은 이야기가 봇물 터지듯 터져 나와 급류를 이룰 수 있다.

나는 우울증을 치료하기 위해, 어렸을 때 형과 누이를 자살로 잃은 의사를 만난 적이 있었다. "자살을 목격한 적이 있나요?"라는 질문을 받고, 그 입이 무거운 사람은 부모가 그에게 부여한 금기의 댐을 무너뜨리고 거의 한 시간 동안 쉬지 않고 이야기를 했다. 마침내 그는 긴 한숨을 내쉬며 말했다. "할 말이 이렇게 많이 있었는지 정말 몰랐습니다."

이런 말이 가진 대단한 탄성에 힘입어, 그리고 방출이 종종 가져다 주는 안도감으로 말미암아 이들을 당신이 거주하는 지역의 자살 유가족을 위한 모임에 의뢰하거나 국립기관에 연락하게 하는 것은 그리 어렵지 않은 과제가 될 것이다. 당신이 이 일을 스스로 할 것이 아니라면 비애 상담자(grief counselor, 배우자나 자녀를 잃은 사람에게 정신적 도움을 주기 위해 지지치료를 하는 상담자 - 역자 주)에게 의뢰하는 것을 고려할 수 있다.

사랑하는 사람을 자살로 잃는 경험은 사람의 인생에 커다란 상처를 남기는 사건일 수 밖에 없다. 그러므로 '자살의 유가족인지의 여부'에 대한 질문을 하는 것이 당신의 면담 일부가 되도록 노력하라. 나의 관점으로는 이 잠재적인 위험 요인을 평가하지 않고서는 적절한 임상적 평가를 했다고 보기 어렵다.

정신병을 확인하라

당신이 일하는 장면에서 정신장애에 대한 공식적인 진단을 내리는 것이 필수적일 수도 아닐 수도 있겠지만, 이러한 장애의 존재 여부를 확인하는 것은 매우 중요한 일이다. 정신분열증을 앓는 사람이 자살로 사망할 수 있는 평생의 위험성(lifetime risk)은 10~15%이며, 자살시도를 할 위험성은 이보다 훨씬 높다(33~50%). 그러므로 이 장애의 사고장애 증상에 대한 확인은 매우 중요하다.

다음 질문들은 정신병의 증후를 탐지하는 데 유용하다고 알려져 있는 것이다.

* 어떤 생각 때문에 어려움을 겪었던 적이 있습니까?
* 무슨 생각을 했었는지 잊어버리고 혼란스러웠던 적이 있습니까?
* 생각이 잠시 멈추거나 방해를 받은 적이 있습니까?
* 당신의 생각에 대한 통제권을 잃은 것 같은 느낌을 받은 적이 있습니까?
* 사람들이 당신을 지켜보고 있다거나 따라온다고 느꼈던 적이 있습니까?
* 사람들이 당신을 해치려 한다고 느꼈던 적이 있습니까?
* 당신의 눈이나 귀가 깜빡 속았던 적이 있습니까(환청, 환각 확인)?
* 당신 말고는 아무도 거기에 없는데, 어떤 목소리를 들은 적이 있습니까?

이미 알았겠지만, 이 질문에 대해 그렇다는 대답을 하는 것은 주요 정신장애의 존재를 암시하는 것이다. 이들 증상은 여러 정신과적 장애에서 나타날 수 있는 것이기 때문에 최종적인 진단은 다양할 수 있다. 그러나 중요한 것은 이런 증상이 있다면 정신과 의사나 자격증을 갖춘 전문가에게 자문이나 의뢰를 요청해야 한다는 것이다.

• 참고 •

조울증이나 양극성장애는 심각한 우울 증상과 더불어 정신과적 증상을 보일 수 있는 질환이다. 조울증은 자살 위험성이 매우 높은 정신장애이기 때문에—그리고 앞에 나온 질문에 대해 그렇다는 대답을 했다면—정신과 의사에게 의뢰하는 것이 필수적이다.

폭력에 대해 확인하라

자살이나 자살 시도는 폭력적인 행위다. 다른 사람에게 폭력을 행사한 과거사가 있는 사람은 종종 자신에게 그 폭력성을 돌릴 수 있으며, 자살하려는 감정을 느끼는 사람은 동시에 다른 사람에 대한 폭력성도 표출할 수 있다. 자살하려는 사람 속에 있는 자기 증오는 애정 대상(love object)을 향한 분노에 기원을 두고 있다는 프로이트의 초기 관찰을 바탕으로 생각해 보면, 자살은 때로 '180도 돌린 살인' 이라고 할 만하다.

최근에는 자살 사고, 감정, 행동, 그리고 타인에 대한 폭력성 사이의 중첩을 입증하는 연구들이 많이 있다. 살해 후 자살(Murder-suicide)이 가장 드라마틱한 예다. 이런 이유로 해서 폭력성에 대해 확인하는 것은 자살 동기를 이해하는 데 있어 중요한 측면이라 할 수 있다.

또한 타인에 대한 특정한 폭력이 한 사람의 자살 계획으로 설명되는 경우가 많으며, 그 계획 안에 포함되어 있는 경우도 많다. 살인을 저지른 이후에 자살을 하는 이야기를 찾아보려면 그저 조간신문을 펼쳐 기사를 훑어보기만 하면 된다. 컬럼바인에서의 비극적 사건(미국 콜로라도 주의 한 고등학교에서 두 명의 학생이 급우들과 선생에게 총기를 난사한 사건-역자 주)에서부터 우리가 사는 지역의 살해 후 자살까지 타인을 향한 폭력은 고통과 절망에서 산출될 수 있는 최악의 결과다.

자살의 예방은 곧 폭력의 예방이라는 것이 나의 굳은 신념이다. 또한 우리가 타인이나 자신을 향한 폭력성의 생물학적 바탕을 이해하기 시작할 때, 그 둘을 훨씬 잘 알게 될 것이라는 것이 나의 과학적 예측이다. 그러므로 우리가 어떤 사람이 성공적으로 자살 위기를 넘기도록 도울 때, 우리는 또한 타인에 대한 폭력의 잠재적 위험성도 함께 줄이는 것이다. 비록, 자살이 주위 사람에게 물리적 폭력을 행사한 것은 아니라고 해도 자살 방지를 위한 우리의 노력은 유가족들이 외상으로 경험하게 되는 심리적 · 정서적 폭력의 위험성을 분명히 감소시키는 일이다.

이 분야의 전문가들에 따르면, 폭력과 자살이 연결되는 가장 일반적인 상황은 다음과 같다고 한다.

* 가정폭력의 과거사가 있으며, 배우자 간 갈등이 있을 때, 특히 질투나 우울증이 수반된 경우
* 부부가 건강의 악화에 직면했을 때
* 우울한 어머니
* 심각한 재정적, 부부간, 건강상의 문제를 경험하고 있는 가족
* 직장이나 학교에서 절망이나 좌절을 겪은 경우

당신이 상담을 하고 있는 사람이 자살에 대해 생각하고 있다는 것을 확인하였다면 각각의 상황에 대해 다음과 같은 질문을 해 볼 수 있다. 이것은 나의 개인적 임상 경험에서 나온 것이며, 각 상황에 도움이 되는 것으로 밝혀진 것들이다.

[배우자 간 갈등]

-이것을 부부나 그중 한 사람에게 물어볼 수 있다.-

당신들이 말다툼을 벌였을 때 구타를 한 적이 있습니까?
이 질문은 가정폭력이 언어적으로 이루어질 수도 있지만, 고(高)위험도의 물리적 폭력이 존재하는지의 여부를 알려 준다.

말다툼 중에 누군가 다치거나 상처를 입은 적이 있습니까?
이 질문은 심각한 상처나 점차 고조되는 폭력에 관한 이야기를 유도할 수 있다.

당신이 목숨을 끊을 생각을 했을 때 죽어야 하는 또 다른 사람이 있다는 생각을 해 본 적이 있습니까?
이 질문은 살인 감정이나 의도 여부를 밝혀 준다.

당신들 두 사람이 다 죽으면 당신의 모든 문제가 끝날 것이라고 생각해 본 적이 있습니까?
위의 것과 동일

[부부가 건강의 악화에 직면했을 때]

–이것을 부부나 그중 한 사람에게 물어볼 수 있다.–

자살에 대해 생각하다가 당신들 두 사람이 함께 떠나는 것이 더 낫지 않을까 생각해 본 적이 있습니까?
자살 생각이 배우자에 대한 계획을 포함하고 있는지 확인할 수 있다.

당신이 남편/아내를 사랑하고 있다는 것을 잘 알고 있습니다. 그 사랑

은 상대방이 고통스런 죽음을 피하도록 돕는 것도 포함하고 있습니까?

위의 것과 동일

함께 목숨을 끊는 것에 대해 이야기를 나누어 본 적이 있습니까?

이 질문은 살해 후 자살이 해결할 문제에 대해 논의하는 데 도움을 줄 것이다.

[우울한 어머니나 아버지]

미국에서 살해된, 유아에서 16세에 이르는 아이들 중 절반 정도가 친모에 의해서 살해되었다. 자녀를 살해한 부모의 상당수는 자살로 자신의 생을 마감했으며, 자녀를 살해한 아버지의 절반이 자살을 했다. 자녀를 살해한 동기는 종종 이타적인 욕구(예를 들면, "그 아이는 죽는 게 더 나아.")와 혼합된 정신병적 사고의 결과였다.

우울하거나 정신병적인 부모에게는 다음과 같이 질문한다.

"당신이 자살을 생각하고 있다는 것을 알겠어요. 그런데 당신이 죽으면 자녀들은 어떻게 되는 건지 궁금하네요."

이 질문에 대해 가능한 세 가지 대답을 다음에 제시해 놓았다. 각각의 응답은 위험도의 수준에서 차이가 있다.

위험도 하: "아! 자녀들에 대해서는 생각해 보지 않았어요. 그들에게 무슨 일이 있어날까요? 나는 엄마로서 실패자예요. 그러니 그들이 잘 지낼 거라고 확신하지만……." (이

질문은 긍정적 개입으로 가는 문을 열어 준다.)

위험도 중: "아이들은 괜찮을 거예요. 걱정하지 마세요. 내 여동생에게 아이들을 좀 돌봐 달라고 부탁해 놓았어요." (자살한 이후의 아이들의 양육에 대해 계획을 세워 놓은 것인데, 이는 위험성을 극적으로 증가시킨다.)

위험도 상: "아이들에 대해선 걱정하지 마세요. 아이들은 나와 함께 천국에 있을 거예요." (정신병적 사고가 아이들이 죽은 뒤에 부모와 함께 더 좋은 곳에 있게 될 것이라는 이타적 동기와 함께 반영되어 있다.)

이 질문들에 대한 대답은 현재 상황에 내재되어 있는 폭력성에 대한 추가적 위험성을 결정할 수 있게 해 준다. 첫 번째 경우에 삶에 대해 다시 생각해 보고 치료를 받기 시작하도록 환자를 설득할 수 있을 것이다. 두 번째와 세 번째 경우에는 즉각적으로 정신과 입원을 고려해야 한다.

[어려움을 겪고 있는 가족]

• 참고 •

심각한 가족 위기로 어려움을 겪고 있는 사람은 일반적으로 우울하고 편집증적이며, 화가 난 가장(家長)에 전형적으로 남자일 가능성이 높다. 만일 그가 자살을 하려고 한다면 그의 자살 계획 속에는 가족 전체가 포함되어 있을 수 있다. 그의 동기는 종종 가족을 지속적인 고생이나 수치, 치욕으로부터 다른 세상으로 '이송' 하려는 것이다. 다음 질문에 대한 대답은 가족에 대한 폭력이 일어날 가능성이 얼마나 되는지를 판단하는 데 도움이 될 것이다.

당신이 자살을 한다면 가족은 어떻게 될 것인지에 대해 고려해 본 적이 있습니까?

무슨 일이 있더라도 당신의 가족을 돌보는 것은 당신의 의무라고 느끼고 있습니까?

당신이 죽는다면 가족을 어떻게 돌보시겠습니까?

[불만을 품은 고용인이나 화가 난 학생]

나는 자신과 타인을 향한 세상에서 가장 극악한 폭력 행위로 표현되는 살해 후 자살의 격노를 묘사하는 데 '불만을 품은 고용인이나 학생' 이라는 용어를 사용하는 것은 적절하지 않다고 생각한다. 이 행위는 도시의 뒷골목에서 일어나기도 하지만 가장 빈번하게 일어나는 장소가 학교나 직장이다. 기업과 대단위 사업장에서 임상 작업을 하는 동안 위험성이 높은 사람에 대한 평가를 요청받은 적이 있었다. 대부분의 경우 그들은 폭력적인 생각과 화난 감정을 표현하거나 직장에서 자살하겠다고 위협한 이후에 나에게 의뢰되었다. 인사관리부의 부장 중 한 사람과 내가 나누었던 대화를 예로 제시하면 다음과 같다.

"프레드는 우리가 그를 내보내려고 한다는 것을 알고 있습니다." 부장이 말했다.

"그는 며칠 전에 찾아와서 우리가 그를 해고하면 자기가 저 창문에서 뛰어내리는 것을 보게 될 것이라고 했습니다."

그는 자신의 오른편에 있는 창문을 가리켰다. 우리는 그 건물의 5층에서 만났는데, 이것을 자살 위협이라고 생각해야 하는지 알고 싶어 했고, 프레드가 정말 그렇게 폭력적일 수 있는지에 대해서도 궁금해했다.

후에 내가 그 문제의 중역을 면담한 이후에 나는 다음과 같은 것을 알게 되었다.

- 그렇다. 그의 인생은 아수라장이었다. 아내는 병에 걸렸고, 두 아이들의 대학 등록금을 대느라 상당한 빚을 지고 있었다. 이런 문제로 그는 술을 너무 많이 마셨고, 최근에는 취한 채로 운전을 하다가 면허가 취소되었다.
- 그렇다. 그는 우울하고 자살을 하려고 한다.
- 그렇다. 그는 인사관리 부서의 창문에서 뛰어내리는 것을 고려하고 있었다("그들은 그런 일을 당해도 싸지!").
- 아니다. 그는 직장에서 다른 누군가를 다치게 하는 것은 절대 고려하고 있지 않았다.

다른 두 경우에, 자신의 자살 계획의 일부에 다른 사람을 살해하는 환상이 있다는 것이 면담 중에 밝혀진 적이 있었다. 다행히 두 사람은 치료를 받기로 했고 위기를 잘 넘겼다.

[직장이나 학교에서 타인을 향한 잠재적 폭력성을 확인하기 위해 자살하려는 사람에게 물어볼 수 있는 좋은 질문들]

누가 당신을 자살하도록 밀어붙이고 있는 것 같은가요?
이 질문은 폭력 행위의 표적이 될 수 있는 대상을 확인하는 데 도움이 될 수 있다.

당신 문제의 근원을 누구라고 보고 있나요?
앞의 것과 동일

자살이 문제를 해결해 줄 것이라고 생각할 때, 그 문제 중에 직장/학교에서 발생한 것이 있나요?
이 질문은 인생의 문제를 그가 속한 장면이나 거기에 있는 사람들에게 투사하는 정도를 확인하도록 돕는다.

이 질문들을 통해 자신이나 타인을 향해 폭력을 행사한 과거사를 발견하였다면 어떤 종류든 폭력에 대한 위험성이 증가된다는 것을 이해하는 것이 중요하다. 그러므로 당신의 후속 개입은 증가된 잠재적 위험성을 다루는 것이어야 한다. 예를 들어, 어떤 정신장애가 있든 즉각적으로 적극적 치료를 받게 해야 한다. 자살하려는 사람이 다른 사람들에 대해서 느끼는 관계의 갈등 강도나 양육에 대한 부담을 약화시키기 위해 할 수 있는 모든 노력을 기울여야 한다. 자살하려는 부모의 자녀는 부모가 집중적인 치료를 받는 동안 일시적으로 다른 사람의 보호하에 지내야 한다. 절망과 낙담의 잿더미에서 희망의 불을 지피기 위해서는 자살의 수단을 제거하는 것뿐만 아니라 사회적 지지와 위기 해결의 기회가 제공되어야만 한다.

마지막으로 언급하고 싶은 것이 있다. 상담자나 목사, 정신건강전문가들은 보통 무기를 가지고 있거나 잠재적으로 폭력적인 사람을 직접적으로 다루는 방법에 대한 훈련을 받지 못했다. 그러므로 자살 계획의 일부로 타인에 대한 폭력을 곧 행사할 것 같다면 법을 집행하는 사람들의 자문이나 도움을 가장 우선적으로 받아야 한다.

세인트 존의 약초, 광선치료 그리고 다른 대안적인 처방

우울증을 앓고 있는 대부분의 사람은 세인트 존의 약초(St. John's Wort)나 광선치료(light therapy) 또는 오메가-3 지방산(omega-3 fatty acids)에 대해 들어 보았을 것이다. 미주신경 자극(vagus nerve stimulation)은 최신 치료법이지만, 우울증에 대한 다른 치료법들은 히포크라테스까지 거슬러 올라갈 수 있다. 그는 햇볕을 쪼이는 것이 우울한 기분을 끌어올리는 데 긍정적인 역할을 한다고 제안하였고, 이 주장은 맞는 것으로 밝혀졌다.

이용 가능한 연구에 따르면, 소위 대체요법이라고 하는 방법들이 우울증에 효과적일 수 있다고 한다. 이런 접근법이 우울하고 동시에 자살하려는 사람들에게 효과적인지에 대해서는 분명하지 않다. 우리는 이 상당히 협소한 질문에 대한 과학적 대답을 가지고 있지 못하다. 그러므로 대체요법을 고려할 때에는 주의할 필요가 있다.

이런 치료법은 대부분 자격을 갖춘 정신과 의사, 정신건강전문가, 의사의 임상적 지도감독하에 이루어진 것이 아니기 때문에 효과적으로 적중하는지, 자살 사고 · 감정 · 계획 · 시도 그리고 자살의 실행을 감소시키는지, 또는 효과가 조금이라도 있기는 한 것인지 정확히 파악하기 어렵다. 이러한 처치에 대해 이중맹목의 과학적 실험(double blind scientific trial)을 실시하지 않고서는 잠재적 유용성에 대한 과학적 근거를 주장하기 어렵다. 우울증에 대해 이렇게 좀 더 '자연적인(natural)' 처치가 '좀 더 안전'하고 덜 유독할 것이라고 가정하는 것은 매우 위험한 생각이다. 자연적이라는 것은 안전과 동의어가 아니다.

리튬(lithium)에 대해 고려해 보자. 이것은 기분장애의 처치에 효과적인, 자연적으로 생성되는 소금이다. 그러나 과다복용하는 경우에는 치명적이다. 한자리에 앉아서 100리터의 물을 마시는 것은 당신을 죽음에 이르게 할 것이다. 또한 한 번에 1킬로그램의 설탕을 먹거나, 100잔의 커피를 마시는 것도 마찬가지일 것이다. 그 제품이 자연적인 것이라고 해서 그것이 효과가 있다거나, 충분한 양을 복용해도 죽지 않을 것이라거나, 어쨌든 자살을 막아 주는 것은 아니다.

이 말은 우리가 대안적인 치료법을 고려하지 말아야만 한다는 의미일까? 그것은 아니다. 이 말은 단지 대안적인 치료법을 추천하기 전에 우울장애의 치료에 대해 이미 효과가 증명된 보수적인 접근법을 먼저 고려하라는 것이다. 이런 보수적인 접근법에 대한 예외에는 다음의 경우가 있다.

* 환자가 처방된 치료제를 먹는 것을 강력하게 거부하는 경우

* 의학적 진료를 받고 잘 알려진 항우울제를 처방받아서 복용해 왔지만 어떤 효과도 보지 못했을 경우

• 주의사항 •

만일 당신이 우울증 환자에게 세인트 존의 약초 같은 대안적인 약초치료제를 복용하도록 제안한 경우에 그의 의사에게 이것을 알리는 것이 매우 중요하다. 왜냐하면 현재의 의료적 풍토에서 약초치료법은 어딘가 신통치 않아 보이기 때문에 환자가 복용하는 허브 약물에 대해서 의사에게 알리기를 꺼릴 수 있기 때문이다. 만일 또 다른 식이 요법이 영향을 미치고 있는 중이거나, 다른 약을 복용하고 있는 경우라면 이는 매우 심각한 문제가 될 수 있다. 상담자와 환자 그리고 의사 사이에 완전한 정보 공개가 이루어져야만 한다.

그런데 대체요법이 효과가 있는가?

그런 것 같다. 유럽에서는 세인트 존의 약초에 관한 자료가 수집되었다. 영국의 의학저널(British Medical Journal)의 1999년 논문에 따르면, 세인트 존의 약초는 적어도 중간(moderate) 정도의 우울한 사람에게 있어서, 미국에서 FDA(미국 식품의학청)의 승인을 받은, 잘 검증된 항우울제와 비슷한 정도의 효과를 보였다.

독일, 스위스, 영국 그리고 유럽의 다른 나라에서 이미 세인트 존의 약초에 대해 검증을 하였고, 자국 시장에서 처방을 받아 사용할 수 있도록 하였다. 세인트 존의 약초는 오랜 의학적 역사를 가지고 있으며, 수세기 전으로 거슬러 올라갈 수 있다. 그 잠재성을 무시하는 것은, 말하자면 상품화되어 있는 치료제 복용을 완강하게 거부하는 젊은 남자가 잠재적으로 유용한 도구를 사용하지 않고 그냥 버려 두는

것과 같다.

광선치료가 우울증의 증상들, 특히 계절적인 영향을 받는 기분장애와 관련된 증상을 감소시킨다는 사실을 지지하는 문헌들이 많이 있다. 비록, 현재 자살하려는 우울한 사람에게 광선치료를 사용하는 것을 지지하는 과학적 연구가 부족하긴 하지만 말이다. 그러나 여전히 위험성은 거의 없고 유용성은 알려지지 않았기 때문에(하지만 긍정적일 가능성은 꽤 높다) 광선치료를 해 보는 것이 도움이 될 수도 있다.

그러나 좀 더 심각한 기분장애에 대해서는 우리가 가장 효과적이라고 알고 있는 것을 항상 추천한다. 조울증에 대한 리튬치료에 항자살 효과(anti-suicide effect)가 있다는 결과를 지지하는 극적이고 강력한 연구 결과가 있는데, 효과가 덜하다고 알려진 방법이나 소위 자연적인 대체요법이라고 부르는 것을 사용하도록 권고할 수는 없다.

그러나 짧게 덧붙이자면, 비록 내가 2000년대 초반에 이 글을 쓰고 있긴 하지만, 앞으로 새로운 화학적 · 치료적 물질의 발견과 함께 치료 효과의 비약적인 발전이 이루어질 것이다. 오늘날 좋고 효과적인 것이 내일은 낡고 진부한 것이 될 것이다. 현재는 연구가 진행 중이며, 그 상당 부분이 급진전되고 있다. 연구 중 일부는 자살하려는 사람을 위한 성과에 초점을 맞추기 시작했으므로 새롭고 강력하고 안전한 약이 수없이 등장할 것이다. 희망은 궁극적으로 사람의 마음속에서뿐만 아니라 세계 굴지의 제약회사의 시험관에서도 솟아나고 있는 것이다. 신약은 우리 모두가 희망을 품을 수 있는 이유가 된다.

여기서 전달하고자 하는 메시지는, 우울증, 조울증, 정신과적 장애와 싸우기 위해 우리가 사용하는 많은 화합물은 그것이 자연적인 것이든 제조된 것이든 치료 효과가 강력하다는 것이다. 서투르게 또는 유능한 전문인의 의학적 지도감독 없이 이런 제제를, 자연제제든 합성제제든 사용하는 것은 자살 생각으로 고통받는 사람의 자살 위험성을 감소시키는 것이 아니라 증가시킬 수 있다. 그렇다! 화학적 치료법은 위험성을 증가시킬 수 있다.

비전문인이 치료에 필요한 총량이 아니라 그 절반 정도의 용량만을 처방하였기 때문에 촉망받는 치료제를 사용했는데도 증상과 고통을 감소시키지 못하였을 때 생기는 일을 고려해 보자. 용량의 반만 처방하면 반만 치유되도록 하는 것일까?

아니다. 용량의 반만 복용한 것은 치료가 실패하도록 할 가능성이 더 크다. 약물의 혈중 농도가 치료적 수준에 이르지 못하면 환자는 아무런 이득도 얻지 못하고 계속 고통을 받게 된다. 이런 실패 때문에 환자는 쉽게 "약도 효과가 없으니 이젠 나아질 방법이 없어. 차라리 모든 것을 끝내는 편이 낫겠어."라는 잘못된 결론을 내릴 수 있다.

항우울제 처방을 받았으며, 약을 복용하는 중에 자살로 죽은 많은 사람이 자살할 당시에 혈중 약물 농도가 치료적 수준에 이르지 못했다는 것은 그리 놀라운 일이 아니다.

너무 적은 용량의 약을 복용하는 것은, 내 생각에 전혀 복용하지 않는 것보다 종종 더 나쁜 것 같다. 적어도 당신이 약을 복용하지 않은 상태에서 고통을 당하고 있다면 당신은 여전히 당신 앞에 기적의 약이 나타날 것이라는 희망을 가질 수 있다. 그 희망만으로도 당신은 조금 더 버틸 수 있다. 그러나 당신이 이미 약을 먹어 보았고, 효과를 보지 못했다면 밝은 미래에 대한 꿈은 사라지고 치유의 희망은 깨져 버릴 것이다.

내가 강조하고 싶은 것은 당신이 치료제를 줄 수 없다면 당신의 환자가 심각한 기분장애나 사고장애에 대해 유능한 전문인의 의학적 처치를 받게 해야 한다는 것이다.

그렇다면 누가 그것을 가장 잘 할까?

정신과 의사다. 이것은 그들의 전문 분야다. 내가 몇 년 동안 함께 일했던 가장 훌륭한 정신과 의사 중 한 명이 이런 말을 한 적이 있다. "우리는 매일 매일 하루 종일 이런 약을 가지고 일합니다. 우리가 보는 모든 사람이 자살 위험성이 아주 높은 사람들이지요. 이것이 우리의 직업이며, 이것은 평범한 감기를 치료하는 것과 똑같지는 않지만 꽤 비슷합니다."

치료자의 안전한 구조를 깨지 마라

일단 당신이 치료적 동맹 관계를 형성하였다면 이러한 동맹이 유지되도록 하는 원칙을 위반하지 마라. 많은 자살 환자가 신체적 · 성적으로 그리고 심리적으로 학대를 당해 왔다. 신체적 · 성적 학대를 모두 당하게 되면 자살 위험성이 극도로 높아진다.

이러한 학대는 개인의 존엄성과 한 사람으로서의 권리에 대한 존중이 부재하는 곳에서 일어나는 것이다. 그러므로 치유자가 개인적 경계(boundary)에 대해서 민감해야 하고, 그 경계를 넘어설 잠재적인 조짐을 보이는 그 어떠한 행동도 하지 않는 것이 매우 중요하다. 다음은 어떤 사람이 치유되도록 돕는 데 필수적인 안전한 구조(safe frame)를 위험에 빠뜨리지 않기 위해, 특히 PTSD(외상후 스트레스 장애) 증상을 보이는 사람을 돕기 위해 해야 할 일과 하지 말아야 할 일을 정리해 본 것이다.

* 중대한 사유 없이 약속 시간에 늦지 마라. 이것은, 첫째 당신이 진심으로 관심을 기울이지 않는다는 뜻으로, 둘째 당신은 화가 났거나, 지루하거나, 포기할 준비가 되어 있다는 뜻으로, 셋째 환자의 시간은 당신의 시간보다 덜 소중하다는 뜻으로 해석될 수 있다.
* 제시간에 상담 회기를 마쳐라. 당신이 시간을 넘겨서 좀 더 상담을 하는 것이 중요하다고 느낀다면 내담자에게 괜찮은지 확인하라. 이것은 응급상황이라는 것과는 다른 문제다.
* 자살 환자와는 어떤 종류든 이중 관계를 맺지 마라. 분명하게 내담자와의 사적인 친밀한 접촉을 피하고, 내담자가 당신의 욕구를 충족시켜 주는 방식으로 이루어지는 재정적 · 개인적 · 사회적 상황을 피하라.
* 감사한 마음은 받아들이지만 당신이 한 일에 대해 값비싼 선물을 받는 것은 피해야 한다. 비록, 환자가 가지고 온 것이 비싸지 않는 선물이라 할지라도 보이지 않는 가격표가 따라 붙기 마련이다. 비싸거나 특별한 선물을 받는 것은 치료자를 구속하는 분위기를 조성하며, 상담 과정을 교란시키고 상담자와 내담자 둘 다를 위험에 빠뜨릴 수 있다.
* 환자가 치료비를 내는 경우라면 치료비가 너무 많이 밀리지 않도록 하라. 치료자에게 진 많은 빚은 치료를 그만둘 좋은 구실이 된다. 많은 빚은 자살하려는 사람이 치료를 중단하게 만드는 '견딜 수 없는 부담' 일 수 있는 것이다.

치료의 틀을 분명하고 공정하게 유지하고, 경계를 넘어서거나 윤리적 위반을 하지 않는다면 당신과 내담자를 위한 최상의 작업 환경을 만들 수 있을 것이다. 그 틀을 조금 융통성 있게 적용할 필요가 있을 때도 있겠지만, 충분히 고려하고 전문가의 자문과 지도감독을 받은 뒤에만 그렇게 하도록 하라. 내담자의 안전은 당신이 관리하고 보호해야 하는 것이며, 그것은 당신이 유능하고 윤리적으로 상담을 진행할 때만 유지될 수 있는 것이다.

E.R.A. 다루기

이 개입은 위기 평가와 위기 관리 계획의 발달 부분에서 다루는 것이 가장 적절하지만, 굳이 여기에서 설명하는 이유는 자살하려는 사람 중 어떤 이는 당신이 처치나 상담을 받으라고 설득한다고 해서 자살의 도구를 쉽게 포기하지 않을 것이기 때문이다. 환자가 당신을 좋아할 수도 있고, 약을 복용하고 약속을 잘 지킬 수도 있지만, 집으로 돌아갔을 때 가장 안전하다고 느끼는 것은 E.R.A.(Early Retirement Account, 조기 은퇴 계정, 말하자면 자살 계획과 그것을 수행할 수단)일 수 있다.

자살 계획을 자꾸 생각하다 보면 만성적으로 자살하려는 사람의 눈에 그것이 꽤 그럴 듯한 것으로 느껴질 수 있다. I.R.A.(Individual Retirement Account, 은퇴 후에 사용하기 위한 저축)가 노후의 안전한 경제적 대책이 되는 것처럼 E.R.A.는 자신의 인생의 마지막을 통제할 수 있다는 것을 보장해 준다.

E.R.A.는 한두 병의 수면제나 총과 탄약, 어떤 마스킹 테이프 또는

정원에서 쓰는 기다란 호스일 수 있다. 좀 더 최근에는 드렉 험프리(Derek Humphry)의 『마지막 비상구(Final Exit)』라는 책이 될 수도 있는데, 거기서는 비닐봉지와 정확한 용량의 처방전 없이 살 수 있는 약을 추천했다.

한 신사가 있었는데, 그는 이상의 모든 사항을 고려한 뒤 변호사에게 유언장을 작성하게 했다. 유언장은 그의 재산 분배에 관한 세부 지침을 담고 있었다. 그는 약물의 과다복용이 실패할 경우를 대비해서 침대맡에 '의식 소생술 금지' 를 지시하는 메모를 붙여 두었고, 그가 사망한 지 두 시간 이내에 장의사가 그의 집에 도착하도록 조치해 두었다. 또한 누가 그의 집에 들어올 수 있는지, 누가 청소를 할지, 전화나 전기 그리고 신문 배달에 대해서는 어떻게 해야 할지에 대해서까지 지침을 기록해 놓았다.

때로 E.R.A.는 평생 동안 해 온 생각과 계획일 수 있으며, 때로는 최근에 한 최대의 투자일 수 있다. 예를 들면, 값비싼 44구경 매그넘 권총을 사는 식으로 말이다. 그러나 그것이 무엇이 되었든 심각하게 자살을 고려하고 있는 사람이, 당신이 요청한다고 해서 그것을 순순히 넘겨 줄 가능성은 별로 없다.

절대로 없다. 심리학적으로 말하자면, 그는 당신과 힘겨루기를 할 것이다. 한 번이 아니라 상담 회기에서 당신을 만날 때마다 매번 그럴 가능성이 있다. 사실 때로는 오랜 심리치료적 투쟁의 궁극적 초점과 목표가 그 사람이 조기 은퇴 계정을, 결국에는 그리고 영원히 포기하게 하는 것이다.

이 문제를 어떻게 처리할 것인가에 관한 제안과 자살 계획의 깊이와 정도를 알아보기 위해 사용할 수 있는 질문은 앞부분에 나온 평가에 관한 부분에서 다루었다. 여기에서는 단지 투쟁과 분투 없이 미래를 여는 열쇠를 포기하는 사람은 아무도 없다는 것을 지적하고자 한다.

당신이 비상시를 대비하여 저축해 놓은 돈이나 퇴직금, 가족에게 물려받은 토지를 쉽게 포기하지 않을 것과 마찬가지로 자살하려는 사람도 그들을 고통에서 벗어나게 해 줄 유일한 선택이라고 확신하는 것을 통제할 수 있는 능력을 포기하려 하지 않을 것이다.

때로 당신이 E.R.A를 포기하지 않으려고 하는 사람과 할 수 있는 최선의 일은 단지 그들과 함께 있어 주고, 치료를 계속하고, 언젠가 그들이 상황을 다르게 보게 될 것이라는 희망을 품는 일일 수 있다. 믿음을 잃지 말고, 계속 노력하고, 희망의 불길이 꺼지지 않게 하자.

권한을 부여하는 방법

자살하려는 사람은 부분적으로는 어쨌든 무기력하고 불행하며 통제권도 권한도 없다고 느끼기 때문에 자살을 하려고 한다는 전제를 받아들인다면 그런 감정과 맞서 싸울 수 있도록 하는 그 어떤 일이든 도움이 될 것이다. 상담 맥락에서 환자의 통제나 권력에 대한 느낌을 고양시키기 위해 당신이 할 수 있는 몇 가지 일을 제시하자면 다음과 같다.

* 환자가 첫 상담과 그 다음 약속 시간을 정할 수 있게 한다. 당신의 스케줄이 있을 수 있지만 대단히 중요한 것이 아니라면 환자에게 당신을 만날 수 있는 시간을 통제할 수 있는 권한을 주도

록 하라. 상담 약속을 잡을 때 나는 종종 "어느 날이 당신에게 제일 좋은가요?"라고 물으며, 약속이 많이 잡혀 있는 경우에는 "화요일의 어떤 시간이 당신에게 좀 더 나을까요?"라는 식으로 묻는다.

* 그 사람만 단독으로 상담해야 한다고 분명하게 느끼고 있는 경우가 아니라면 적어도 한 회기 동안 그가 자신에게 중요한 사람을 초대하도록 할 수 있다. 자살 위기는 두 사람 사이에서 해결되는 경우가 종종 있다. 상담 회기에 한 사람을 더 오게 하는 것은 더 많은 것을 배우고 더 많은 것을 얻을 수 있는 기회가 된다 (가족의 개입과 치료에 대해서는 다음에 좀 더 다룰 것이다).
* 당신이 보기에 무슨 일이 있었는지를 이해하는 데 필요하다고 생각하는 어떤 깊고 어두운 비밀을 환자가 털어놓으려고 하지 않는다면 당신은 그에게 권력과 통제권을 넘기고 다음과 같이 말할 수 있다. "아마도 지금 당장은 나에게 그것에 대해 이야기할 수 없는 것 같군요. 좋습니다. 언제든 이야기하고 싶은 마음이 들면 그때 이야기할 수 있습니다. 그리고 나는 당신이 할 수 있다면, 이야기를 할 것이라고 확신합니다."

자살 계획을 곧 이행하려는 경우를 제외하고, 대부분의 다른 내용에 대해서는 기다려 줄 수 있다.

* 그것이 옳고 임상적으로 적절하다고 느낀다면 환자에게 필요할 때 당신에게 전화를 할 수 있는 권한을 주도록 하라. 주말이든 밤이든 언제나 함께 상담 작업을 하라. 나는 환자에게 치료는 사무실에서 이루어지는 것이지, 전화로 이루어지는 것이 아니라고 분명하게 밝혀 둔다. 그러나 나는 또한 권총이 아니라 내 전화번

호를 가지고 다니길 바란다고 분명하게 밝힌다. 물론 자살 환자가 급박한 위기에 빠져 있다면 여러 가지 접근 통로를 열어 두어야만 한다.

* 어떤 환자는 항우울제를 처방받아도 그것을 복용하지 않으려고 한다. 이것은 치료순응의 문제로, 의사가 약을 처방했다는 것이 곧 환자가 그것을 복용한다는 의미는 아닐 수 있다는 것을 의사들은 모두 알고 있다. 자살하려는 사람은 여기서 특별한 문제를 선사한다. 만일 그들이 약을 복용한다면 살기로 결심했다는 것을 암시한다. 어떤 사람은 이 결정을 하기엔 마음이 너무나 양가적이다.

나는 환자가 자신의 입과 혈류에 어떤 일이 일어나게 할 수 있는지에 관한 통제권을 환자에게 주기 위해 노력하면서 종종 다음과 같이 이야기한다.

"보세요. 이 약들은 효과가 있습니다. 이것은 당신을 잘 수 있게 도와줍니다. 당신의 기분은 2주 안에 좋아지기 시작할 것입니다. 제대로 기능한다면 당신은 에너지를 되찾고 기분이 나아지는 것을 느낄 것입니다. 그러나 그 약이 당신이 자살하는 것을 막지는 못합니다. 오직 당신만이 결정을 할 수 있습니다. 그 사이에 나는 당신이 우울증에 대해서 공부하고 당신이 이 병에 대해서 할 수 있는 것과 치료법에 대해서 배우기를 바랍니다."

환자는 사무실 밖에서도 권한을 부여받을 수 있다. 만일 당신이 매일 매일을 결정을 내릴 일련의 기회라는 입장에서 바라본다면(아침에 신을 양말을 결정하는 것부터 자기 전에 읽을거리를 고르는 것까지) 이들 결정에 대해서 상의해 보고, 긍정적인 것을 시도해 보게 하는 것(때로는 그저 어떻게 되나 보기 위해서)은 개인적 통제감을 줄 수 있다.

• 참고 •

투약에 대해 결정하는 권한을 환자에게 돌려줌으로써 치료법을 '시험 삼아' 따르는 정도를 증가시킨다. 이것은 우리의 치료에 관한 동의를 조금도 바꾸지 않았지만, 언제나 그런 것처럼 자신의 복지에 대해 궁극적으로 책임을 지는 것은 결국 환자 자신이라는 점을 아주 분명하게 전달한다.

어쩔 수 없는 것은 그냥 놔 두고 나머지 것을 고쳐라

어떤 자살의 위험 요인에 대해서는 우리가 할 수 있는 일이 아무것도 없는 경우가 있다. 이러한 요인에는 연령, 성별, 인종, 우울증의 가족사, 만성질환 그리고 오늘날의 음산한 잿빛 하늘이 있다. 이것들과 함께 다른 더 많은 것이 우리의 통제권 아래 있지 않다.

우리가 통제할 수 있는 것은 이러한 기정사실에 대한 우리의 태도, 우리의 지각, 그리고 그것이 우리에게 주는 의미를 비추는 우리의 능력이다. 여러 가지 방식으로 자살 생각에 대한 치료는 이러한 기정사실에 대한 환자의 지각에 근본적인 변화를 주는 동시에, 기정사실이 아닌 것에 대해서 개인적인 통제권을 행사할 수 있도록 돕는다.

'기정사실이 아니며 수정 가능한' 범주에 속하는 것은 관계, 직업,

취미, 음식, 운동, 질투나 미움, 복수나 넌더리나는 사랑같은 좋지 못한 감정들, 그리고 아마도 가장 중요한 것일 텐데, 인간의 본성과 그 궁극적 목적에 대한 우리의 믿음이다.

이 중 어떤 것들은 참으로 복잡하고 어려운 주제다. 그러나 나의 경험상 자살하려는 사람들은 삶과 죽음의 이유에 대해서 평가하는 동안 철학적인 면을 살펴봄으로써 상당한 도움을 받는 것 같다.

여기서 해 볼 수 있는 좋은 연습은 환자에게 기정사실인 것과 아닌 것, 두 가지의 목록을 작성하도록 하는 것이다. 즉, 각각의 제목 아래 기정사실이면서 변화시킬 수 없는 것과 기정사실이 아니면서 변화시킬 수 있는 것을 적어 내려가는 것이다. 이러한 연습은 변화를 향한 사고와 에너지의 초점을 유용한 방향으로 맞추는 데 도움이 된다. 25년간 어머니에게 실망하고 분노했던 한 여성이 결국 어머니를 '기정사실' 목록에 집어 넣기로 결심했다고 한다. 그녀는 "왜냐하면 어머니는 결코 바뀌지 않을 것이고, 나는 어머니를 고치려고 애쓰지 않는 편이 더 나을 것이기 때문이에요."라고 말했다.

젊은 사람들은 한 문제에 대해 철저하게 생각하는 경험을 많이 가지고 있지 못하다. 치료는 그들이 이것을 할 수 있게 도와줄 수 있다. 당신이 자살을 하는 것이 과연 현명한 행동인지에 대해 질문하는 사려 깊은 치료자를 모델로 해서 청소년들도 이런 방식으로 생각하는 데 친숙해지는 것을 배울 수 있다. 우리가 하고자 하는 것은 바로 사람들이 좀 더 자신의 심리적 측면을 들여다볼 수 있게 되어, 언젠가 자신이 자기의 치료자가 되도록 돕는 것이다.

여기에서 궁극적인 목적은 내담자가 삶의 문제를 다르게 생각하는 것을 배우도록 돕고, 거기에 덧붙여, 고칠 수 있는 것은 고치되 나머지 부분은 흘러가게 내버려 두는 것을 배우도록 하는 것이다. 잘 작동하는 인생 철학을 가지는 것 이상의 삶의 변화에 대한 준비는 없을 것이라고 생각한다. 치료는 그 무엇보다도 자살하려는 사람이 그것을 찾도록 도와줄 수 있다.

당신의 치료 계획을 감찰하라

자살하려는 사람과 함께 안전과 처치에 대해 동의하는 것은 개입 부분에서 기술하였다. 여기에서는 이러한 동의가 갱신되고 수정될 필요가 있다는 것을 상기시키고자 한다. 즉, 치료에서 확고한 성과를 얻고 자살 위험성이 훨씬 줄어들었다면, 치명성의 감소와 위험성의 최소화 이외에 성장에 초점을 두어 치료의 초점을 다시 조정해야 한다. 좋게 바뀌든 그렇지 않든 상황이 바뀌면 처치 계획도 달라져야 한다.

인생과 마찬가지로 치료도 어디에 굴곡과 소용돌이가 있는지 예측할 수 없는 유동적인 과정이기 때문에 때때로 당신의 상담 관계를 강화하고, 당신과 내담자 두 사람이 얼마나 목적을 이루고 있는지를 점검하는 것이 좋다.

간단히 물어보자. "**우리가** 지금 잘 하고 있는 걸까요? 이번 주에 자살하고 싶은 감정을 느꼈습니까? 자살 생각은 어떻습니까?"

초기의 자살 위기가 지나간 다음에라도 가끔씩 이런 질문을 하는 이유는, 첫째 내담자에게 그가 왜 처음에 찾아왔는가 하는 사유를 당신이 잊지 않고 있다는 것을 알려 주며, 둘째 상황을 악화시킬 수 있는 단서를 놓치는 것을 방지하기 위한 조그만 안전장치를 제공하기 위해서다. 이런 종류의 의례적인 점검은 당신의 작업 동맹에 의미를 부여하고, 필요한 경우에 치료 계획을 다시 조정할 수 있게 해준다.

현재의 자살 위기를 재평가할 때 '아니요, 몇 주 동안 자살에 대해 생각하지 않았어요.' 와 같이 환자가 한 말을 그대로 기록하도록 하라. 또한 긍정적인 것이든 부정적인 것이든 증상이나 스트레스원(原)에서 어떤 변화든 모두 기록하라.

이런 유형의 진료 기록지를 작성하는 것은 왜 환자가 처음에 찾아왔는지, 치료에서 무엇을 다루고 있는지를 당신이 잊지 않고 있다는, 치료자로서 마땅히 가지고 있어야 하는 성실성을 반영하는 것이다. 치료의 과정을 거치면서 위험성, 증상, 임상적 상태에 대해 반복적으로 평가하는 것은 상담을 제대로 하고 있다는 증거라고 할 수 있다.

독서 요법

자살하려는 사람에게 치료적이라는 것이 증명된 훌륭한 책들이 많이 있으며, 이와는 반대로 치료적이지 못한 책들도 몇 권 있다. 드렉 험프리(Dereck Humphry)의 베스트셀러인 『마지막 비상구(Final Exit)』는 목숨을 끊는 다양한 방법을 담고 있으므로 양가감정을 가진 자살 환자에게 좋은 책이라 할 수 없다. 이러한 맥락에서 자살하려는 사람과 처음으로 작업을 시작할 때, 과거사 탐색의 한 부분으로 그가 이런 유형의 책을 읽어 본 적이 있는지, 또는 인터넷상에서 자살과 관련된 모임에 개입한 적이 있는지를 질문할 필요가 있다.

많은 책이 출간되고 있지만 삶을 긍정하고 정보가 풍부하며 도움이 되는 책 중에서 당신이 환자에게 추천할 만한 책을 몇 권 제안한다면 다음과 같다. 강력한 자기 치료 접근법을 취하고 있는 토마스 엘리스(Tomas Ellis)와 코리 뉴먼(Cory Newman)의 『자살의 인지행동치료(Choosing to Live)』(학지사, 2005)는 과학적 방법을 바탕으로 한 자조적 접근법(self-help approach)을 통해 자살하려는 사람들로 하여금 자살 계획을 세우게 하는 사고와 감정의 근원을 이해하도록 하며, 회복을 위한 단계적 절차를 제시한다.

공감적이고, 자살을 생각할 정도로 우울하다는 것이 어떤 것인지를 잘 보여 주는 책으로, 나는 언제나 윌리엄 스타이런(William Styron)의 자전적 에세이 『볼 수 있는 어두움(Darkness visible)』을 추천한다.

좀 더 최신의 풍부한 정보를 담고 있는 책으로는 독자들이 자살하려는 마음의 고통과 이에 맞서 싸우는 법을 이해할 수 있도록 돕는 내용을 담은 데이비드 블락(David Block)의 『지옥을 지날 때는 멈추지 마십시오(When Going Through Hell, Don' t Stop)』라는 책이 있다. 이 책은 우울과 불안에 대해서 표준적인 처치를 했을 때 반응을 보이지 않는 사람에게 특히 유용하며, 영적인 치유와 고차적인 힘이 정신질환에서 회복되는 데 강력한 도구가 된다고 믿는 사람에게 특히 도움이 된다.

훌륭한 글재주와 과학적 근거, 그리고 자살에 대한 깊이 있는 지식이 완벽하게 결합된 책으로, 케이 레드필드 제미슨(Kay Redfield Jamison)의 『자살의 이해(Night Fells Fast)』(뿌리와 이파리, 2004)도 좋은 책이다. 심각한 자살 시도를 한 적이 있었던 제미슨 박사는 세상에서 가장 박식하며 가장 존경받는 과학자 중 한 사람이며, 그녀의 글은 최고라고 할 수 있다.

젊은 사람이나 그의 가족을 위해서 세 권의 훌륭한 책을 더 소개하면, 베브 코베인(Bev Cobain)의 『더 이상 상처입지 않을 때: 우울한 십 대를 위한 생존 가이드(When Nothing Hurts Anymore: A Survival Guide for Depressed Teens)』, 데이빗 페슬러(David Fassler)의 『도와주세요. 나는 슬퍼요: 아동기 우울증을 인식하고 치료하고 예방하기(Help Me I' m Sad: Recognizing, Treating and Preventing Childhood Depression)』 그리고 앤드류 슬래비(Andrew Slaby)의 『아무도 내 고통을 보지 못했어요: 왜 십 대들이 자살을 하는가(No One Saw My Pain: Why Teens Kill Themselves)』가 있다. 젊은이를 대상으로 하는 많은 책이 거의 매달 출간되고 있기 때문에 나는 당신이 그것들을 찾아 읽고, 유용한 것이 있다면 추천하기 바란다.

마지막으로 나의 책 『돌이킬 수 없는 결정, 자살(Suicide: the Forever Decision)』(학지사, 2005)은 10쇄 이상 인쇄되었고, 여러 언어로 출판되었다. 이 책은 자살 생각으로 고통받는 사람들에게 직접적으로 이야기를 하는 형식으로 씌어 있으며, 나와 긴 치료 회기를 함께하는 식으로 되어 있다. 많은 전문가가 상담의 보조물로 이 책을 이용하고 있으며, 수백 명의 사람이 편지와 전화로 감사의 마음과 찬사를 전해 왔다. 이런 책들이 정말로 목숨을 구할 수 있는지는 알 수 없지만 해롭기야 하겠는가?

섭식 조절

전반적인 치료적 전략의 일부로써 당신이 자살하려는 사람들에게 해 줄 수 있는 일반적인 권고 사항 중에 실패할 수 없는 지침이 몇 가지 있다. 내가 '실패할 수 없는' 이라고 한 것은 그것들 중 어느 것이라도 하게 되면 거의 언제나 기분이 나아지고 안녕감(sense of well-being)이 증가되기 때문이다. 이 상식적인 권고 사항에는 잠을 잘 자는 것, 물을 적당하게 섭취하는 것, 이완과 여가활동, 그리고 영양 공급이 있다. 이 중에 영양 공급에 대해 간단히 살펴보자.

나는 영양사가 아니고 그런 척할 생각도 없지만 우리가 먹고 마시는 것이 우리의 신체와 마음이 기능하는 데, 그리고 우리가 어떻게 느끼는지에 상당히 큰 부분을 차지하고 있다고 믿는다.

나는 우리가 앞으로 몇 년 이내에 섭식 조절과 우울증에 대해 훨씬 많은 것을 알게 될 것이라고 확신한다. 그러므로 자살 환자와 작업을 시작할 때 그의 섭식 습관에 대한 몇 가지 질문을 하고(많은 우울한 사람들이 너무 조금 먹거나 너무 많이 먹는다) 영양사를 만나 볼 것을 권고하기도 하고, 설탕 섭취에서 커피 소비까지 모든 것을 검사하도록 영양사에게 부탁할 수도 있다. 어떤 의사들은 식사 습관에 대해서 주의 깊게 경청하지만 많은 의사는 그렇게 하지 않는다. 당신이 식사 습관에 관심을 기울인다는 것은 희망의 메시지를 전달하는 것이다. 즉, 당신은 그 사람이 살기를 바라는 것이다.

운 동

우울하고 자살하려는 사람들은 대부분 운동을 하지 않는다. 나는 운동생리학자도 아니지만 걷기나 가벼운 운동이 신체 화학을 긍정적인 방향으로 변화시킨다는 것을 잘 알고 있다. 최근에 발표된 미국 공중위생국장(Surgeon General)의 권고 사항에 따르면, 가벼운 운동을 하루에 30분씩만 해도 신체적 안녕감과 잠재적 장수에 상당한 도움이 된다고 한다.

언제나 나는 환자들에게 가벼운 운동을 할 규칙적인 계획을 잡으라고 요구한다. 집 안에서 스트레칭과 운동 프로그램을 하는 것이든, 산책로를 몇 바퀴 뛰는 것이든, 요가를 하는 것이든 말이다. 하지만 언제나 그의 의사가 이것를 알고 있는지 확인해야 하며, 격렬한 신체 운동을 하는 경우에는 의사의 승인을 받아야 한다. 비록, 운동 그 자체는 커다란 문제에 대한 너무나 약한 치료법인 것처럼 보이지만 운동은 일상적인 활동 수준을 변화시키며, 삶에 대한 강한 긍정으로 작용할 수 있다. 또한 다른 사람들과 어울릴 수 있는 기회를 증가시킨다. 이를 지지하는 연구 결과에 대해서 잘 모르기는 하지만 신체적 운동은 자살에 대한 반복적인 반추(rumination, 어떤 일을 되풀이하여 생각하는 일-역자 주)를 방해할 것이다.

오메가-3 지방산

항우울 효과와 기분안정 효과에 관한 오메가-3 지방산 가설이 힘을 얻고 있다. 국립건강연구소(National Institute of Health)의 연구원 조셉 히베인(Joseph Hebbein)에 따르면, 섭취한 음식 중에 오메가-3 지방산이 포함되지 않은 것은 우울증과 자살에 있어 높은 비율로 기여하는 것 같다고 한다. 이 중요한 지방산의 낮은 혈장 농도는 기분과 관련된 신경전달물질의 낮은 농도와 상관이 있다. 다른 말로 하면, 이 지방산의 결핍은 우울증이나 다른 기분장애에서 발견되는 뇌 기능의 손상에 기여하는 것 같다는 말이다. 고농도의 오메가-3 지방산은 한류 어종에서 발견된다.

265,000명의 일본인 성인의 생선 소비에 관해 17년간 진행된 연구에 따르면, 오메가-3 지방산을 많이 함유한 해산물을 많이 소비한 집단의 사람들은 대구나 대합을 많이 먹지 않는 집단의 사람들보다 자살률이 19%나 낮다고 한다.

또한 뉴잉글랜드 의학저널(New England Journal of Medicine)의 최근 연구에서, 기분 안정제와 오메가-3 지방산을 많이 함유한 어유(魚油)를 함께 처방받는 환자들이 약만 복용한 환자보다 우울 삽화를 보이는 빈도가 적었다고 하였다.

여기서 조언을 하고자 하는 것은 분명하다. 우울하고 자살하고 싶을 때 해산물을 많이 먹거나 오메가-3 지방산이 많은 가공 식품을 섭취하는 것은 해로울 것이 없으며, 오히려 도움이 될 수 있다는 것이다.

H.A.L.T. 단계

자살 행위는 역치현상(threshold phenomenon)이다. 내 말은 자살하는 사람은 생각과 행동 사이에 있는 경계를 실제로 반드시 넘어가야 한다는 것이다. 인생에서 모든 것은 두 번 발생한다. 한 번은 그것을 생각할 때고, 다른 한 번은 그것을 행동으로 할 때다. 생각에서 행동으로 옮겨지기 위해서는 경계를 넘어야 한다.

대부분의 우울하고 자살하려고 하는 사람은 자살 충동이나 계획을 실제로 행동화하는 경계선 가까이에 있지 않다. 많은 요소가 생각과 행동 사이의 경계를 강화하도록 돕는다. 즉, 소위 '보호 요인(protective factors)' 이라고 부르는 요인이 칼이나 총에 손을 내미는 순간까지는 가지 않게 하는 완충 역할을 한다.

보호 요인에는 좋은 건강, 종교에서의 자살 금지, 친한 친구, 다른 사람에 대한 의무감, 자녀에 대한 책임감, 살아야 할 다른 긍정적인 이유의 긴 목록 등이 포함된다. 그리고 그가 자살 생각과 감정에 대한 치료를 받기 시작했다면 치료자와의 관계, 처방받은 대로 약을 복용하는 것, 좋은 식사습관, 충분한 휴식 등도 보호 요인에 포함될 수 있다.

보호 요인의 목록에 들어가는 것은 상당 부분 통제 가능한 신체와 정신의 상태다. 예를 들어, 심한 불안과 동요의 상태에서 잠을 전혀 잘 수가 없다면 자살 생각과 자살 행위 사이의 경계를 넘어 버리기 쉬운 마음의 상태가 될 수 있다. 마음이 긍정적인 상태를 유지하도록 하기 위해 우리가 할 수 있는 것은 무엇이든 자살의 위험성을 감소시켜 줄 것이다.

익명의 알코올 중독자 모임(Alcoholics Anonymous, 알코올 중독자들의 재활모임-역자 주)과 재발 방지에 관련된 문헌에서 빌려온 H.A.L.T.는 자살 환자에게도 매우 유용하게 사용될 수 있다.

H.A.L.T.는 **배고픔**(Hungry), **분노**(Angry), **외로움**(Lonely), **피곤함**(Tired)의 첫 자를 딴 말이다.

이러한 마음이나 신체의 상태가 한두 가지 일어난다면 술을 마시는 생각에서 술을 마시는 행동으로 경계를 넘어가기가 훨씬 쉬워진다는 것이다. 한편, 사람이 **만족하고 원만하며 친구들과 더불어 있고 휴식을 취한다면** 긍정적인 기분 상태의 여세가 보호 요인으로 작용하고 다시 술을 마시게 될 위험성을 감소시키는 데 도움이 될 것이다.

마찬가지로 우울하고 자살하려는 사람들도 배고프고 화가 나고 외롭고 피곤할 때 자살 행위의 경계를 넘어갈 가능성이 훨씬 크다. 이것은 우울하고 자살하려는 사람이 마약이나 알코올 중독을 보일 때 특히 그러하다. 일단 경계를 넘어서 술을 다시 마시거나 중독 약물에 손을 댄다면, 실제적인 자살 시도의 위험성은 천정부지로 높아지게 된다. 이미 언급했던 대로 취하지 않은 맑은 정신 없이는 안전할 수 없으며, 자살하려는 사람이 배고프고 화가 나고 외롭고 피곤할 때에는 절대로 안전하지 못하다.

그러므로 당신의 자살 환자에게 다음의 네 가지를 가르치도록 하라.

* 배가 고프면 간식을 먹거나 식사를 한다.
* 화가 나면 열까지 세거나, 밖으로 나가 좀 걷거나, 용서하고 잊어버릴 수 있는 방법을 찾아본다.
* 외로우면 친구나 가족에게 전화를 하거나, 모임을 찾아간다.
* 낮잠을 잔다.

이 책에서 제시하는 모든 실제적인 개입 방법 중에서 이 네 가지만큼 자살의 예방과 희망을 되찾게 하는 데 효과적인 것도 없을 것이다. 이것은 세 가지 중요한 목표를 이루게 한다.

* 마음의 상태에 대한 통제권을 직접적으로 환자의 손에 쥐어 준다.
* 다른 사람들과 사회적 갈등을 일으킬 잠재적 위험성을 줄여 준다.
* 자살과 양립할 수 없는 마음의 상태를 유지하도록 도와 준다.

자살하려는 사람에게 이 개입 방법이 효과가 없는 것 같아 보이면 현재의 위험성에 대해 재고할 필요가 있다.

이와 관련된 질문들은 다음과 같다.

* 이 사람은 잠을 자기에는 너무 불안한가?
* 이 사람은 너무나 고립되어 있어서 그와 시간을 함께 보낼 친구도 가족도 없는 것 아닌가?
* 이 사람은 너무나 고통스러워서, 또는 너무 화가 나고 동요되어 있는 상태여서 자신을 위로하는 방법으로 편안해지기 어려운 것인가?

이 질문들에 대한 대답이 그렇다는 것이고, 그 사람이 여전히 자살을 생각하고 있다면 폐쇄병동에 입원시키는 것을 고려해야 한다.

나는 자살을 한 사람들의 기록 자료를 검토한 적이 있었다. 42세의 한 남자가 자살했을 당시에 어떤 상황이었는지에 대해 내가 알게 된 것 중에 다음과 같은 것이 있었다.

그는 거의 이틀 동안 아무것도 먹지 않아 배가 고팠다. 그는 아내가 이혼 서류를 내밀고 집을 나가 버려 화가 났으며, 몇 주 전에 친한 친구를 잃은 데다 자녀들에 대한 접근이 금지되어 외로웠고, 자살 위협에 대한 평가를 받느라 응급실에서 밤을 샜기 때문에 피곤했다.

게다가 그는 음주 문제가 있었는데, 최근에 재발했다. 그가 병원에서 퇴원한 다음 날 아침 권총으로 자살을 했다는 이야기를 들어도 당신은 아마 그다지 놀라지 않을 것이다. 부검 결과 사망 시 그의 혈중 알코올 농도는 법정 기준치의 두 배가 넘었다.

매일 하루씩

자살하려는 사람에게 매일 하루씩 더 살도록 하는 것은 그저 힘겨운 하루를 견디는 것 이상의 도움을 줄 수 있다. 이것은 우울하고 자살하려는 사람의 마음에 종종 떠오르는, 일반적인 인지적 왜곡과 맞서 싸우도록 도와준다. 당신의 내담자를 그런 방식으로 생각하고 살도록 지도하기 전에 자살하려는 사람이 어떤 식으로 미래를 바라보는지를 알면 도움이 될 것이다.

많은 자살하려는 사람이 "다음 주에 무슨 계획이 있는지 이야기해 보시겠어요?"라는 질문에 대해 대답하지 못한다. "내년 이맘때에는 무슨 일을 하실지 이야기해 보시겠어요?"라고 물으면, 아마도 당신을 빤히 바라볼 것이다.

우울증은 신체적인 질병이면서 동시에 상당히 인지적인 장애이기 때문에 자살하려는 사람은 종종 협소하고 미래를 멀리 내다보지 못하는 관점 때문에 고통을 겪는다. 그리고 비관주의가 지배적이고, 거의 모든 상황에 대해 부정적인 결론을 내린다. 이런 자신과 세상에 대한 부정적인 시각은 자연스럽게 미래에 대한 부정으로 이어진다.

* 현재도 견딜 수 없다고 생각하는데, 왜 미래에 대해서 생각해야 하고 왜 아주 작은 희망이라도 거기에 걸어야 하나?
* 끔직한 오늘에서 벗어날 수도 없는데, 왜 더 나은 미래를 상상한단 말인가?
* 장미 향기는 장례식을 연상시키는데, 왜 해피앤딩을 꿈꾸어야 하는가?

행복한 사람을 위한 음악 세상 테크니컬러(영화 필름 처리 회사 이름–역자 주)와 비교해서, 우울하고 자살하려는 사람이 사는 곳은 단조로운 흑백영화 같을 뿐만 아니라 팝콘은 차갑고 영화는 자꾸 끊기며 잡음만 무성하다.

당신이 일단 심각한 우울증의 진창에 깊이 빠지게 되면, 며칠 더 사는 것조차도 불가능해 보일 수 있다. 그러나 하루 더 살아 있을 수는 있다.

매일 하루씩 더 살라는 것은 가장 실현 가능성이 높은 계획이다. 당신이 자살 환자로 하여금 다음 주말까지 상상하게 할 수 없을 때 하루씩 더 살게 하는 것은 당신이 할 수 있는 전부일 수 있다.

나의 만성적으로 우울하고 자살하려는 환자 중 한 명이 마침내 다음 주말을 상상할 수 있게 되었을 때 그녀는 상담 회기가 끝날 때쯤 이런 이야기를 하였다. "돌아오는 5월에 동생을 보러 여행을 떠날까 해요." 그때는 1월이었다. 이것은 정말 환상적인 소식이었다. 적어도 그녀는 봄까지는 살아 있으려는 계획을 세운 것이다. 미래를 계획한다는 것은 그 사람이 치유되기 시작했다는 최고의 증거 중 하나다.

고통을 분리시키기

자살하려는 사람에게 있어 심리적 고통은 끔찍한 생각, 통제할 수 없는 사고, 지독하게 고통스런 감정이 끊임없이 밀려들기 때문인 것 같다. 그 고통은 파도를 타고 다가오는데, 바다는 끝이 없다. 이 방법은 앞에서 이야기했듯이 "보세요, 여기에 모든 고통을 유발하는 원인이 있습니다."라고 말해 주는 진단이 끊임없이 밀려드는 고통을 자신과 분리된 것으로 바라보게 하는 것과 같다. 그러므로 다 함께 달려들어 환자를 압도하는 작은 문제를 당신과 환자가 함께 뒤쫓는 동안에, 한편으로는 큰 문제를 해결하는 것이다.

사실을 확신하는 질문과 진단을 위한 추가적인 질문을 하는 것은 고통받는 사람을 고통에서 분리시키는 일이다. 이 과정은 또한 고통을 좀 더 이해할 수 있게 하고, 그것이 어디에서 오는지, 어떤 모습을 하고 있는지를 깨닫게 한다. 정신적 고통에 대해 분석하고 해부하며 새롭게 이해하도록 하면, 자살하려는 사람의 기분은 좀 더 나아지게 된다. 여기에 고통을 분리시킬 수 있는 방법을 몇 가지 제시해 놓았다.

* 우울한 사람들은 그런식으로 느낍니다. 하지만 이것은 진정한

당신이 아니죠, 그렇지 않습니까? (이 질문은 긍정적인 이전의 자기를 확인해 준다.)

* 당신이 그렇게 기분이 안 좋을 때 정확하게 어디가 아픈 것입니까? (이 질문은 고통을 분류하고 정리하여 좀 더 다룰 만한 것으로 만든다. 많은 사람이 고통을 자신의 머리나 심장과, 때로는 신체 전체와 연관시킨다. 고통의 관리는 그것에 이름을 붙이고 위치를 확인하는 언어를 공유한 뒤에만 가능할 것이다.)
* 당신이 취한 상태에서만 자살을 생각한다면 술이 어떻게 당신의 좋은 친구가 될 수 있겠습니까? (이 질문은 우울한 감정을 심화시키고 실패했다는 느낌을 증가시키는 술의 역할에 도전한다.)
* 당신이 최악이라고 느낄 때 누구의 이름이나 얼굴이 마음속에 떠오릅니까? (이 질문은 환자와 갈등 상태에 있는 사람의 명단을 구성하게 해 주며, 생산적인 대인 관계 상담의 문을 열어 준다.)
* 이번과 같은 고통을 지난번에 겪었을 때 결국 어떻게 되었습니까? (이 질문은 이전에 위기에서 살아남은 적이 있다는 것을 회상하게 해 준다. 또한 환자 주변의 보호 요인, 예를 들면 친구나 목사, 상담자, 또 다른 자원 등을 파악할 수 있게 해 준다.)
* 아버지가 자살을 한 것이 당신도 그래야만 한다는 의미일까요? (자살 내력을 물리칠 수 없다는 잘못된 결론에 도전한다.)
* 지금까지 일어난 일들을 보았을 때 지금 당신이 생각하는 것을 정말로 믿어도 되는 걸까요? (그가 모든 것을 제대로 생각하고 있지 못할 수 있다는 것을 받아들이도록 돕는다.)
* 당신은 자신을 죽이고 싶을 만큼 화가 나 있는 것 같습니다. 이 모든 분노가 당신 자신 때문입니까? (좌절의 외적 근원으로 초점을

다시 돌리고 자신을 범인으로 보는 생각에서 벗어나게 한다.)

* 이 모든 고통을 어머니(아버지, 연인, 남편, 아내 등)의 탓으로 돌리는 것이 온당한 일이라고 생각합니까? 그들이 정말로 의도적으로 그랬을까요? (환자가 다른 사람에게 귀인하는—종종 잘못된—동기에 대해 재고하도록 한다.)
* 당신이 겪고 있는 고통이 영원히 지속되는 것은 아니라고 했을 때 당신만큼 비참하게 느끼는 사람이 있다면 지금 당장 자살을 하라고 충고하겠습니까? (환자가 고통받는 사람이 아니라 지혜로운 치료자 역할을 하도록 하여 상황을 다른 관점에서 보도록 돕는다. 이 질문에 대한 대답은 흥미롭고 치료적인 것일 수 있다.)

거리를 두게 하는 이런 질문들은 자살하려는 사람이 이미 내린 결론, 그중에는 분명히 틀린 것도 있는 결론을 다시 생각해 볼 수 있게 해 준다. 이러한 질문의 목적은 한 사람이 느끼는 심리적 고통에서 거리를 두게 할 뿐만 아니라 돌이킬 수 없는 결정을 하게 만드는 제한되고 고정된 논리를 깨도록 해 준다.

자살하려는 사람이 "혼란스럽군요."라거나, "그런 식으로는 생각해 본 적이 없어요."라고 대답하거나, 침묵에 빠진다면 당신이 좋은 임상적 질문을 한 것이다. 환자가 돌이킬 수 없는 결정을 재고하기 위해 침묵에 빠지고 혼란스러워한다는 것은 황금과도 같이 소중한 것이다. 때로 나는 환자에게 이런 질문으로 딴지를 걸고 나서 이렇게 이야기한다. "혼란스럽다고요? 잘됐군요. 이제 우린 다음 단계로 넘어간 것 같군요!"

비상구를 막지 마라

비상구가 막혔다는 것은 어떤 사람이 도저히 참을 수도 견딜 수도 없는 상황에서 피할 수 있는 방법이 전혀 없다고 믿는 것을 말한다. 살 수 있는 모든 통로가 막혔을 때 자살은 유일한 탈출구가 된다. 자신의 부정과 갚을 길 없는 거액의 빚을 진 뒤 모든 탈출구가 막혀 버리자, 플로베르(Flaubert)의 마담 보바리(Madam Bovary)는 비소를 삼킨다. 그녀는 죽음을 앞두고 이야기한다. "다른 방법이라곤 없었어요." 이것은 드렉 험프리가 쓴, 자살하는 방법을 담은 베스트셀러의 제목처럼 '**마지막 비상구**'였다.

유명한 한 남자가 부끄러운 일을 저지른 것이 밝혀져 대중 앞에 수치와 모욕을 당할 처지에 놓인다. 우울하고 약물에 중독된 여자가 자신의 의지에 반해 정신과 시설에 억류되어 조용한 병실에 갇혀 있다. 이처럼 사람이 사로잡혀 있는 상황은 대개 실제적 · 심리적인 사건의 조합이다. 정신질환의 경우에 피할 길 없는 상황은 겉으로 보기에는 본인이 부과한 것이지만 격심한 마음의 고통을 겪을 수 있다. 이런 경우에 심각하고 무자비하며, 끝이 없어 보이는 심리적 고통은 대개 피할 길 없는 덫으로 느껴진다.

비상구가 막혔다는 것은 대개 여러 개의 비상구가 막힌 것이다. 당신이 공포영화를 상영하는 극장에 앉아 있다고 상상해 보자. 영화는 당신이 상상했던 것보다 훨씬 끔찍하다. 잔인하고 공포스럽고 당신은 거길 떠나고 싶다. 비상구로 다가갔지만 문이 잠겨 있다. 그래서 두 번째, 세 번째, 네 번째 그리고 마지막 비상구까지 가 보았으나 문은 열리지 않는다. 당신은 나갈 수가 없다. 당신은 빠져 나갈 길이 없는 것이다. 눈을 감아 보지만 여전히 날카로운 비명이 들린다. 공황 상태에 빠지게 된다.

자살하려는 사람은 종종 자신의 상태를 피할 길 없는 것으로 본다. 그들은 점점 커지는 공포, 절망, 고통에서 벗어날 방법을 찾지만 아무것도 발견하지 못한다. 현 상황에서 분명히 벗어날 수 있다고 생각하지 못하는 것은 우울한 사람이 보이는 전형적인 특성인 제한적 사고와 맞물려 훨씬 심각한 문제가 된다. 창의적 대안을 찾는 것은 어렵게만 느껴지고 새로운 길은 열리지 않는다. 새로운 비상용 통로를 상상할 수 없는 무능력에 동요와 불안 증상이 더해지면 **마지막 탈출**(final escape)을 위한 강력한 방법을 원하게 된다.

여기서 치료자가 할 일은 분명하다. 잘 훈련받은 소방관처럼 당신은 비상구를 찾기 시작할 것이다. 당신은 사람들이 빠져나갈 수 있는 길을 찾으려고 할 것이다. 밖으로 나가는 길을 찾아내는 환자의 상상력은 손상되어 있기 때문에 새로운 탈출구와 감추어진 문을 찾고 회중전등을 비춰 보는 일은 종종 당신에게 달려 있다.

달라이 라마가 치유자가 할 일은 인생의 가시덤불길에서 길을 잃은 사람을 이끌어 주는 것이라고 표현한 적이 있다. 가시덤불길이라는 것은 어둡고 위험하며, 날카로운 가시덤불로 가득 찬 곳이다. 일단 그 안에서는, 그 상태로 들어가면 빠져나가는 방법이 잘 보이지 않는다. 젊은이들에게, 너무 순진한 사람에게, 인생에서 아직 많은 것을 배우지 못한 사람에게, 그리고 길을 잃은 사람에게 있어서 가시덤불길을 헤쳐나간다는 것은 불가능하게만 보이고 살을 찢는 가시로 뒤덮인 막다른 길로 밖에 느껴지지 않을 것이다. 그러나 우리는 치료자이고, 이런 분야의 많은 책을 읽었고, 사람을 돕고 안내하는 교육을 받았으므로, 우리는 이 분야에서 두 손에 군살이 박힌 사람이라고 할 수 있다. 그 군살은 벽에 걸어 놓은 대학원 졸업장이나 우리의 인생 경험, 그리고 희끗희끗해진 머리카락 등일 수 있을 것이다. 다른 사람에게 그것은 짧게 깎은 머리와 승복, 십자가 목걸이와 흰색 카라, 가운과 청진기일 수 있다.

이런 능숙함으로 가시덤불길을 통과하는 방법을 알아내서 당신은 사람들이 안전하게 빠져나가도록 안내할 수 있다. 마찬가지로 밖으로 나가는 출구는 없다고 보는 자살 환자와 작업하는 치료자의 과업은 가시덤불길을 헤쳐나갈 수 있는 길을 찾아내는 것이다.

한동안은 당신이 주도하고 그들은 뒤따르는 과정이 필요할 것이다. 일단 그들이 안전하게 밖으로 나오면, 그들은 자신의 길을 갈수 있다. 환자를 의존적이게 만들까 봐 걱정하지 말고, 가시밭을 지나 분명한 오솔길이 나오고 희망이 되살아 날 때까지 그를 살아 있게 하는 데 신경 쓰자.

절대로 자살에 대해 승인하지 마라

적어도 만성적으로 자살하려는 사람 중 일부는 자살에 대해 전문가의 승인을 받으려고 하는 것 같다. 몇 년간의 심리적 고통과 어려움, 반복되는 실패와 상실, 그리고 절대로 끝나지 않을 것 같은 깊은 절망감을 겪은 뒤에 자살하려는 사람은 (때로는 꽤 드러내놓고) 권위가 있는 사람에게서 "이해합니다. 자살해도 괜찮습니다."라는 이야기를 듣고 싶어 한다.

전문가는 환자가 하는 자살 사고나 계획에 대해서 너무 많은 말로 괜찮다고 할 필요가 없으며, 비탄과 한숨의 긴 이야기를 듣고는 그저 고개를 떨구고 가만히 있어야 한다. 아니면 잠재적으로 한 달 분량의 치명적인 치료제를 주면서 "자! 조지, 이 약을 한 번에, 특히 술과 함께 전부 다 먹으면 죽을 수 있다는 거 알지요?"라고 말하거나.

자살 환자들이 내게 퉁명스럽게 "왜 자살을 하면 안 된다는 겁니까? 왜 나를 내버려 두지 않습니까?"라고 묻는 일이 있다. 그러면 나도 퉁명스럽게 "왜냐하면 나는 당신이 그저 살아남는 게 아니라 잘 살게 될 거라고 믿으니까요."라고 대답한다.

자살이 해결책이라고 믿는 사람에게 내가 잘 하는 말은 "여기 죽어야 할 사람이 좀 있다는 데는 동의해요. 하지만 나는 그게 당신이라고 생각하지는 않아요."라는 것이다.

실제로 자신의 손으로 목숨을 끊는다는 것은, 권위를 가진 사람의 승인을 받든 못 받든 도덕적인, 그리고 때로는 법률적인 문제다. 치료자로서 나는 아무도 내가 보는 앞에서 죽을 수 없다는 것을 아주 분명히 해 둔다. 30년 이상 이 일을 해 오면서 이 방침의 예외가 단 한 번 있었는데, 그때 나는 그것이 나의 결정이 아니라 환자의 결정임을 분명하게 해 두었다.

자문만을 요청받아, 잘생기고 지적이며 교양 있고 인지적으로 손상되지 않았으며 두뇌가 명석한 남자를 만났는데, 그는 AIDS로 죽어가고 있었다. 그는 살 수 있는 날을 몇 달이 아니라 몇 주 남겨 두고 있었다. 그는 '약물 복용을 조절'하는 방법으로 '자기-인도'(그는 자살이라는 말을 좋아하지 않았고, 나도 그의 사례에서 그 말을 쓰는 것이 적절하지 않다고 생각했다)를 하는 방법을 사용하고자 했으며, 나는 만약 '합리적 자살' 이라는 것이 있다면 이 젊은이의 경우가 거기에 맞는 경우라는 입장을 취했다. 나는 그의 계획을 축복해 주지는 않았으나 위엄 있는 죽음을 선택할 그의 권리에 도전하지도 않았다.

스티브라는 사람이 있는데, 그는 유명한 대학 미식 축구팀의 쿼터백이었고, 사업체의 운영자였으며, 아주 친구가 많은 사람이었다. 그는 늘 자신의 운명을 개척해 나갔다. 그런 그가 손상되지 않은 온전한 정신으로, 결정한 것이 자신의 삶에 종지부를 찍는 시간과 방법을 통제하는 것이었다. 그는 주 정신건강담당자에게 자살 잠재성과 정신질환에 대한 평가를 받아 왔고, 비자발적인 억류나 입원을 시키는 것은 적절하지 않다는 평가를 받았다.

스티브의 이야기는 책 한 권 분량이지만, 그가 상당량의 약을 복용한 이후에 죽지 않았다는 것만 우선 밝혀 두도록 하자. 그는 구조되는 것을 피하기 위해서 자살 시도의 시간을 신중하게 선택했으나 혼수 상태에 빠져 있을 때 발견되었고, 다시 살아났다. 자살 시도를 한 며칠 뒤에 내가 찾아갔을 때 그는 "내 생각에 천당에서도 날 원하지 않고, 지옥에서도 내가 거기 가는 걸 두려워한 것 같아요."라고 말했다. 이 글을 쓰고 있는 지금 스티브는 아직 살아 있고 18년 이상 지속되어 온 끔찍한 질병을 앓고 있었으며, 지난 9년 동안 '질병 말기'였다.

여기서 내가 이야기하고자 하는 요지는 스티브 같은 예외적 경우가 아니라 죽고자 하는 계획에 대해 승인을 구하는, 좀 더 평범한 문제를 가진 자살하려는 사람에 관한 것이다. 어떤 사람이 자살에 대해 허가해 주는 권한을 가진 사람을 찾고 있다면 내가 그 사람이 아닌 것은 분명하다.

가장 심한 심리적 고통도 결국은 사라진다.

계절이 바뀌는 것처럼 상황은 변하기 마련이다. 치료법이 발견되고 기적은 일상적인 사건이 된다. 성경은 "이것 역시 지나갈 것이다."라고 이야기한다.

치료자로서 당신은 내담자가 승인을 구하고 있다고 느낄 수 있다. 당신은 이것이 '인생은 살 가치가 있다.'는 당신의 철학을 반박하는 것 같아서 불편하게 느낄 수 있다. 그것은 당신의 면접의 흐름을 끊는 돌출부처럼, 잘 뻗은 도로에 튀어나온 안전턱같이, 비단에 흠을 내는 손톱처럼 느낄 수 있다. 이것은 마치 당신이 아는 사람이 죽은 것도 아닌데, 장례식에서 사회를 보라는 요구를 받은 것처럼 불편하게 느껴질 수 있다.

이러한 잡념, 이러한 두려움이 안겨 준 것에 찬찬히 주의를 기울여 보자. 어떤 사람이 아무리 영리하거나 완곡하거나 미묘하게 자신의 경우가 자살로 고통을 끝내는 경우라고 주장하더라도, 당신은 자살을 한 이후에 가게 될 사후 세계에 대한 그의 개인적 두려움을 감지하고 공유하게 될 것이다. 당신이 이 두려움을 어떻게 재조직화하든간에 뭔가 안 좋은 기분이 느껴지게 되어 있다. 그러므로 당신의 감정을 믿어라!

그것은 속을 불편하게 하고, 목덜미의 머리카락을 일어서게 하고, 심장이 거칠게 뛰도록 할 수 있다. 그것은 자살에서 한 생명을 구하는 좋은 신호일 수 있다. 개입은 단순히 다음과 같은 것을 이야기하는 것이면 된다.

* 당신이 방금 한 이야기는 뭔가 나를 두렵게 하는군요.

* 좀 더 이야기해 보십시오.
* 당신이 무슨 생각을 하고 있는지 좀 더 이야기해 보시겠어요?

무슨 일이 있더라도 자살하려는 사람은 치료자에게 그는 절망적이며, 죽어 가고 있다는 것을 확신시키려고 할 것이다. 환자는 사실상 "제발, 살라고 나를 밀어붙이지 마세요."라고 말하고 있는 것이다.

만일 치료자가 환자는 삶의 의지를 가질 수 없을 것이며, 구해 낼 가치가 없다고 확신한다면 둘 다 길을 잃은 것이다. 지금까지 나의 경험을 통해 보면, 만성적인 자살 환자는 자신의 세상에 대한 관점에 대해 내가 타당화해 주길 간절히 바라며, 이제 끝을 내도 된다는 승인을 해 주길 요구한다. 물론, 그들은 원하는 것을 얻지 못한다.

환자의 자살에 공모자가 되는 것을 피하기 위해서 처음부터 자살은 절대 안 된다는 생각으로 마음을 바로잡아야 한다. 물론, 언젠가 우리 모두는 죽을 것이며, 영구차가 저기 모퉁이에서 시동을 걸고 우리를 기다릴 것이다. 그러나 적어도 오늘은, 계획하지 않았는데 자연스럽게 찾아오는 죽음이 우리를 데리러 올 때까지는 열심히 살아야 한다. 우리가 남겨 두고 떠나는 사람에게 자연적인 죽음이 좀 더 받아들이기 쉬울 것이라는 것 이외에 다른 이유는 없다.

마지막으로 충고하고 싶은 것은 당신이 자살하려는 사람을 포기하고 싶은 마음이 든다면 동료나 슈퍼바이저의 도움을 받으라는 것이다. 기다리지 마라! 당장 도움을 받아라!

신중하고 적극적이며 확신을 가지고 행동하라

이것은 분명한 처방인 것처럼 보이지만 쉬운 일이 아니다. 비록, 환자가 자신의 인생에 대한 궁극적인 책임을 져야 하긴 하지만, 치료자는 치료의 통제(control)에 대한 궁극적인 책임을 져야만 한다. 이것은 책임을 지고, 질문을 하며, 사실을 탐색하고, 희망과 변화, 행동과 반응의 증거를 찾아내기 위해 환자의 마음속을 살피는 것을 의미한다. 이것은 잘, 그리고 오랫동안 내담자의 이야기를 경청하며 절대로, 정말 절대로 당신이 알지 못하는 어떤 것에 대해 안다고 가정하지 않는 것을 의미한다.

자살하려는 환자와 적극적으로 작업을 할 때 인간의 본성, 목적, 치료의 힘 그리고 약에 대해서 양가적이거나 불확실하거나 싱거운 태도를 취하지 않는 것이 중요하다. 매일 말과 약과 이 둘의 환상적인 조합으로 수백 명의 사람이 생명을 얻는다. 그러니 대담해지자.

고대에서 현대까지 치료는 효과가 있었다는 것을 이해하라. 다만, 이름과 외양과 투약 방식이 달라졌을 뿐이다. 치유와 치유자에 대한 믿음은 자살하려는 사람에게 결정적인 요소다. 치유에 대한 믿음 없이는 희망도 없다. 치료자가 치료의 이득에 대해 확신을 가지고 있으면 환자도 삶에 대해 좀 더 확신을 가질 수 있다. 다시 한 번 말하지만 당신의 위약효과를 망쳐 버릴 행동은 어떤 것이든 하지 마라. 그러면 "그 힘을 이용할 수 있다."

강한 호기심을 가져라: 콜롬보 기법

텔레비전에서 '콜롬보 형사'라는 영화를 본 이후에 나는 이것을 콜롬보 기법이라고 불렀다. 이것은 기본적으로 환자를 이해하기 위해 탐색을 할 때 바짝 신경을 쓰라는 말이다. 자살하려는 이유에 대해 환자가 아는 만큼 당신이 알기 전까지는 절대 긴장을 늦추지 말아야 한다. 특히, 자살 계획을 가진 사람이 다른 사람들이 알아차리거나 구조되는 것을 피하기 위해서 특별한 노력을 기울이고 있을 때는 더욱 주의해야 한다.

자살에 대해서 오랫동안 열심히 생각해 온 사람들은 종종 어떻게 죽을 것인지에 대한 정교한 계획을 가지고 있다. 그들은 어떻게 자살을 할 것인지에 관한 계획을 하나 이상 가지고 있을 수 있다. 그들은 어디에서 총이나 수면제 혹은 밧줄을 구할 수 있는지를 알고 있다. 또한 그들은 시간과 장소를 선택해 놓았을 수도 있다. 그들은 몇 가지 시안의 유서를 가지고 있을 수 있다. 그러나 치료자가 상세히 물어보면 대답을 흐려 버리거나 간단하게 별다른 정보가 담기지 않은 대답만 할지도 모른다.

삶을 사는 데 조심스럽고 꼼꼼한 사람이라면 자살 행위를 이행하는 데도 조심스럽고 꼼꼼할 수 있다. 당신의 질문에 대해 회피적이거나 애매한 대답을 한 경우엔 절대로 그냥 넘어가지 말아야 한다.

직접적으로 환자와 직면하여 초반에 관계를 위험에 빠뜨리기보다는 빙 둘러서 가고 나중에 같은 질문으로 다시 돌아와라. 그리고 또 다시, 또는 약간 다른 방식으로 같은 질문을 하라.

치료자: 당신이 총을 사용할 것이라고 말했었는데…… 그것은 당신의 총인가요, 아니면 다른 사람 것인가요?

환 자: 그렇게 말하지 않았어요. 그리고 그게 무슨 차이가 있나요?

치료자: 아니요, 그저 궁금해서요. 당신 친구가 당신이 그걸로 뭘 할지 알았다면, 아마 당신에게 총을 주지 않았을 것 같네요.

환 자: 내 친구가 아니에요. 우리 형이에요. 그리고 그는 나를 잘 알고 나를 존중해요. 그는 내가 해야 할 일을 하게 놔 두죠.

치료자: 형의 총이 매그넘인가요, 아니면 22구경짜리 작은 것인가요?

환 자: (짜증을 내기 시작하며) 이봐요, 우리 형 총에 대해서 왜 그렇게 관심이 많습니까?

치료자: 그 총을 탄환과 같이 가지고 있습니까? 어떤 종류의 탄환을 가지고 있습니까?

환 자: 모르겠어요. 그리고 이봐요, 그건 내 일입니다. 안 그렇습니까?

그러나 그것은 그 사람만의 일이 아니다. 그가 당신 사무실에 앉아 있거나 당신이 치료를 위해 그의 집을 방문한 것이기 때문이다. 당신의 콜롬보 형사가 불굴의 의지로 질문을 하였기 때문에 이제 환자가 당신을 멀리 하도록 내버려 두었다면 결코 알 수 없었을 몇 가지 사실을 알게 되었다. 당신이 이제 알아낸 일에는 다음과 같은 것이 있다.

* 자살의 도구가 어디에 있는지
* 탄환을 함께 가지고 있는 것은 아닌 것 같다는 것
* 그의 생명을 구할 수 있는 사람이 누구인지(그의 형)

내가 검토했던 어떤 자살 사례에서 임상적으로 우울한 노인이 원치 않은 수술을 받을 처지에 놓였다. 그는 마지못해 치료자에게 권총으로 자살할 계획이 있다는 것을 털어놓았다. 치료자가 그에게 총을 포기할 수 있겠냐고 묻자, 그는 기꺼이 그러겠다고 동의하였다. 그는 벽장으로 가서 총을 꺼내 사회사업가에게 넘겼다. 그 다음날 그는 **다른 권총으로** 자살을 했다.

이런 사례에서 강한 호기심을 가지고 두 가지 질문(그 권총이 당신이 사용하려고 계획했던 그것입니까? 집에 또 다른 총기를 가지고 있습니까?)을 더 했더라면, 직면을 하게 하고 어쩌면 입원이나 생명을 구하는 치료를 할 수 있었을지 누가 알겠는가?

이 경우에 사회사업가는 자신이 할 일을 잘 했지만, 죽음이 유일한 해답이라고 굳게 믿고 있는, 심각하게 자살을 고려하고 있는 사람들은 치료자가 지속적으로, 심지어는 끈질기게 자살 위험을 평가하려고 접근하지 않는다면, 자살을 단념하지 않을 것이라는 점을 기억해야만 한다. '호기심이 고양이를 죽게 한다.'는 말이 있는데, 치료자에게 있어 이 말은 성립하지 않는다. 오히려 강한 호기심이 생명을 구할 수 있다.

삶에 특별 허가를 내 주라

심리적으로 어떤 과정을 거친 것이든 어떤 자살하려는 사람들은 죽으라는 명령을 받았다거나 어떤 특정한 기준에 도달했기 때문에 이제는 자살을 해야만 한다고 느낀다. 여기에 자살하려는 사람에게 자살을 해서는 안 된다고 말하기 위해서 이야기할 수 있는 몇 가지 방법을 제시하였다.

* 누가 당신이 죽기를 바랄까요?
* 당신이 죽어야만 한다고 어딘가 씌어 있나요?
* 이런 저런 일이 생기면 당신이 자살을 해야 한다는 생각은 어디서 하게 되었습니까?

당신은 이런 부정적 결과를 산출하는 사고를 상쇄(undo)할 수 있다.

* 분명히 말하지만 나는 당신이 살기를 바란다는 것을 당신이 알았으면 합니다.
* 그 누구도 자신들이 더 편해지려고 당신이 목숨을 끊을 것을 바랄 권리는 없습니다.
* 당신은 계속 살아도 된다는 나의 허가를 분명히 받았습니다.
* 나는 다른 것은 잘 모르지만 당신이 살기를 원합니다. 사실 나는 그것을 강력하게 주장합니다.

모든 연령대의 자살하려는 사람들은 삶에 대한 허가에 긍정적으로 반응한다. 특히, 젊은이나 노인들이 그러하다. 그 효과는—나는 그것이 개인적으로 효과가 있다고 보는데—앞으로의 일에만 집중하도록 환자에게 집행유예를 선고하는 것과 유사하다.

자살하려는 사람들이 표현하는 가장 일반적인 동기 중 하나는 **다른 사람들에게 부담**이 되고 싶지 않다는 것이다. 다른 사람들에게 경제적으로나 정서적으로 부담을 주고 있다고 지각하는 노인들이나 어린이, 청소년들은 자살이 그들의 어쩔 수 없는 의존성에 대한 해결책일 것이라고 믿는다. 다른 사람이 사회적 · 심리적 · 경제적 문제를 자살로 해결하도록 기대할 권리는 그 누구에게도 없다.

어떤 나라에서는 오늘날에도 여성이 강간을 당하면 수치를 당한 것이므로 자살하는 것이 당연하다고 생각하고 많은 여성이 그렇게 목숨을 잃는다. 역사를 거슬러 올라가면 많은 문화권에 '불명예보다는 죽음이 더 낫다.' 는 신조가 있었고, 수많은 시민이나 군인이 자살을 했다. 그러나 계몽된 근대사회에서 이러한 비상식적인 일이 용인되어서는 안 되며, 그 어떤 치료자도 이런 생각을 묵인하지 말아야 한다.

방해전략 사용하기

이것은 앞서 설명한 거리를 두게 하는 질문과 상당히 비슷한데, 방해전략은 당신 자신을 환자의 자살 생각과 계획의 한가운데 자리 잡게 함으로써 그것을 방해하고 점령하는 방법이다. 강한 호기심을 가지는 것은 문을 열어 줄 것이며, 당신을 그 안으로 들어가게 해 줄 것이다.

자살하려는 사람에게 자살 생각은 종종 친구이지 적이 아니다. 이것은 자살하려는 사람이 어떤 통제감, 심지어는 안도감을 느끼기 위해서 가는 곳이다. 치료자가 이것을 조용히 숙고해 보면, 죽음을 조용히 숭배하는 예배당과 고통이 멈춘 곳은 결코 같은 것이 될 수 없음을 알 것이다. 방해전략은 죽음을 숭배하는 교회를 부정하기 위한 방법이다.

방해전략을 제대로 사용하기 위해서는 자살 생각과 감정의 경험 전체에 대해 세부적인 질문을 함으로써 환자의 생각 속으로 파고 들어가는 것부터 시작해야 한다. 일단 환자가 아는 만큼 환자의 자살 생각의 모양과 형태, 냄새와 질감에 대해서 파악하게 되면, 그 일을 방해하기가 아주 쉬워질 것이다. 여기에서 나에게 효과적이었던, 아주 좋은 방해전략을 제시하였다.

이런, 다음번에 당신이 강가에 앉아 강물을 바라보며 저 물결 속으로 조용히 걸어 들어가면 어떨까 생각할 때, 당신이 "이것이 정말 좋은 생각이라고 확신할 수 있습니까?" 라고 묻는 내 목소리가 들리지 않을까 궁금하네요. 아마 제가 바로 당신 뒤에 서 있는 것 같은 느낌이 들 걸요.

결과: 환자의 한때 완벽했던 자살 계획 한가운데 당신이 끼어든 것이다. 그러므로 계획 A(강물에 뛰어든다)는 다시는 이전 같을 수 없다.

당신은 손목을 긋기 위해 침대 옆 서랍장에 넣어 두었던 작은 면도칼을 꺼내기 바로 전에 촛불을 바라보며 앉아 있는 것을 좋아하지요? 글쎄요, 나의 웃는 얼굴이 갑자기 불꽃 속에서 나타나지 않길 바랍니다.

결과: 목숨을 위협하는 행동을 유도하는 환자의 자기최면은 더 이상 혼자만의 의식이 될 수 없다. 누군가 나타나서 파티를 완전히 엉망으로 만들어 놓는 것이다.

꽤 많은 환자가 다음번에 그들이 자살에 대해 생각하기 시작했을 때 나의 웃는 얼굴이 떠오른다는 것을 깨달은 이후, 나에게 화를 냈다. 그러나 그것은 괜찮다. 분노는 지나간다. 그들에게 훨씬 더 문제가 되는 것은 죽음이다.

• 참고 •

당신이 방해한 것에 대해 환자가 화를 내면, 당신이 그 상황에 제대로 끼어들었다는 것을 알 수 있을 것이다. 일반적으로 충동적이지 않은, 자살하려는 사람은 당신이나 다른 사람이 그들의 자살 생각 근처를 어슬렁거리는 것을 좋아하지 않는다. 그것들은 한적한 산책길이나 조용한 수영장처럼 끊임없는 고통에서 한숨을 돌리는 데 사용하는 정신적 피난처라고 할 수 있다.

나와 작업을 했던 한 십 대 소년은 침대에 누워서 자살 음악을 들으며, 날카로운 단검으로 가슴을 툭툭 건드리며 심장을 반으로 가른다면 얼마나 빨리 심장 박동이 멈추게 될 것인지에 대해 생각하곤 했다. 우리가 두 번째 만났을 때 이 행동에 대해서 길고 상세한 탐색을 함께한 이후에 (그리고 우리가 아마도 그를 즐겁게 할 수 있는 다른 방법을 찾아낼 수 있을 것이라고 제안한 다음에) 그는 말했다.

"더 이상은 효과가 없어요. ……제 말은 칼 같은 것 말이에요. 한 번 시도해 본 적이 있었는데, 제가 생각할 수 있었던 것은 지난번에 우리가 했던 이야기가 전부였어요."

이 우울한 소년과 그 가족은 가족치료가 필요했다. 부모는 결국 이혼했고, 이 재주가 많은 소년은 대학에 가서 미술을 전공했다.

어쨌든 그에게 제일 좋아하는 자살 노래의 가사를 적어서 다음 회기에 가져다줄 수 있겠냐고 부탁하자, 그는 "연필 있으세요?" 하고 묻고는 바로 "칼로 깊은 상처를 내어."라는 구절을 적었다. 나는 지금도 그 가사를 가지고 있고 한두 줄을 더 기억하고 있는데, 이것은 환자도 방해전략 같은 것을 사용할 수 있다는 것을 보여 주었다.

생각하고 느낄 수 있도록 허용하라

당신 앞에 있는 자살하려는 사람은 자신의 감정을 전부 느껴도 된다는 생각을 해 본 적도, 그렇게 느껴 본 적도 없는 사람일 가능성이 크다는 것을 늘 고려하라. 또는 그런 문제 때문에 그 사람은 모든 생각, 즉 좋은, 나쁜, 추악한 생각을 결코 표현할 수 없었을 수 있다.

치료자가 하는 일은 내담자가 그것을 명명할 수 있다고 생각해 보지 않은, 그런 의미에서 비정상적인 것을 명명하고 정상화(normalize)하는 것이다. 명명할 수 없는 것은 두려움을 유발하며, 비정상적이라고 생각되는 것은 수치심을 낳는다.

불안, 공포, 수치심을 감소시키기 위해 당신이 해야 할 일은 고통받는 사람에게 그가 이미 **생각한** 것을 **말하고** 그가 이미 **느낀** 것을 **표현하도록** 암묵적이고 명시적으로 허가를 해 주는 것이다.

예를 들면, 남편을 죽이고 싶은 마음이나 당신 가족이 교통사고가 나서 전부 죽었으면 하는 생각, 또는 당신이 일단 울기 시작하면 절대 멈추지 못할 것이라는 두려움 등이 있을 수 있다. 치료자는 반드시 이런 모든 생각을 이야기할 수 있도록, 이런 모든 감정을 느끼고 타당화할 수 있도록 허용하여 그것이 보편적인 인간 경험일 수 있다는 것을 알게 해야 한다.

물론, 당신이 너무 쉽게 충격을 받지 않는다거나 연륜이 깊다면, 또는 인간 행동의 전체 범위가 얼마나 독특하고 이상하고 기괴하고 미친 것 같아 보이는지에 대해서 쉽게 놀라지 않는다면 훨씬 도움이 될 것이다.

내가 충고하고 싶은 것은 만일 당신이 이런 일을 시작한 지 얼마 안 되었고, 어떤 비일상적인 발견(예를 들어, 한 소년이 개와 성교를 한 것)에 대해서 충격을 받는다는 것을 알게 된다면 놀라서 의자에서 떨어지지 않도록 노력하라는 것이다. ……그것은 환자를 기운 빠지게 하는 일이다.

가족을 개입시켜라

앞에서 언급했던 것처럼 자살은 거의 항상 중요한 타인과 관련된다. 때로 자살하려는 사람은 가족에게 학대를 받았거나 거부를 당하는 등의 상처를 입기도 하고, 때로는 오래 지속되어 온 병리적 특성을 띤, 뒤엉키고 매달리는 공생적인 가족 체계 때문에 거기서 빠져나갈 수 있는 유일한 길이 자살이라고 생각할 수 있다.

수치스러운 가족의 비밀이나 가족 체계 밖으로 도움의 손길을 내미는 것에 대한 금지, 그리고 가족 구성원 사이에서 진행되는 온갖 종류의 암투가 있을 수 있다. 이런 가족 체계에서 환자라고 지칭된 사람만을 다루는 것은 자살 위험성을 낮추는 당신의 능력과 효율성을 심각하게 제한할 것이다.

자살하려는 아이들(몇 살이든지 그들이 부모와 함께 사는 경우)과 상담을 하는 경우 스스로에게 다음의 질문을 해 보라. 이 아이가 성장해서 집을 떠난다면 그 부모에게 어떤 일이 생길까?

당신의 대답이 부모가 아마도 이혼을 할 것이라거나, 어머니가 병이 들어 죽게 된다거나, 아버지가 심리적인 아내를 잃게 된다는 것 등이라면 문제가 있는 상황이라고 할 수 있으며, 아마도 가족치료가 필요할 것이라는 점을 금방 알게 될 것이다. 가족의 역할은 어느 정도 자녀를 건강하고 자율적인 어른으로 키워 내는 것이며, 그렇게 하지 못하는 것은 뭔가 잘못된 것이다. 성장하는 것은 배신이라거나 엄마를 학대하는 남편이나 견딜 수 없는 외로움 속에 버려 둔다는 의미가 아니며, 가족을 어떤 심리적 위험 속에 빠뜨린다는 뜻은 더더욱 아니다. 그리고 만일 진짜 그렇다면 그것은 뭔가 매우 잘못된 것이다.

여기는 좋은 가족 체계 치료의 상세한 특징에 대해 설명할 곳이 아니지만(이 주제에 대해서는 추천도서 목록에 제시한 조셉 리치만(Joseph Richman)의 훌륭한 책을 추천한다), 환자의 자살성이 얼마나 가족의 신념 체계와 맞아 떨어지는지, 그가 자살을 하면 다른 사람에게 어떤 결과가 발생할지에 대해 아는 것은 매우 중요하다.

자살이 꽤 영구적으로 분리불안, 유기공포, 부모와의 의사소통 갈등을 해결하는 한, 자살을 통해 병리적인 가족을 탈출하려는 시도는 종종 아주 매력적인 것처럼 느껴질 수 있다.

이런 가족에서 환자라고 명명된 사람하고만 상담 작업을 할 수도 있겠지만, 모든 가족 구성원을 불러 모아서 안전성을 지키는 데 참여하게 하고, 어떻게 치료가 진행될 것인지와 관련된 기본 규칙을 설정하는 것이 보다 나은 임상적인 판단일 것이다. 당신이 이미 가족치료자라면 무엇을 해야 하는지 잘 알 것이다. 그러나 그렇지 못하다면 관련 교육과정에 참여하거나, 자문을 받거나, 관련 서적을 읽도록 하라. 그리고 뛰어들어라.

가족 절제술

자살을 유발하는 병든 부모 부분을 아이의 인생에서 제거하는 것(일명 가족 절제술, parentectomy)은 숙련되지 않은 무경험자가 집도할 수 있는 수술이 아니다. 그러나 이것은 생명을 구하는 개입일 수 있다.

가족 절제술을 하기 위해서 당신은 아동복지담당자나 목회자, 의사, 정신건강전문가 팀 전체의 도움이 필요할 수 있다. 때로는 아이의 안전을 보장하는 유일한 방법이 아이의 인생에서 부모를 제거하는 것이다. 물리적으로 안 된다면 상담과 치료를 통해 심리적으로 말이다.

믿기 힘든 일이겠지만 어떤 부모는 드러내놓고 자녀가 죽기를 바란다. 또 어떤 부모는 그런 생각을 가지고 있으며, 간접적으로 그런 욕구를 표현한다. 몇몇 부모는, 심지어 자녀에게 자살을 제안하기도 한다. 비록, 말보다는 행동(예를 들어, 우울하고 문제를 일으키는 소년에게 생일날 총을 사 주는 등)으로 표현하지만 말이다. 그리고 드물지만 부모가 자식을 죽이고 자살하는 경우도 있다.

아이들은 붐비는 방 안에서도 거부감을 감지할 수 있고, 관계에 대해서 특별히 영리하기 마련이다. 때로 그들이 잘못된 인상을 받기는 하지만 때로는 그들이 옳다. 우리가 아동과 작업을 한다면 가족의 현실에 대한 부모의 시각이 언제나 진실인 것으로 믿어서는 안 된다.

자녀를 미워하는 부모는 그들을 죽일 수 있다. 자살은 희생자에게 비난의 화살이 향한 것일 뿐이다. 그 어떤 아이도 사랑의 결핍 때문에 죽어서는 안 된다. 그러므로 이때가 우리가 대담해져야 하는 또 하나의 경우다.

우리는 모든 부모가 진심으로 자녀를 사랑하고 존중한다는 마음의 장막을 제거할 필요가 있다. 우리는 가족의 역사, 역동, 의례적 행위, 신념, 기대에 대해—특히, 자살하려는 아동을 위해—우리가 할 수 있는 한 모든 것을 알아내야 한다.

당신과 상담 작업을 하는 아동이 다음의 가능성이 있는지 고려해 보자.

* 태어날 당시 원하지 않는 아이였는가?
* 그 아이가 연인에게 문제를 일으켰는가?
* 생물학적인 아버지가, 아이가 아버지라고 믿고 있는 사람이 아닌 다른 사람인가? 그리고 부모 중 한 사람 또는 두 사람 모두 그 사실을 알고 있는가?
* 실제적인 경제적 어려움이 있는가?
* 자녀가 저주를 받았다거나 악마에 사로잡혀 있다고 믿는, 정신적으로 문제가 있는 부모가 있는가?
* 가족 중에 좀 더 사랑을 받는 다른 아이에게 문제를 유발하는가?
* 심리적 고통이나 어려움에 대해서 완전히 무감각한 사람에게 양

육되고 있는가?

* 가족에게 '문제아' 라는 낙인이 찍혀, 그 어떤 것도 잘 할 리가 없다는 소리를 듣는가?

자살하려는 아이의 부모는 거의 대부분 자녀를 사랑한다. 그들이 대뇌장애의 위험성이나 특성을 이해하지 못할지는 모르지만 자녀를 사랑한다. 그러나 어떤 부모는 자녀를 사랑하지 않으며, 의식적으로 또는 무의식적으로 자녀들의 자기파괴 행위를 북돋우기도 한다.

몇 년 전에 LA에서 있었던 생방송에서 처음으로 이러한 진술을 했을 때 진행자는 내게 도전하듯 물었다. "박사님, 지금 어떤 부모는 실제로 자녀들이 자살을 하도록 부추킨다는 말씀입니까?" 나는 "그렇습니다."라고 대답했다.

내 옆에는 어려움을 겪고 있는 자살하려는 청소년을 돕는, 나이가 좀 더 많은 가톨릭 신부가 앉아 있었다. 진행자는 "신부님, 그럴리가 없지요? 그렇지요?"라고 물었다.

"그것은 전부 사실입니다." 나이가 지긋한 신부가 대답했다. "우리는 그것이 사실이 아니길 바랍니다. 그러나 그런 일은 언제나 일어나지요."

당신이 일단 그 아이가 문제가 있는 부모의 소망을 행동화한 것일 수도 있다고 판단했다면, 가족 구조 전체를 평가하고 아이를 잠재적인 위험성에서 구출하기 위해 할 수 있는 모든 단계를 밟도록 하라. 위험에 처한 아동을 위해 취하는 당신의 행동을 보호하는 법이나 당신을 도울 수 있는 기관들이 있다. 필요하다면 관련된 법에 대해 배우고 그것을 사용하라.

수치심을 느끼지 않게 하라

특히, 수치심을 강조하는 가정에서 자란 청소년이나 성인에게 자신의 생각이나 감정을 표현하는 것에 대해 허용할 때, 가급적이면 수치심을 느끼지 않도록 하는 것이 결정적으로 중요하다. 무가치감, 굴욕감, 수치심은 적당하게 수치심을 느끼는 아이가 적절하게 행동한다는 신조를 가지고 아이를 가르치는 부모에게서 내재화된 것일 수 있다.

수치심 속에서 성장한 사람은 반듯함에 신경을 많이 쓴 자살 계획을 세운다. 그 계획은 조심스럽고 상세하다. 장례식의 절차, 시신의 겉모습, 적절한 시기에 사망 통보를 하는 것, 그리고 때로는 장례식에서 꽃이나 음악을 어떻게 할 것인지 등의 지시 사항을 남기는 등 적절성의 문제에 세심한 주의를 기울인다.

그런 끔찍한 수치심을 가지고 있는 환자에게는 비난이나 수치심을 자극하는 한마디의 말이나 행동도 하지 않도록 조심하는 것이 매우 중요하다. 당신이 그렇게 한다면 환자는 거의 틀림없이 상담 회기에서 뒤로 물러나 버릴 것이며, 자신을 다시 병 속에 집어넣고 마개를 닫아 비참한 기분 속에 가둘 것이기 때문이다.

때로는 다 자란 지적이고 성숙한 성인에게서도 자살과 수치심이 강하게 연결되어 있는 것을 종종 발견할 것이다. 수치심은 거의 항상 역기능적인 가족 기원을 가지고 있으며, 자살하려는 사람의 죽고자 하는 소망의 원동력이 된다.

어떤 부모는 자녀가 말을 다 배우기도 전에—자존감이나 대항할 수 있는 능력은 말할 것도 없고—거의 최면 후 암시 같은 형태로 이런 살인자를 심어 놓는다. 우리가 할 일은 이식된 이런 살인자를 뿌리 뽑아, 밝은 조명이 있는 커다란 테이블에 놓고, 커다란 모종삽으로 격파하는 것이다.

예전에 한 전문직 남자와 상담을 한 적이 있었는데, 그의 마음속 주요 메시지는 냉담하고 거리가 있는 아버지에게서 온 것이었다. 그의 아버지는 "네가 조금이라도 가족에게 부끄러운 짓을 한다면 네가 무슨 일을 해야 하는지 알지?"라고 말하곤 했다.

이 '더럽고 아무짝에도 쓸모없는 조그만 녀석(그의 아버지의 말이다)'은 언젠가 그가 무엇을 해야 할 것인지에 대해 의문을 품어 본 적이 없었다. 소년으로서 그가 경험한 수치심의 근원을 탐색해서 그 저주를 풀어낸 것은 치료였다. 어느 시인이 이야기한 것처럼 '우리는 부모에게서 온 것이 아니라 부모를 통해서 왔다.'는 점을 이해하고 받아들이도록 도운 것이 이 소년의 목숨을 구할 수 있었다.

수치심을 심어 준 부모를 정면으로 공격하는 것은 별로 좋은 생각이 아니다. 특히, 부모가 아직 살아 있거나 같은 지역에 살고 있거나 상담실 밖 대기실에서 기다리고 있는 경우에 그러하다. 피는 물보다 진하다. 적어도 치료 초기에는 그러하다. 당신의 신사적인 질문, 아낌없는 지원, 분리와 개별화 과정에 대한 신념이 시간이 가면서 자기지각의 변화를 가져오고 부모 절제술이 가능할 정도로 충분한 자존감을 키워 줄 것이다.

재구성하기

많은 상황에서 자살은 환자가 좀 더 통제권을 행사하기를 원하는 문제에 대한 해결책일 뿐이다. 위험성의 측면에서 죽을 정도를 원하는 것이 아니기 때문에(환자는 죽으려는 게 아니라 단지 좀 더 영향력을 행사하려는 것뿐이다) 이 돌이킬 수 없는 결정은 다음의 예와 유사한 방식으로 재구성(재진술)될 수 있다.

구　성: 우울한 소녀가 남자 친구가 자기를 떠났기 때문에 자살하고 싶다고 말한다.

재구성: 남자 친구에 대해 좀 더 통제권을 행사하기를 원하는 것 같습니다. 자살을 하겠다고 위협하면 아마도 그가 하길 원하지 않는 어떤 일을 하도록 만들 수는 있을 것입니다.

구　성: 알코올 중독인 남자가 아내는 이혼을 원하고 사업은 실패로 돌아갔기 때문에 죽고 싶어 한다.

재구성: 만일 당신이 사업을 다시 일으킬 수 있다고 해도 여전히 죽기를 원할까요? 당신의 아내가 다시 돌아온다면 상황이 좀 더 안정될 것이고, 사업도 다시 일으킬 수 있을 것입니다.

구　성: 십 대 소년이 방금 체포되었다. 그는 낙제를 했고, 바로 어제 학교에서 문제를 일으켜 집으로 돌려보내졌다. 이미 우울하고 비참하고 겁에 질린 아이는 아버지의 얼굴을 마주 대하느니 차라리 죽어버리겠다고 한다.

재구성: 당신은 아버지가 당신을 혼낼까 봐 두려워하는 것 같군요. 만일 당신이 좀 더 강하고, 이 일을 어떻게 처리할지 좀 더 잘 알게 된다면 앞으로 벌어질 일에 대해 좀 더 편안하지 않을까요?

일반적으로 재구성을 한다는 것은 죽고자 하는 소망을 좀 더 통제

가능한 소망으로 번역해 주고, 막다른 골목처럼 느껴지는 길을 우회할 수 있는 방법을 찾는 것이다. 재구성을 하는 과정은 자살이 불가능하고 통제할 수 없어 보이는 미래에 대해 현실도피자가 하는 선택이라는 것을 이해하도록 돕는다.

• 참고 •

자살이 좀 더 통제권을 가지고자 하는 욕구를 반영하는 경우에 자살은 정말로 가짜 해결책이다. 이 점을 지적하고 또 지적하는 것은 그 과정에서 생각의 방향을 바로잡고, 더 나은 문제 해결책을 찾도록 해 준다.

사람들이 다른 사람에게 영향을 미치기 위한 병리적인 노력의 일환으로 자살을 하는 것은 아니라고 단정적으로 말할 수 없다. 그런 사람들이 있다. 그런 면에서 이런 동기는 가장 다루기 어려운 것에 속한다. 이 일을 성공적으로 하기 위해서는 작업 동맹, 치료의 구조, 여기서 설명한 많은 개입법과 같은 유용한 도구들이 필요하다.

'다시 카우치로 돌아가세요'

이 개입법을 나에게 알려 준 것은 매우 특별한, 만성적으로 자살하려는 환자였다. 나는 그녀가 치료 시간이 끝날 때까지 조용히 기다렸다가 내 사무실을 나가 집으로 가서 자살을 할 것이라는 점을 깨달았다. 그녀는 이것을 여러 가지 방식으로 나에게 전달했다. 그중 하나는 "지난 몇 달 동안 선생님은 저에게 너무나 잘해 주었어요. 다음 주 언젠가 다음 약속 시간을 잡도록 전화를 할게요."라는 말이었다.

이것은 거짓말이었다. 우리는 고정적인 시간을 정해 두고 만나고 있었다. 그녀는 나에게 전화할 마음이 없었다. 그녀의 미소와 살짝 들떠 있는 기분은 거짓말을 한 것이 미안해서 주는 서비스 경품 같은 것이었다. 그녀가 한 말에도 불구하고 그녀는 미묘한 메시지를 내게 보냈고, 그것은 "그동안 애써 주어서 고마워요. 하지만 저는 이제 다 끝내 버리기로 결심했어요."라는 말로 해석할 수 있었다.

이 메시지를 바르게 해석할 수 있었기 때문에 나는 그녀를 다시 카우치(couch, 기대고 눕거나 앉을 수 있는 기다란 의자–역자 주)로 돌아가게 했고, 우리는 다시 시작할 수 있었다. 나의 다음 환자는 기다려야만 했지만, 그녀가 다시 적당한 정도로만 비참하게 느낄 때까지, 비참하지만 적어도 다음 상담 시간에 올 수 있을 정도가 될 때까지 그녀를 그냥 보낼 수가 없었다.

이 환자가 나를 조종한 것이었을까? 물론, 그랬다. 그녀는 살기를 원했으며, 아마도 내가 좀 더 나은 치료자가 되기를 원했을 것이다. 적절한 때 우리는 함께 작업을 할 수 있었고, 우리는 둘 다 살아남을 수 있었다.

잠깐, 나의 카우치는 정통 정신분석에서 사용하는 의미에서의 카우치는 아니고 그저 내담자들이 편하게 앉을 수 있는 장의자라는 점을 밝혀 둔다. 나는 가족치료도 하기 때문에 이 의자를 진단적 목적으로, 예를 들어 어려움을 겪고 있는 부부가 찾아왔을 때 첫 면담에서 얼마나 가까이 앉는가를 확인하는 데 사용하기도 한다. 그리고 좀 더 중요한 용도는, 나의 환자는 충분한 휴식을 취한 생생한 치료자를 만날 권리가 있기 때문에 낮잠을 자기 위해서 사용하는 것이다.

베일에 가려진 모든 자살 위협을 확인하라

100건 이상의 사망 기록을 살펴보면서 환자가 치료 중에 자살을 했을 때, 대부분의 치료자는 그 당시 환자가 자살을 하려고 한다는 것을 몰랐다는 점에 주목했다. 이 말은 우리 대부분이 환자가 실제로는 위험한 상태임에도 불구하고 더 이상 위험하지 않다고 믿을 수 있다는 것이다.

그러므로 아무것도 놓치지 마라. 당신이 자살하려는 사람에게 자살성에 대해 너무 많이 질문을 해서 그가 "세상에, 당신은 내 자살 위험성에 대해 나보다 더 걱정을 하는 것 같아요."라는 말을 듣더라도, 그래서 뭐 어떻다는 것인가? 당신은 언제나 사과를 하면서 이렇게 말할 수 있다. "제가 당신에게 관심이 많거든요. 저는 단지 더블 체크를 하려는 거예요."

우울증이나 약물 중독이 재발되는 동안 환자는 종종 우리가 준 치료제나 우리의 심리치료, 상담이 효과가 없다는 사실로 우리에게 부담을 주길 원하지 않는다. 그러므로 그들이 다시 자살을 하려고 할 때, 특히 우리를 좋아할 때 그들은 자신이 어려움에 빠져 있다는 것을 내보이지 않으려고 한다. 그렇기 때문에 어떤 징후나 증상, 의사 표현이든 다 확인해 보아야 한다. 그것이 아무리 미묘하더라도 상황이 잘 풀리지 않는다는 암시를 하고 있다면 말이다.

한때 자살하려던 환자가 설마 또다시 자살을 하려고 하겠냐고 생각하지 마라.

물어보라!

알아내야 한다!

위험이 증가되는 시기를 예상하라

때로 길고 지루한 치료와 사례관리 동안에 갑자기 발생하는 사건은 계획했던 일이든 아니든 간에 환자의 스트레스와 자살 위험성을 증가시킬 수 있다. 일반적으로 그런 생활 사건들은 환자가 통제감을 점점 잃어 간다고 느끼거나 전혀 통제할 수 없다고 느끼게 한다. 이런 위험성을 예상하고 치료와 사례관리 작업의 일부가 되게 하며, 적극적으로 관리할 수 있도록 준비하라. 그런 위험한 사건의 목록을 일부 제시해 놓았다.

* 너무나 원했던 관계가 깨져 버렸다는 것을 결국 깨달았을 때
* 정신질환이 발병하거나 재발했을 때
* 환자가 아는 어떤 사람이 자살을 했을 때
* 사랑하는 사람을 자살로 잃은 것과 같은 커다란 상실을 경험했던 날이 다시 돌아왔을 때
* 심각한 신체적 질환이 발병했을 때
* 외모를 손상시키는 상처를 입었을 때
* 강간이나 흉악범죄를 당하는 등의 외상적 사건을 경험했을 때
* 직장에서 해고되었을 때, 특히 자기 가치감이나 정체성이 정서

적으로나 심리적으로 그 직장과 깊이 연관되어 있을 때

* 단일 음주삽화(episode)를 포함해서, 알코올 중독에서 회복되었던 사람이 다시 술을 마시게 되었을 때
* 약물이나 알코올 중독치료를 위한 입원 프로그램을 마쳤을 때(술에 취하지 않은 맨 정신으로 바라보니 세상이 갑자기 끔찍하게 추악하고 수용하기 어려운 것으로 보일 때나 취하고 싶게 만들었던 문제가 아직 해결되지 않은 채 그대로일 때)
* 정신과 병동에서 퇴원했을 때(앞의 이유와 동일)
* 실제적인 것이든 상상한 것이든 환자가 상실을 받아들이기 어려울 때

기본적으로 현명한 치료자라면 불운의 총탄과 화살이 예상치 못하게 쏟아질 때를 가능한 한 많이 예상하고, 그런 일이 생기기 직전이나 그 일이 생긴 동안 혹은 그 일이 생긴 직후에 환자가 이를 극복할 수 있도록 도와야 한다. 이것은 때로 추가 회기나 추가적인 지지를 필요로 한다.

그리고 환자에게 다음의 질문을 하는 것이 때로 매우 중요한 경우가 있다. "당신이 다시 자살하고 싶은 마음이 들게 하는 미래의 사건에는 어떤 것이 있을까요?" 이들 가능성에 대해 이야기하는 것(그리고 만일 그런 일 중의 하나가 일어난다면 당신 두 사람이 무슨 일을 할 것인지를 결정하는 것)은 환자가 또다시 자살하고 싶은 상태가 될 경우를 대비한 예방접종이 될 수 있을 것이다.

폭풍 전야의 고요함에 주의하라

자살하려는 많은 사람이 일단 자살을 하겠다는 결심을 하고 나면 놀랍도록 평온한 느낌을 가지게 된다는 사실은 잘 알려져 있다. 마음속 배심원들이 삶과 죽음 사이의 논쟁을 끝내고 사형을 선고한 이후에, 그들의 괴로웠던 고민거리는 이제 뒤로 물러나 버린 것이다.

갑작스럽게 평화로워진 환자를 경계하라!

죽겠다는 결심은 환자의 어깨를 짓누르던 무거운 짐을 내려 놓게 해 준다. 일단 결정을 하고 나면 그들은 미소를 머금은 부처의 얼굴과 비슷해진다. 죽느냐 사느냐의 문제로 논쟁을 하던 환자의 치료자가 이런 미소, 이런 갑작스런 명랑함, 이런 갑작스런 분위기의 변화, 하룻밤 사이에 비참함에서 평화로 단숨에 이동한 것, 기적적인 치유 등을 발견하게 되면 치료자의 머릿속에서 다섯 개의 화재경보기가 동시에 울려야 한다.

땡! 땡! 땡! 땡! 땡!

그리고 다음 질문이 당신 머릿속에서 목소리를 높여야 한다.

* 왜 이 환자가 갑자기 이렇게 평화로워진 것일까?
* 진짜로 변한 것일까?
* 이것이 기적적인 치료제의 효과인가?
* **죽기로 결심했나?**

당신이 자살하려는 사람과 작업을 하면서 비상 버튼을 한 번도 누른 적이 없다면 **지금이 바로 그걸 누를 때다!** 당신은 당장 비상 버튼을 눌러야 한다. 다음과 같은 질문들이 효과가 있을 것이다.

* 오늘은 몹시 행복해 보입니다. 왜 그런지 설명을 좀 해 주시겠어요?
* 어제 당신은 비참하다는 이야기를 했었는데, 오늘은 너무나 차분해 보입니다. 내가 모르는 어떤 일이 있었나요?
* 자살을 하기로 결심했나요?

이런 질문을 하기에 가장 좋은 장소는 당신의 사무실이다. 그러나 어느 장소에서라도 해야 할 것이다. 당신이 전화로 이런 차분한 목소리를 듣는다면 전화로 물어보라. 무슨 일이 있어도 당신은 그 사람을 치료적 동맹과 처치로 되돌아오게 해야만 하고, 우리 모두가 공유하는 어려움으로 다시 돌아오게 해야 한다.

치료 작업은 자살하려는 사람에게 쉬운 일이 아니다. 때로 몇 주 또는 몇 달 동안 길고 어렵고 별로 효과적일 것 같지 않은 치료 작업을 한 이후에, 그리고 치료제를 한 종류씩 바꿔 보아도 효과가 없는 경우에 환자는 (당신에게 알리지 않고) 다 포기하기로 결심할 수 있다. 그러나 당신에 대해 예의를 지킨다는 맥락에서 마지막 상담 약속을 지키러 올 것이다. 아니면 상담 약속을 취소한다는 전화라도 할 것이다. 환자의 기분이 너무 많이 나아진 것 같으면, 바로 이런 상태로 상담에 왔거나 전화를 한 것이다.

그러므로 **갑작스럽게 평화로워진 환자를 경계하라!**

외래 방문을 한 이후 얼마 안 되어 자살을 한 몇몇 환자의 최종 의료 기록을 살펴보았을 때, 가장 빈번하게 기록되어 있는 것은 '오늘은 훨씬 좋아 보임' 또는 '기분이 훨씬 나아짐. 환자는 잘 지내고 있음' 이었다.

세 가지 실제 있었던 짧은 이야기를 해 보자.

우울하고 자살을 하려는 젊은 전문직 여성이 최근에 몹시 애착을 가지고 있던 직장에서 해고되었다. 그녀는 정신병원에서 퇴원한 후 가까운 친구를 불러 파티를 열었다. 그리고 그날 밤 약물 과다복용으로 사망했다.

축하할 일이 없으면 축하 파티도 없어야 한다.

중년의 한 남자가 우울증 치료 때문에 찾아왔는데, 알코올 중독에 대해서는 부인했다. 결혼생활은 실패였고, 그가 하는 일은 위태로운 상태였으며, 자녀들은 그에게 말도 걸지 않았다. 그는 다음 주 금요일에 직장을 그만두어야 했는데, 화요일에 치료자에게 말하길, 기대하지 않았던 돈이 들어오게 되었다고 이야기했다. 마지막 방문 시 그는 '거의 유쾌' 해 보였다. 그리고 이틀 뒤에 그는 권총으로 머리를 쏘아 자살했다.

비참한 생활에서 아무런 변화도 일어나지 않았다면, 즐거워할 이유는 없다.

만성통증과 우울증으로 고통을 받던 42세의 여자가 의사에게 더 이상 항우울제가 필요하지 않다고 말했다. 그녀는 기분이 좋아 보였다. 독실한 가톨릭 신자인 그녀는 의사에게 말했다. "이제 아무것도 걱정할 게 없어요. ……성모 마리아를 보았어요." 그녀는 집으로 돌아가서 남편의 38구경 연발권총으로 머리를 쏘았다.

치료제가 효과가 없다면 치유가 되었다고 하지 말아야 한다.

갑작스럽게 평화로워진 환자를 경계하라!

땡! 땡! 땡! 땡! 땡!

이야기의 처음을 찾아라

자살하려는 사람과 상담 작업을 하는 과정에서 내가 제일 먼저 하는 일 중 하나는 그들이 어디에서 자살이 인생의 문제에 대해 수용할 만한 해결책이라는 생각을 하게 되었는지에 대해 아주 상세하게 탐색하는 것이다. 반드시 이 기본적인 신념의 기원을 찾아야 한다. 일단 그것을 찾았다면, 그 신념의 타당성에 도전하고 잘게 부수고 이리저리 살펴보고 뒤집어 보며, 그것을 대답이 아니라 질문으로 만들어야 한다. 자살이 고통에 대한 해결책이라는 검증되지 않은 신념은 반드시 재검토되어야 한다. 그 아주 깊숙한 근원부터 말이다.

'일이 제대로 풀리지 않으면 나는 언제든 자살할 수 있다.'는 생각은 공기 중에서 만들어진 것이 아니라 사람이라는 근원에서 나온 것이다. 그 사람은 부모, 친척, 친구, 심지어는 영화나 책, 연극 속의 인물일 수 있다.

당신이 불명예스러운 일을 한 사무라이 전사라면—그 근원은 역사적이고 문화적인 것이다—수치스러운 일을 했을 때 어떻게 행동해야 하는지 알고 있는 것이다.

어니스트 헤밍웨이의 아버지는 헤밍웨이가 아직 어렸을 때 총으로 자살을 했는데, 그도 자살을 하라는 유서를 남겼다. 이 죽음과 자살의 주제는 그 작가를 사로잡아 평생을 따라다녔다. 우리는 헤밍웨이의 자살의 전설이 그의 손녀이자 슈퍼모델인 마고의 최근 죽음으로 종결된 것이길 바랄 뿐이다.

• 참고 •

자살에 미치는 유전의 역할에 대한 새로운 연구가 많이 진행되고 있다는 점을 짧게 밝혀 두고자 한다. 부분적으로는 자살을 한 사람 사이에 가족 관련성이 강하게 존재했다는 이유 때문에 미국과 캐나다의 몇몇 연구팀은 우울한 사람의 어떤 집단에서 위험성을 증가시키는 유전적 돌연변이의 잠재적 가능성을 포함한, 자살에 대한 유전적 기여의 가능성을 연구하고 있다. 이 연구를 통해 혈액검사로 자살 위험성을 검사하는 방법이 개발될 수도 있다. 그것은 긍정적인 가능성을 열어 주는 측면도 있고 부정적인 측면도 있다. 즉, 자살 위험성이 높은 사람은 따로 위기관리에 대한 교육을 받을 수 있는 기회를 누릴 수 있으나, 한편으로는 그들이 건강보험이나 생명보험에 가입하기 어렵게 될 가능성이 크다.

자살이 해결책이라는 생각의 심리적 근원과 역할모델을 찾아내는 것은 그 영향력을 제거하는 데 결정적인 역할을 한다. 이 치명적인 설정에 도전하고 그것을 변경시키지 않고는 치유가 매우 어려울 것이다. 여기에 몇 가지 개입 방법을 제시한다.

- 인생을 3막으로 구성된 연극에 비유해 본다. 환자에게 지금 우리는 이 연극의 어디쯤에 와 있는 것인지 물어본다. 1막 2장인가?

아니면 3막 3장인가?

- 우리는 이미 이 인생 연극이 희극보다는 비극에 가깝다는 것을 알고 있다는 점을 이야기한 뒤, 이 연극이 처음부터 이런 식으로 출발했는지, 또는 방향을 바꿀 수 있는 것인지 물어본다. 만일 그것이 바뀌었다면 언제 그것이 바뀌었는가, 왜 바뀌었는가를 질문한다.
- 이제 누가 이 연극을 쓰고 있는지 물어본다. 환자인가? 그의 어머니인가? 아버지인가? 지옥에 있는 누군가가 환자는 자살로 죽어야만 한다고 대본을 써서 준 것인가?

이런 질문에 대한 대답은 누가 이런 비극의 무대를 마련했는지, 누가 자살 각본에 대한 첫 번째 초안을 잡았는지에 대해 말해 줄 것이다. 이런 대본과 원저자를 반드시 확인해야 하며, 이에 도전해야 한다. 만일 그 저자가 돌아가신 부모(그런 경우는 아주 빈번하다)라면 당신이 고인들에 대해 탐색하고, 그들이 남긴 유산에 대해 반박하기 시작할 때 환자는 그를 보호해야 한다고, 심지어는 방어해 주어야 한다고까지 느낄 수 있다. 그러나 그것은 바로 당신이 해야만 하는 일이다.

그 대본에 어떻게 씌어 있건 간에 어떤 사람이 언젠가 자살로 죽어야만 한다는 신념은 그저 신념일 뿐이다. 그 신념은 자살하려는 사람이 그것을 행동으로 옮기지 않는 한 현실이 될 수 없다.

운명으로 정해진 것은 아무것도 없다.

우리 중 누구에게도 자살로 죽을 것을 요구할 수는 없다. 누가 그 대본을 썼는지는 중요하지 않다.

또한 이 신념의 강도는 시간이 지남에 따라 달라진다는 것을 명심하라. 백 년 전에는 사람이 달에서 걸을 수 있다고 생각한 사람이 아무도 없었다. 줄스 번(Jules Verne, 공상과학 소설가-역자 주)은 예외였지만 말이다. 지금은 모든 사람이 '사람이 달에서 걸을 수 있다.' 고 믿는다. 같은 맥락에서 자살하려는 사람들의 신념도 마찬가지다.

자살로 인한 죽음이 '각본에 씌어 있다.' 는 사람과 상담을 시작할 때 자신의 손으로 목숨을 끊음으로써 이 신념 체계를 지지할 가능성은 거의 90%에 이른다. 그러나 치료가 진행되면서 자연적인 원인으로 길고 행복한 삶을 마감할 수 있다는 신념은, 자살로 죽어야 한다는 신념이 감소됨에 따라 10%에서 50%로 증가할 수 있다.

흥미로운 것은 이런 신념 체계가 반드시 논리적으로 연결되어 있는 것은 아니라는 점이다. 적어도 그런 것 같이 보인다. 삶에 대한 신념이 극적으로 증가한 환자가 있었는데, 그는 이렇게 이야기했다. "글쎄요, 다 괜찮고 좋아요. 하지만 인생이 또다시 나를 버린다면 나는 자살을 할 겁니다."

내가 보기에 우리가 할 일은 한 신념 체계는 강화하는 반면에 다른 신념 체계는 약화시키는 것이다. 인생의 이야기를 조심스럽게 분석함으로써 이 둘을 함께 결합할 수 있고, 돌이킬 수 없는 결정의 근원을 뿌리 뽑을 수 있으며, 그 저주에서 심리적 거리를 둘 수 있다면, 나의 주요 임무, 즉 **환자에게 자신의 인생 각본을 쓰는 권한을 다시 넘겨주는 과제**를 완수했다는 마음에 기분이 훨씬 좋아질 것이다.

이런 접근은 환자에게 힘을 주는 것이지만 동시에 겁나는 일일 수 있다. 많은 환자가 자기 인생의 저자가 될 수 있다는 생각을 결코 해본 적이 없다. 우울한 사람이나 자살하려는 사람은 말할 것도 없고, 자신에 대한 무시무시한 책임을 진다는 것은 누구에게도 쉬운 일이 아니다. 그러나 당신이 노력을 하고, 당신이 환자와 함께한다면 자신의 인생에 대한 통제권을 행사할 수 있다는 생각이 비약적인 도약을 할 것이고, 그것이 바로 기적이라 할 수 있을 것이다. 왜냐하면 환자가 일단 자기 손으로 죽을 필요는 없다는 것을 알게 되고 사람이 할 수 있는 최악의 행위가 자살이라는 것을 깨닫게 되면, 이제 마음만 있으면 무슨 일이든 할 수 있기 때문이다.

죽음 이후를 상상하라

이 기법은 매우 조심스럽게 사용해야 하는 것 중 하나다. 이것은 당신이 좋은 치료적 동맹을 맺고 있다고 절대적으로 확신하고 있는 경우에만 사용해야 한다. 그러나 위험성과 이득을 분석해 보았을 때 이 기법은, 첫째 환자의 사고가 실제로 얼마나 손상되었는지를 이해할 수 있도록 도와주고, 둘째 분노나 복수, 단순한 경솔함이 손상된 우울한 사고에 작용한 것은 아닌지 알 수 있게 해 준다는 의미에서 상당히 큰 도움이 될 수 있는 방법이다.

여기에서 목적은 환자가 자살 계획을 넘어서, 자살 생각이 포함되지 않은 미래에 대해서 상상해 보도록 일련의 질문을 하는 것이다.

우리는 환자가 자살 이후에 대해서 생각해 보도록 다음과 같은 질문을 할 수 있다.

* 당신이 자살을 한다면 누가 당신의 시신을 발견하게 될까요? (이 질문은 환자가 화가 나서 누군가에게 상처를 주고자 하는 계획이나 계

략을 확인하도록 돕는다.)

* 누가 당신의 장례식에 참석할까요? (이 질문은 환자 인생의 핵심적인 인물과 그들이 환자의 죽음에 대해 어떻게 반응할 것인지를 확인할 수 있게 해 준다.)
* 일단 당신이 떠나 버리면 그들에게 무슨 일이 일어날까요? (이 질문은 환자가 뒤에 남겨 둔 사람들의 미래나 반응에 대해 생각해 보도록 요구한다.)
* 당신을 아는 사람에게 남기고 싶은 유품은 무엇인가요? (이 질문은 주고 싶거나 주고 싶지 않는 선물에 대해서 질문하며, 다시 그 사람의 인생에서 중요한 타인을 확인한다.)
* 당신이 유서를 작성했다면 누가 그것을 읽을까요? (이 질문은 대인관계의 역동을 이해하는 데 도움을 줄 수 있는, 어떤 관계상의 문제를 파악할 수 있도록 돕는다.)

• 참고 •

만일 환자가 이 질문에 대해 적절히 대답하지 못한다면 그의 사고는 당신이 생각했던 것보다 더 손상되어 있을 수 있다.

단순한 경솔함

자살하려는 사람의 분별력이 얼마나 떨어질 수 있는지를 잘 보여주는 고전적인 영화가 바로 크리스마스마다 방영되곤 하는 〈멋진 인생(It' s Wonderful World)〉이다. 이 영화에서 영화배우 지미 스튜어트는 받아들이기 힘든 고통스런 상황(투자자의 자금을 잃어버림)에 처해 있었다. 그는 피할 수 있는 출구가 모두 막혀 버린 것을 발견하고 술을 마신 채 자살을 하기 위해 다리로 갔다. 동요되고 술에 취한 상태에서 그는 자살이 당면한 문제를 해결하는 방법이라고 믿었다. 그는 생명보험금을 아내와 자식에게 남기고 떠날 결심을 했다. 제한된 사고와 협소한 시야를 통해 보았을 때, 자살은 유일한 탈출구였다.

그런데 그는 천사의 구조로 위기를 넘기고 계속 살 수 있게 되었다. 천사는 그가 태어나지 않았다면 어떤 일이 벌어질 것인지를 보여주었다. 그는 자신이 가장 아끼는 사람이 자기 없이 비참한 삶을 살고, '포터스빌' 이라고 부르는 잔인하고 무자비한 마을에 살도록 강요당한다는 것을 알게 되었다. 그러므로 그는 이러한 관점에서 인생은 '멋진 것' 이라는 점을 배운다.

이것은 할리우드풍의 영화일 뿐이지만 치료적인 면도 있다. 사람들이 우울증을 겪고 있을 때에는 미래를 멀리 내다보지 못하기 때문에 미래의 일까지 시나리오를 지어 내는 능력이 심각하게 제한된다. 당면한 문제가 주는 즉각적인 압력 때문에 그들은 죽음의 결과가 아니라 죽음이 보장하는 즉각적 안식에만 초점을 두는 것이다.

많은 자살의 유가족들이 자살을 한 가족에 대해서 분노를 터뜨리고, 종종 '이기적' 이라는 단어를 사용한다. 또 '경솔하게' 라고 말하기도 한다. 어떤 의미에서 이런 단어는 맞는 말이다.

맞다! 자살하는 사람은 자신의 고통을 끝내기를 바란다는 의미에서 이기적이다. 맞다! 그 사람은 생각이 부족했다. 그러나 우리가 이 용어에 대해 전형적으로 생각하는 바와는 다른 의미에서 그러하다. 자살하려는 사람은 이기적이고 경솔하다. 그러나 이는 대뇌장애나 중독, 이 두 가지 모두에 부수적으로 나타나는 사고의 손상 때문이다.

복수의 자살

여기에서 자살의 동기에 대한 질문이 주는 가능한 결과에 관해 잠시 이야기하고자 한다. 환자에게 죽음 그리고 그 결과에 대한 시나리오를 쓰도록 요구해 보면, 때로는 그가 다른 사람에게 심리적 고통과 어려움을 주고자 하는 의도를 상당히 많이 가지고 있음을 발견할 수 있다.

적어도 자살의 동기 일부가 자신에게 상처 입혔던 사람에게 상처를 주려는 일종의 앙갚음일 때 이를 복수의 자살이라고 부른다. 종종 다른 사람에게 상처를 받았다는 지각은 사실이 아닐 수도 있다. 다시 한 번 이야기하지만 왜곡과 잘못된 결론을 수반하는 손상된 사고는 심각한 우울증이나 다른 정신질환의 전형적인 특성이다.

환자의 동기 중 일부가 받은 것을 되갚아 주려는 것이라는 점을 아는 것은 치료에 매우 유용하다. 일단 이것을 알게 되었다면 당신은 다른 사람을 상처 입히고자 하는 욕구를 좀 더 건강한 것, 즉 좀 더 통제권을 행사하고자 하는 욕구, 다른 사람의 사랑과 관심을 받고자 하는 욕구, 또는 분노를 표현하고자 하는 욕구와 같은 것으로 재구조화할 준비를 해야 한다.

이 기법과 관련된 또 다른 위험성은 자신이 다른 사람에게 '부담'을 준다고 느끼는 환자와 작업하는 경우에 발생한다. 그들은 자살이 주변 사람들의 삶을 더 힘들게 하는 것이 아니라 편안하게 해 줄 것이라고 본다. 그러나 불행하게도 이 결론은 잘못된 것이다.

만일 환자의 결론이 맞다면(그의 자살이 다른 사람의 삶을 편안하게 만들어 준다면) 당신은 아주 열심히 치료를 해야만 할 것이고, 즉시 환자의 실제 또는 상상 속의 사회적 환경에, 또는 다른 사람에게 부담이 될 것이라는 환자의 지각에 어떤 근본적인 변화를 주어야 한다.

만일 치료 과정에서 실제로 누구도 그 사람을 원하지 않는다는 것을 알게 되었다면 당신을 새로운 방향으로 이끌어 갈 몹시 중요한 사실을 알게 된 것이다. 환자에게 그의 자살이 다른 사람에게 미칠 영향에 대해 이야기하도록 요청함으로써 당신은 적어도 그렇게 절망적인 행동의 기저에 깔린 동기를 이해할 수 있는 기회를 가지게 될 것이다.

이 기법을 통해 일반적으로 중요한 것을 배울 수 있다. 여기에 죽음 이후를 상상하게 하는 기법이 가져다줄 수 있는 결과에 대해 제시하였다.

* 환자는 죽음이 정말 끝이라는 생각에 대해 마음 깊이 생각해 보게 된다. 이것은 때로 환자의 현실도피적 공상에 대해 현실 검증을 해 볼 수 있게 하며, 특히 아동에게 유용하다.
* 이 기법은 환자에게 자살하려는 '진짜' 동기가 무엇인지를 탐색하도록 요구한다. 즉, 다른 사람에게 상처를 주기 위한 것인가? 주위 사람들에게 부담을 주지 않으려는 것인가? 사망 보험금을 자녀들에게 주려는 것인가? 어떤 끔찍한 수치나 직면을 피하고자 하는 것인가? 무엇일까?
* 가족이나 친구가 장례식 이후(몇 주 뒤, 몇 달 뒤, 몇 년 뒤)에 잘 견디는 모습을 상상함으로써 인생을 장기적으로 바라보았을 때 현재의 위기는 일시적일 가능성이 있음을 환자가 인식하게 한다.

나는 환자의 죽고자 하는 욕구를 반박하는 다른 모드가 작동하지 않는 경우에 이 기법을 사용한다. 어쨌든 내세에 대한 두려움이나 신의 분노 또는 죽음 이후에 아무것도 없을지도 모를 가능성 때문에 자살을 단념하는 경우는 발견하지 못했다. 자살을 단념하게 하는 것이 있다면 그것은 무덤 이쪽 편에 대한 우리의 책임감이며, 그것이 사람을 살아 있게 한다.

예를 들어, "우리 애들은 내가 없는 게 차라리 더 나을 거예요."라고 말하는 부모의 경우 나는 그에게 이 결론은 절대로 사실이 아니며, 절대로 사실이 될 수 없다는 것을 상기하게 함으로써 이것이 나쁜 생각이라는 점을 직면하게 한다. 아무리 결점이 많은 부모라도 가치가 있고 잘못을 상쇄하는 특징이 있다.

부모가 자살을 한다는 것은 자녀들에게 심리적 저주를 유산으로 남기는 것일 뿐 아니라 자녀가 학업을 마치고 성장할 수 있도록 돕는 매우 실제적인 정서적 · 심리적 · 사회적 · 재정적 책임을 저버리는 일이다.

어떤 사람은 이러한 접근이 가혹하다거나, 너무 위험하다거나, 또는 지나치게 죄책감을 자극한다고 느낄 것이다. 그럴 수 있다. 그러나 아무것도 효과가 없을 때 확고한 현실에 기초하여 미래를 바라보게 하는 것이 자살이라는 가짜 해결책에 강력한 영향력을 행사할 수 있는 경우가 있다.

나의 환자 중 한 사람은 사업체를 팔고 변호사를 시켜 그 돈으로 네 살, 일곱 살, 아홉 살 된 세 자녀를 돌봐 주도록 할 계획을 세웠다. 그는 '아내는 어떻게 되든 관심 없다.'고 말했다. 이 신사는 백만장자와는 거리가 멀었으므로, 나는 그에게 이 선한 의도를 가진 행위가 타당한지 계산을 좀 해 보라고 하였다. 나중에 집에 가서가 아니라 지금 당장 내 사무실에서 말이다. 나는 그에게 휴대용 계산기를 내밀었다.

이혼을 하고 알코올 중독에서 힘겹게 회복된 이후에 한때 자살하고 싶을 만큼 우울했던 남자는 결국 사업을 성공적으로 일으켰을 뿐만 아니라 자녀들의 훌륭한 후견인이 되었다. 얼마 전에 나는 그가 십 대의 두 자녀와 함께 극장에서 나오는 모습을 보았다. 그는 자녀를 나에게 소개하면서 "오래전에 나를 도와주신 분이란다."라고 말했다.

이런 것이 바로 치료자의 길을 수십 년 동안 걸을 수 있게 해 주는 보상이다.

당신에게 소크라테스가 필요할 때: 질문을 하는 기술

자살하려는 사람의 부정적이고 왜곡되고 혼란스러운 인지 체계를 대상으로 작업을 할 때 치료자에게 최고의 도구는 소크라테스식 대화다. 이것을 대강 일련의 질문을 통해서 학생이 새로운 이해를 획득하도록 돕는 교수법이라고 정의해 두자. 질문 끝에 얻게 되는 결론은 치료자가 의도한 것이 아닐 수 있으나, 진실에 좀 더 가까운 것일 수 있다.

소크라테스는 학생에게 무엇을 생각해야 하는지를 말해 주는 대신에 그가 스스로 어떤 진실을 발견할 때까지 질문을 했다. 이 이론이 말하는 것처럼 좋은 질문을 충분히 던져라. 그러면 조만간 자살하려는 사람이 자살 이외의 다른 결론을 이끌어 낼 수 있을 것이다.

여기에서 이러한 대화가 어떻게 우울한 사람이 겪는 일반적인 상황에서 유용할 수 있는지 살펴보자. 환자는 사랑했던 여자가 떠나자 몹시 우울해하였다.

치료자: 그녀가 어째서 당신을 거부했다고 생각하십니까?

환 자: 사람들은 언제나 저를 거부해요. 제 이야기가 좀 분명치 못했나요? 저는 이기적이고 멍청해요.

치료자: 당신이 언제나 이기적이고 멍청하다는 말인가요?

환 자: 그래요.

치료자: 모든 사람에게요? 아니면 여자들에게만요?

환 자: 음…… 아마 여자들에게 좀 더 그런 것 같아요.

치료자: 아마도 여자들에게 좀 더 그런 것 같다고요?

환 자: 글쎄요, 한때는 저도 꽤 너그러웠어요.

치료자: 언제 말인가요?

환 자: 옛날 약혼녀에게 비싼 다이아몬드 반지를 사 준 적이 있어요.

치료자: 그녀와 어떻게 됐나요?

환 자: 잘 안 됐어요. 다른 사람을 찾아야 했지요.

치료자: 그 반지는 어떻게 했어요?

환 자: 그녀에게 가지라고 했어요. 전 인색한 편은 아니니까요.

치료자: 다시 정리를 좀 해 보면, 당신이 그녀를 떠난 거지 그녀가 당신을 떠난 게 아니군요? 그리고 당신은 그녀에게 반지를 가지라고 한 거죠?

환 자: 예.

치료자: 그리고 당신은 자살하려고 하지 않았죠?

환 자: 예. 제가 왜 그래야 해요? 제가 그녀를 떠났는데.

치료자: 그러면 여자들이 언제나 당신을 거부한 것은 아니네요. 사실 때로

는 당신이 거부를 한 거죠?

환 자: 선생님, 지금 저한테 딴죽 걸려고 그러시는 거예요, 뭐예요?

치료적 관계의 질에 따라 치료자는 이제 이런 식으로 이야기할 수도 있다.

"당신이 남의 마음을 아프게 한 사람이었군요. 당신이 몇몇 사람을 떠난 적이 있었던 거죠, 그렇지 않아요? 그리고 당신은 꽤 통이 큰 남자네요. 다이아몬드 반지를 가지라고 하다니. 안 그래요?"

소크라테스는 대답을 기다렸을 것이고, 당신도 그래야 할 것이다. 환자가 자신에 관해 한두 가지 자그마한 진실을 발견할 때까지 당신이 기다려 줄 수 없다면 적어도 다음의 결론을 내릴 수 있다.

* 여자들이 **항상** 그를 떠난 것은 아니다.
* 그는 **완전히** 거부당할 만한 사람이 아니다.
* 그는 **항상** 이기적이고 멍청한 사람이 아니다.

소크라테스식 질문법의 목적은 '부정확한 사실'에 기초하고 있어서 부정확한 결론을 이끌어 내게 하는 논리의 불일치를 발견하게 하려는 것이다. 사람은 늘 상처를 입지만 그 상처가 죽을 만큼 치명적인 것은 아니다. 그는 죽어야 하는 것이 아니다. 성장하라! 우울증에서 회복되라! 그리고 죽지 마라!

앞의 대화에 나온 남자처럼 어떤 사람이 늘 이기적이고 멍청하기 때문에 늘 거부당하고 그 어떤 여자와도 인간관계를 맺을 수가 없다면 어떤 이성적인 사람이라도 자살을 해야만 한다고 느낄 것이다.

이런 유형의 접근법은 여러 가지 기원을 가지는데, 그리스 철학자들뿐만 아니라 그들의 제자 중 한 사람인 앨버트 엘리스(Albert Ellis)에게서도 나왔다. 앨버트 엘리스는 이를 『합리적 정서치료(Rational Emotive Therapy)』에서 분명하게 설명하고 있다.

여기에 소크라테스식 방법으로 좋은 결과를 내기 위한 세 가지 핵심적인 요소가 있다.

* 질문을 할 때 상대방을 당황하게 하지 마라. 그는 이미 충분히 어리석다고 느끼고 있다(수치심을 느끼지 않게 하라. 당신의 질문이 논리적이고, 진취적이며, 우호적으로 들리도록 노력하라).
* 참을성을 가져라. 그 사람이 당신의 질문에 대해 자신만의 결론을 내릴 수 있도록 하라. 스스로 발견하는 것이 당신의 그 어떤 강의보다 훨씬 더 가치 있는 것이다. 스스로 발견하는 과정은 환자의 자기존중감을 높여 준다.
* 환자가 새로운 결론을 도출해 내고, 삶을 긍정하는 어떤 말을 할 때마다 그것을 당신의 노트에 기록하고, 그가 말한 대로 인용해 둔다. 나중에 환자의 자존감이 낮아지면 당신은 기록했던 것을 환자에게 읽어 줄 수 있다. 예를 들면, 환자가 "때로 저는 제게 있었던 일들을 잘 기억하지 못해요. 어쩌면 제가 그렇게 나쁜 사람은 아닐지도 모르죠.", "제가 크리스를 만나기 전까지는 사람들이 저를 진짜 좋아했던 것 같아요. 아마 그 여자가 저를 안 좋은 쪽으로 변화시킨 것 같아요." 또는 "아내에게 몇 가지 좋은 일을 한 적이 있어요. 그리고 그중 몇몇은 꽤 훌륭한 일이었죠." 라고 말할 수 있다.

죽음에 대한 논리와 싸우고, 환자의 생존 가능성을 증가시키기 위해 당신은 그가 한 모든 긍정적인 진술을 잘 모아 둘 필요가 있다. 상담의 전 과정 동안 그런 진술을 반복해서 꺼내 놓는 것은 당신이 상대방의 마음을 잘 헤아린 것에 대해 칭찬을 받았을 때 마음이 따뜻하고 뿌듯해짐을 느끼는 것처럼 그에게 힘을 줄 것이다. 좀 더 중요한 것은 그러한 자기 긍정이 삶과 양립할 수 있으나 죽음과는 양립할 수 없는 긍정적인 자기상을 되찾도록 도와줄 것이라는 점이다.

소크라테스는 이렇게 물을지도 모른다.

"이제 우리는 당신이 기본적으로 꽤 괜찮고 사려 깊고 남을 배려하는 사람이며, 때로 좀 의심스런 사실에서 잘못된 결론을 도출하는 사람이라는 것을 알았는데, 이 사람을 죽게 하는 것이 타당한 것 같소?"

당신도 기억하겠지만, 소크라테스는 모든 탈출구가 막힌 상태에서 햄락(독약)을 마셔야만 했다. 우리가 거기 있었다면 우리는 이렇게 물었을지 모른다.

"당신처럼 훌륭한 철학자가 어떻게 이런 사회에서 살 수가 있죠?"

거짓 자존심을 직면하게 하라: 하지만 부드럽게

때로 사람들은 자신이 가진 것, 예를 들면 평판 같은 것을 유지하기 위한 도구로 자살을 사용한다. 당신이 평판을 유지하기 위해 자살을 하려고 한다면, 당신은 진짜로 수치스럽거나 당황스러운 일을 절대로 당하지 않기를 바라야 할 것이다.

당신이 남에게 의존하느니 차라리 죽는 게 낫다고 생각한다면 당신은 결코 다치거나 휠체어를 필요로 하는 상태가 되지 않기를 바라야 할 것이다〔크리스토퍼 리브스(Christopher Reeves)는 근육질의 배우였다는 의미에서가 아니라 전신마비 환자라는 점에서 좀 더 슈퍼맨다웠다고 할 수 있다〕.

당신이 졸업 파티의 여왕이나 축구팀 주장이 되지 못하느니 차라리 죽는 게 낫다고 생각한다면 컴퓨터 프로그램의 사용법을 배우거나 그런 이상한 경쟁을 멀리하는 것이 나을 것이다. 사례마다 고자세(high-profile)의 자살은 자살 기도나 자살을 촉발하는 위기와 결합하여, 기존에 존재하는 취약성(가장 가능성이 큰 것은 치료받지 않은 우울증이나 약물남용, 또는 둘 다의 조합이다)을 심화시킨다.

스스로 목숨을 끊는 행위는 자존심의 문제 또는 적어도 수치스러운 일을 당하지 않으려는 욕구 때문일 수 있다. 우리의 역사는 자존심의 제단에 생명을 희생 제물로 바치고 파멸한 사람들의 이야기로 가득 차 있다. 때로 수백, 수천 명의 무고한 생명을 앗아간 끔찍한 실책을 한 정치인이나 군인이 자살을 한 경우에는 그럴 수도 있겠다 싶지만, 너무나 평범한 거짓 자존심이 사람을 불필요한 죽음으로 내몰 수 있다.

가장 일반적인 예는 남자다움을 강조하는 미성숙한 남자가 거들먹거리며 이렇게 말하는 것이다. "여자들이 나 같은 남자를 떠날 수는 없어! 누군가 떠나야 한다면, 그건 바로 나라고! 내 권총 어디 있지?!" 그의 사전에 여자에게 버림받는다는 것은 도저히 수용할 수 없는 말이었다.

이런 '말'에는 건강이 몹시 나빠진 것, 정신장애가 있다는 진단을 받은 것, 연인에게 헤어지자는 소리를 들은 것, 해고되거나 주식시장에서 큰 돈을 잃은 것, 대학에서 제적을 당한 것 등이 포함될 수 있다. 정말로 이것은 자살하기 쉬운 사람들 이외의 다른 사람에게는 사소한 것이지만, 자살하려는 사람에게는 자존심의 문제와 수치를 당할 것이 예상되는 그런 상황이 몹시 중대하게 생각될 수 있다.

거짓 자존심의 직면은 상담에서 반드시 이루어져야 하는 과정이지만 아주 조심스럽게 해야 하며, 아주 좋은 치료적 관계를 맺고 있는 상황에서만 할 수 있는 것이다. 좀 더 중요한 것은 사람(특히, 남자에게)에게 체면을 구기지 않을 정도의 자존심은 남겨 두어야 한다는 것이다. 고자세의 자존심이 강한 사람이 모두가 보는 앞에서 어떤 수치스럽거나, 불법적이거나, 부도덕한 행위를 한 것이 갑자기 노출되는 경우보다 그의 건강과 행복에 더 위험한 상황은 없을 것이다. 그 사람 가까이에 권총이 있고 피할 길이 없다고 생각된다면 곧 죽음이 그의 모든 것을 앗아갈 수 있다.

이것은 상담에서 몹시 곤혹스러운 일이다. 솔직히 나는 어떻게 해야 하는지에 대한 간단한 공식을 가지고 있지 못하다. 당신이 수치와 굴욕을 당하게 되어 있는 사람과 상담할 기회가 없었다면 다행으로 생각하라. 예방할 수 있는 모든 자살 중에서 이 경우가 가장 어려울 것이다.

다행히도 나에 대한 평판 때문에 몇몇 자존심이 강한 사람, 다른 사람이 그는 분명히 일말의 망설임도 없이 자살을 하고 말 것이라고 생각하는 사람을 치료할 수 있는 기회가 있었다. 그 사람들 중에는 정치인 몇 명, 군 장성 두 명, 소수의 법률가, 의사, 사업가, 교수 그리고 목사 한 명이 있었다. 마지막 사람은 비록 죄를 저질러 일시적으로 목회를 하지 못하고 있었으나, 그것은 음탕한 행위 때문에 체포되고,

그 이야기가 지역 신문에 공개된 것에 비하면 아무것도 아니었다. 그는 모든 출구가 다 막혔는데, 다행하게도 늘 열려 있는 위로 올라가는 출구만은 남아 있다고 느꼈다.

한 가지 사례를 이야기해 보겠다. 몇 주 전에 나는 은퇴한 군 장성과 상담을 하였다. 그는 아내와 말다툼을 벌이는 동안에 자기 뜻대로 관철되지 않으면 언제나 45구경 자동권총을 자신의 입 안에 찔러 넣곤 하였다. 당신이 군사적 책략에 대해서 잘 모를 수는 있겠으나, 누군가의 입 속에 쑤셔 넣은 45구경 권총은 분명히 당신의 주의를 끌 것이다. 어쨌든 그는 베트남에서 죄수를 심문하면서 이 방법을 배웠다.

자존심은 우리의 문제("나 같은 남자가 여자한테 버림받을 수는 없지") 이지만 유머는 우리를 치유한다.

몇 주 동안 이 강하고 완고하며 자존심 강한 남자와 상담을 한 후에 '당신은 아내가 가자고 하면 침몰하는 배와 함께 가라앉을 사람인 것 같다.' 는 이야기를 했다. 이 군 장성은 재빨리 내 말을 정정하며 말했다.

"이봐, 젊은이, 선원이나 배와 함께 침몰하는 거지, 군인은 아니라고!"

나는 그에게 나도 미군에서 하사로 복무했다는 점을 상기시켰다. 그는 나를 쳐다보더니 "하! 내 그럴 줄 알았지, 비열한 하사 같으니라고!"

그러더니 그는 웃었다. 내 말은, 그는 마음의 문을 열고 웃었다는 것이다. 힘들었다. 이것이 그보다 계급이 낮고 비열한 하사 심리학자가 그의 비참한 인생을 도울 수 있게 한 결정적인 한 방이었다. 그는 생각할수록 더 우스워했다. 그는 눈물이 맺힐 때까지 웃어댔다.

그가 자신을 부조리한 존재로 볼 수 있고 자신의 고통과 약간의 거리를 둘 수 있는 신선한 능력을 가지고 있었기 때문에 내가 그를 도울 수 있었다.

자기 노출

군 장성에게 내가 군에서 복무했다는 사실을 밝혔다는 이야기를 했다. 그게 옳은 일이었을까? 잘못된 일이었을까? 아니면 자기 노출의 문제인가?

치료 과정에서 환자에게 당신에 대해 노출하는 문제는 논쟁의 여지가 많다. 어떤 사람은 절대로 노출을 해서는 안 된다고 할 것이고, 어떤 사람은 노출을 해야 한다고 할 것이다. 당신이 자살하려는 사람과 상담 작업을 할 때 자기 노출의 결정은 훨씬 더 어렵다. 자살하려는 사람은 종종 묻는다. "선생님도 자살하려는 생각을 해 본 적이 있어요?"

분명히 개인적인 의견임을 밝히고 다음의 조언을 하고자 한다.

* 환자나 위기상담전화로 전화를 건 사람이 직접적으로 당신도 자살하려는 생각을 해 본 적이 있느냐고 물으면 진실을 이야기하라. 내가 아는 한, 두 사람 중 어느 한쪽이든 거짓말을 하는 것은 치료적 관계 형성에 아무런 도움이 되지 않는다. 만일 당신이 오래된 심리학자의 구실을 사용하려고 한다면 "그것은 적절한 질

문이 아닌 것 같군요."라고 대답할 수 있다. 당신은 이미 기분이 몹시 가라앉은 사람이 부적절한 질문을 했다는 것 때문에 더 가라앉게 느끼도록 할 위험을 감수해야 할 수도 있다. 또한 신뢰감 형성이 손상될 위험이 있을 수 있다.

* 만일 당신이 인생의 어느 시점에 심각하게 자살을 고려했던 적이 있고, 자살을 한 번 이상 시도했던 적이 있다면 환자의 치료 시간이 당신의 치료 시간이 되지 않게 하기 위해서 단지 몇 가지의 세부 사항만을 이야기하는 것이 적절하다.

개인적 노출은 당신이 지금 제공하고 있는 것과 같은 유형의 도움을 당신이 받았을 경우에 훨씬 더 도움이 될 것이다. "보라고요, 치료가 효과가 있다니까요!"라는 메시지는 매우 강력하고 희망적인 것이다.

이런 자기 노출의 위험성은 자살하려는 사람이(당신도 자살을 하려고 했었다는 사실을 알고) "세상에, 이제 멀쩡한 사람은 아무도 없는 거야?"라고 생각할 수도 있다는 것이다.

두려움을 감소시키고 관계의 질을 향상시키는 자기 노출을 하기 위해서는, 보다 큰 솔직함과 신뢰를 통해 사람 사이의 연결성을 강화하고자 하는 목적 안에서 이야기가 이루어져야 한다.

마지막으로, 이 부분의 초반부에 언급한 치료자의 조건과 이 작업을 하기 전에 당신 자신의 상태를 정비하는 것이 얼마나 중요한 것인지를 다시 한 번 상기하기 바란다.

발생할 수 있는 최악의 일은 무엇인가

일련의 질문을 하는 것은 하나의 기법 이상이다. 이것은 환자의 현재의 딜레마에 대한 개념화를 받아들이고, 발생할 수 있는 최악의 일은 무엇인가 하는 질문을 함으로써 시작된다. 이것은 환자가 현재의 결론(자살)을 지나, 죽고자 하는 욕구를 부채질하는 바로 그것으로 초점을 옮기게 한다. 15세의 소녀와 나눈 다음의 대화를 고려해 보자.

환　자: 그가 나를 떠나려고 해요. 도저히 견딜 수가 없어요.

치료자: 그가 떠난다면 생길 수 있는 최악의 일은 무엇인가요?

환　자: 그가 나를 떠날 수는 없어요!

치료자: 당신이 어떤 기분인지 이해합니다. 하지만 그가 만일 떠난다면 생길 수 있는 최악의 일은 무엇일까요?

환　자: 나는…… 나는 상실감을 느낄 거예요.

치료자: 그러면 생길 수 있는 최악의 일이 무엇일까요?

환　자: 나는…… 나는…… 나는 그 사람 없이 사는 것을 생각해 본 적이 없어요.

치료자: 그러나 만일 그가 떠나고 당신은 그 사람 없이 살아야만 한다면 생길 수 있는 최악의 일은 무엇일까요?

환　자: 나는 외톨이가 될 거예요.

치료자: 맞아요. 당신은 혼자가 될 것입니다. 그리고 허전함을 좀 느끼겠죠. 그를 만나기 이전의 당신처럼 말이에요. 그러면 이제 당신이 혼자가 된다면 생길 수 있는 최악의 일은 무엇일까요?

환　자: 나는 혼자인 걸 정말 싫어해요. 내 말은, 나는 그게 정말 싫어요!

그러나 만일 내가 혼자 지내야만 한다면⋯⋯ 글쎄요, 혼자 지내야 하는 거겠죠. 한동안 ⋯⋯ 어쨌든요.

이것은 자살하려는 사람이 도저히 받아들일 수 없다고 지각하는 것 이후의 미래를 바라보게 하려는 것이다. 자살이라는 것은 어떤 의미에서 견딜 수 없는 심리적 고통에서 도망치는 것이기 때문에 환자를 현재 사로잡혀 있는 곳에서 풀어 주는 것은 희망을 되살리는 길이다. 왜냐하면 미래는 두려움을 내포하고 있기 때문에('나는 상실감을 느낄 것이고, 외로울 것이고, 겁에 질릴 것이고, 비참해질 것이다') 종종 환자를 미래로 이끌어 줄 필요가 있다. 그들을 밀어주거나, 이끌거나, 어쨌든 그들이 현재 있는 곳에서 그들이 갈 수 있는 곳으로 이동하게 하는 것은 분명 도움이 된다.

자살하려는 사람은 어떤 두려움으로 가득 찬, 도저히 수용할 수 없는 미래에 대해 몹시 조심스러워서 슬쩍 들여다보고는 조용히 뒤로 물러난다. 사람이 어떤 미래를 상상하고 뒤로 물러날 때마다 불안의 감소를 통해 현재는 무의식적으로 강화된다.

공포영화를 보는 아이처럼 자살하려는 사람은 얼굴을 두 손으로 가리고 손가락 사이로 조심스럽게 바라본다. 우리가 할 일은 그들의 두 손을 내리게 하고, 공포가 사람을 죽이지 않는다는 것을 알려 주는 것이다. 그리고 또다시 부드럽게 이 질문을 함으로써 환자가 생각하는 최악의 공포에 직면하게 한다.

이 생명을 구하는 질문들이 저항에 부딪히게 되면 그저 이렇게 말할 수 있다. "보세요, 우리는 자살이 당신을 지금 상황에서 벗어나, 그 어떤 공포도 도달할 수 없는 먼 곳까지 데려갈 것이라는 것을 알고 있어요. 그래서 당신은 어떤 문제도 더 이상 해결할 필요가 없고, 더 이상 고통도 느끼지 않고, 더 이상 불확실함에 직면하지 않아도 되겠죠. 그러나 만일 당신이 산다면 무슨 일이 생길까요? 내 말은, 생길 수 있는 최악의 일은 무엇인가 하는 거죠."

계획 B

나는 자살하려는 사람을 포함한 모든 유형의 환자에게 계획 B 방법을 사용하곤 한다. 간단히 말해 이 계획 B는 환자가 그동안 해 온 것(계획 A)이 별로 효과적이지 못했다는 것, 보통은 전혀 효과가 없었다는 사실에서 출발한다. 나는 일단 충분히 과거사를 탐색하고 환자에게 무슨 일이 있었는지와 무엇이 자살 결정을 하게 했는지에 대해서 정보를 수집한 뒤, 그가 처한 곤경을 기술하고 그 상황이 불가능하고 절망적이라는 점에 대해 환자와 의견의 일치를 본다.

이 과정에서 환자가 가지고 있는 양가감정의 부정적인 측면과 문제에 대한 그의 협소하고 제한적인 관점에 동의한다. 기본적으로 그들이 자살하려는 마음을 가지게 된 모든 이유에 대해서 그들과 의견의 일치를 본다. 그러면 환자는 거의 언제나 한숨을 내쉬며 이렇게 말한다. "하나님 감사합니다. **드디어** 저를 이해하는 사람이 생겼군요."

나는 일단 환자가 문제를 어떻게 판단하고 있는지에 대한 나의 요약이 타당하고 정확하다는 데 대한 동의, 예를 들면 "맞아요. 제 말이 그거예요, 선생님."이라는 반응을 보고 나면 이렇게 말한다. "좋아요. 이제 그것을 계획 A라고 합시다. 그럼 계획 B는 무엇입니까?"

• 참고 •

나는 환자가 얼마나 고통스러운지 또는 얼마나 죽고 싶은 심정인지에 대해서 환자와 의견의 일치를 보지 못하는 것이 반(反)치료적이라는 것을 발견했다. 개인적 진단과 고통에 대한 개인적 경험 같은 문제에 있어서, 나의 의견은 별로 중요하지 않다. 전문가에게 "음, 당신은 자살하려는 상태가 아니군요."라는 말을 들은 이후에 자살 시도를 한 몇몇 환자를 알고 난 후, 나는 상황이 얼마나 심각하고 그들이 얼마나 고통스러운지에 대한 그들의 관점을 최대한 존중한다.

"계획 B요?"

"맞아요. 지금 비상용 대안도 없이 몇 년 동안이나 계획 A만 끌어안고 있었다는 건 아니겠죠? 당신도 알겠지만 계획 A가 효과가 없었을 때 당신이 무엇을 할 것인가 하는 계획 B 말입니다."

"네?"

세상에 너무나 많은 사람이 계획 B를 가지고 있지 않다. 우리는 계획 A만 가지고 그럭저럭 인생을 산다. 계획 A는 우리가 늘 원했던 회사에서 자리 잡는 일일 수도 있고, 가족 농장을 인수하는 것, 의사가 되는 것, 고등학교 때의 첫사랑과 결혼하는 것 등일 수 있다. 계획 A는 당신이 늘 계획 A를 원한다면, 계획 A에서 보상을 받는다면, 그리고 계획 A와 더불어 사는 것을 좋아한다면 괜찮은 일이다. 좋다!

그러나 불행하게도 안 좋은 일이 일어난다. 왜 안 좋은 일이 생기는지는 알 수 없지만 그런 일들은 생기게 되어 있다. 우연, 운명, 신의 섭리……. 원인은 결과보다 훨씬 덜 중요하다. 계획 A에 안 좋은 일이 일어났을 때 우리에게는 계획 B가 필요하다.

내가 만나 본 대부분의 자살하려는 사람은 계획 B를 가지고 있지 않았다. 계획 C나 D는 말할 것도 없이 말이다. 이런 비상용 대안의 부족은 자살하려는 사람에게 특징적이라고 할 수 있지만, 내가 그들을 전부 만나 본 것은 아니다.

인생이 우리에게 주는 모든 일상적이고 통상적인 상실, 환난, 실망에 덧붙여 계획 A를 수포로 돌아가게 하는 것에는 회사가 문을 닫거나, 가족 농장이 가뭄으로 파산하거나, 의료 행위가 스트레스로 가득 차 있다거나, 당신이 좋아하는 사람이 다른 사람을 사랑하는 것 등이 있을 것이다. 계획 A가 실패로 돌아가면 어떻게 해야 할까?

당신이 할 일은 비탄에 빠져 잠시 엎드려 있다가 깊은 숨을 내쉬고 한두 마디의 기도를 중얼거리며 계획 B를 선반에서 꺼내 새로운 인생을 시작하는 것이다.

어떤 것이든 계획 B가 될 수 있다. 그것이 꼭 현실적일 필요는 없으나 환자와 함께 일을 추진하려면 계획 B는 좀 더 실행 가능해 보이는 것부터 시작하는 것이 좋다. 종종 계획 B는 계획 A보다 훨씬 큰 보상으로 돌아오는 경우가 많고, 훨씬 재미있으며 즐길 만한 것으로 판명된다.

계획 A를 고수하는 환자의 죽겠다는 결심을 녹이기 위해서 나는 그들에게 그들이 실제로 계획 B를 실행할 필요는 없지만 적어도 계획 B가 어떨 것 같은지를 **상상해 볼** 필요는 있다고 이야기한다.

알 수 없는 미래에 관한 시나리오를 만들어 내는 일은 오직 사람만이 할 수 있다. 자살하려는 사람에게 이것을 하라고 하는 것은 우리가 시도해 본 다른 그 어떤 것보다도 그들을 자유롭게 해 줄 수 있기 때문이다.

맞다. 어떤 사람은 저항을 하면서 이렇게 말할 것이다. "이건 실제가 아니잖아요. 나는 …… (이 안을 인생을 변화시킬 수 없는 101가지 타당한 이유 중 하나로 채워 넣으시오) 때문에 절대로 할 수 없을 거예요."

그러면 나는 말한다. "물론이죠. 전부 이해합니다. 그리고 우리는 계획 A에 매달려 끈질기게 노력할 수 있습니다. 하지만 상상하는 것이 무슨 해가 되겠습니까?"

사람들이 계획 B를 가지고 작업하도록 도운 경험을 통해 보면, 이것은 곧 사형을 당하게 되어 있는 죄수가 주지사의 집행 연기를 통보 받은 것처럼 긴장과 운명의 시간이 임박했다는 느낌을 재빨리 사라지게 해 주었다.

계획 A가 실행되게 되어 있었으나 계획 B를 적극적으로 그려 보고 꿈꾸는 활기찬 죄수처럼 자살하려는 사람도 도피하기 위해 죽음을 준비하는 것 이외의 다른 삶을 상상해 봄으로써 살아가려는 희망을 가질 수 있다. 그 효과는 종종 극적으로 나타난다.

나는 사람들에게 또 다른 인생에 대해서 단지 생각해 보는 것보다는 실제로 계획을 세우고 기록해 보라고 하는 것이 훨씬 더 효과적인 개입이라는 것을 발견했다. 나는 그들에게 어디에서 살게 될지, 어떤 집이나 아파트에서 살고 싶은지, 만일 학업을 계속하고 싶다면 어디로 찾아가면 될지, 그들이 어떤 취미생활을 할지와 같은 일을 자세히 기록하라고 요구한다.

자세할수록 더 좋다. 왜냐하면 목표 지점에 대해 더 많이 알수록 거기에 도달하기가 더 쉬워지기 때문이다.

계획 B 작업을 하는 것은 에너지와 상상력을 좀 필요로 하는데, 심각하게 우울한 환자는 그것을 가지고 있지 못할 수 있다. 그러나 그 사람의 상태가 좀 좋아지고 기분이 나아짐에 따라 계획 B 연습을 하면 매우 큰 도움을 받을 수 있다.

선반 위의 꿈

여기서 하는 질문은 사람이 계획 B를 발전시키도록 돕는 것과 같은 맥락이다. 우리 모두는 어렸을 때 꿈을 가지고 있었다. 그 꿈은 산림 감시원이나 로켓 과학자, 판사, 화가, 희극배우, 작곡자, 소설가, 시인 등일 수 있다. 우리의 꿈이 무엇이었든 상관없다. 단지 우리가 한때 꿈꾸었던 것이면 된다.

꿈이 없으면 우리는 죽은 것이라고 한다. 그리고 확실히 당신이 자살을 한다는 것은 당신의 모든 꿈—당신이 시도해 보지도 않았던 것—을 저버리는 일이다. 자기파괴 행위를 한다는 것은 '나는 모든 나의 꿈을 포기하겠다.'고 말하는 것과 같다.

* 그러나 잠시만 기다려라. 당신이 죽기 전에 그 꿈이 무엇이었는지 내게 말해 줄 수 있을까?
* 당신이 어른이 되었을 때 어떤 일이 일어나길 바랐는가?
* 일단 당신이 죽으면 결코 할 수 없는, 당신이 늘 원했던 미친 짓에는 어떤 것이 있는가?
* 언젠가 시도해 볼 시간이나 배짱이 있다면 해 보겠다고 스스로에게 약속했던 것은 무엇인가?
* 당신이 자살을 한다면 누가 그 꿈들을 이룰 것인가?

이런 형식의 질문으로 내가 자살하려는 사람에게서 알아 내고자 한 것은 그들이 선반 위에 놓아 둔 꿈이 무엇인가 하는 것이다. 이런 질문은 가끔 결코 하지 못했던 선한 행위, 올라가 보지 못한 산, 건너

보지 못한 강, 입 밖으로 내지 못했던 말, 불러 보지 못한 노래 등에 대한 슬픔이 몰려오게 할 수 있다. 그러나 그건 괜찮다. 왜냐하면 우리가 할 수도 있었던 일들에 대한 슬픔이 우리의 마음을 매만지면, 우리는 아직 거기 있을지도 모르는 즐거움을 향해 손을 내밀 수 있기 때문이다.

나는 이 개입을 이런 식으로 시작한다.

> 당신이 어린 아이였을 때를 기억해 보십시오. 당신이 어른이 되었을 때 어떤 모습일 것이라고 기대했습니까? 당신이 정말로 되기를 원했던 것, 또는 당신이 늘 하고 싶었던 일을 기억해 보십시오. 스스로에게 '언젠가 나는 ……를 할 거야.' 라고 약속했던 적이 있습니까? 그것은 무엇이었습니까?

만약 저항에 맞닥뜨리게 된다면("너무 늦었어요.", "나는 새로 시작하기엔 너무 나이가 많아요." 등) 나는 환자에게 켄터키 프라이드 치킨의 소유주 코로넬 샌더스(Colonel Sanders)가 65세에 사업을 시작했다는 점을 상기시킨다. 이것이 두 번째 기회가 될 수 없다면 이제 어떤 기회도 없을 것이라고 이야기한다. 우리는 모두 얼마 안 가 죽을 텐데, 오래된 꿈을 꺼내 먼지를 털어 내고 시도해 보아야 하지 않겠는가?

이것은 부드럽지만 지속적인 도전이 되어야 한다. 나는 선반 위에 높이 올려 놓은 꿈, 그래서 그 꿈을 꾼 사람 이외에는 찾아낼 수 없는 곳에 있는 꿈의 이미지를 사용한다. 종이에 적고, 둘둘 말아서 붉은 리본으로 묶어 놓은 꿈은 다른 사람이 보면, 바보 같다거나 미성숙하다거나 비현실적이라거나 심지어 멍청하다고 할 것이기 때문에 우리는 그것을 비밀에 붙인다. 환자와 함께 우리는 꿈에 쌓인 먼지를 털어 내고 그 꿈을 가서 실행할 수 있는지 볼 것이다.

우리의 꿈을 이루기 위해 그것은 가시적이고 분명하고 생생하며 특정해야 한다. 우리는 대강의 밑그림을 그린 뒤, 윤곽을 잡고, 기록을 해야 한다. 계획 B는 꿈이다. 그것은 아마도 어린 시절에 선반에 올려 놓은 것일 수도 있고 완전히 새로운 것일 수도 있다.

테디베어 전략

연구에 따르면, 다른 사람의 복지(특히, 자녀)에 대한 책임을 맡은 여자는 자살 위험성이 낮다고 한다. 당신이 사려 깊고 남을 돌보고 있는 사람이라면 당신을 의지하고 있는 사람들을 떠나 자살을 할 수 없을 것이다. 예를 들어, 자녀를 가진 어머니나 임신한 여자는 자살을 실행할 위험성이 낮은 집단이다.

필요한 사람이 되고자 하는 욕구는 결코 과소평가할 수 없는 것이다. 때로 위험한 개입법이지만, 내가 할 수 있을 때에는 자살하려는 사람이 스스로를 다른 사람이 필요로 하는 사람으로 보도록 도우려고 노력한다. 다른 사람이 그를 필요로 한다는 것은 누군가의 테디베어(어린이가 데리고 자는 곰 인형-역자 주)가 된다는 것이다. 즉, 무조건적인 사랑과 편안함을 주는 존재 말이다.

테디베어 전략은 자신을 필요로 하는 사람은 아무도 없다는 잘못된 신념을 부드럽게 공격한다. 좀 더 정확하게 표현하자면, 자살하려는 사람이 자기 자신에게서 나와 다른 사람의 인생에 들어갈 수밖에 없는 상황으로 몰고 가는 것이다.

나는 양로원에서 자원봉사를 하거나, 집이 없는 사람에게 점심을 제공하거나, 누군가 아픈 사람에게 편지를 보내는 등의 일을 추천한다. 나는 자살하려는 사람에게 자선행위와 다른 사람을 향한 선한 의지가 자신의 생명을 구할 수 있다는 것을 보여 주려고 노력한다.

사람에 대한 증오심을 가지고 있지만 동물을 사랑하는 여자가 있었다. 나는 보호소에 있는 동물에게 그녀가 필요할지도 모른다고 이야기했다. 그녀는 한동안 자원봉사를 하였고, 후에 조그만 동물 클리닉에서 수의사로 일했다.

테디베어 전략은 내가 좋아하는 〈뉴요커(New Yorker)〉에 나온 만화를 보고 떠올린 것이다. 두 명의 경찰관이 고층 빌딩 난간에서 자살하려고 하는 테디베어에게 말을 걸려고 하고 있다. 한 경찰관이 말한다. "자, 여기 당신이 끌어안아 줄 수 있는 경찰관 리플리가 왔소." 우리는 금방 테에베어가 더 이상 뛰어내리지 않을 것이라는 것을 안다. 그의 주요 기능을 기억한다면, 그의 자살은 몹시도 이기적인 것이 된다.

자살하려는 사람은 대부분 자신의 고통, 힘겨움, 손상된 능력에 너무나 집착하고 있어서 분명하게 판단하거나 다른 사람에 대해 생각할 수 없긴 하지만, 여전히 그들의 포옹을 너무나 간절히 기다리는 사람이 있다. 당신이 어디를 둘러보아도 사람들은 포옹 결핍이다. 어린이, 부모, 친구, 양로원의 노인, 코카인 중독자의 아기, 노숙자 그리고 심지어 테디베어까지도 말이다. 그들은 모두 포옹이 필요하다. 심지어 길 잃은 고양이도 포옹이 필요한데…… 나는 고양이를 좋아하지 않는다.

그러므로 내가 일단 자살하려는 사람과 상담관계를 맺게 되면, 그가 끼고 있는 팔짱을 풀어 다른 사람을 감싸 안게 만들려고 노력한다. 왜냐고? 우리가 끌어안아 주면 그들도 우리를 끌어안아 주기 때문이다. 물론 고양이도 예외가 아니다.

큰 문제에 대한 새로운 조망

자살하려는 사람이 자신의 비참함을 잠시 옆으로 밀어 둘 수 있다면 그들의 문제가 실제로 얼마나 큰지에 대한 새로운 조망을 얻을 수 있을 것이다. 밖에서 안을 들여다보았을 때 우리는 그들의 문제가 죽을 만한 것은 아니라고 생각할 수 있다. 그러나 우리가 지금까지 살펴본 바와 같이 **그들의 문제에 대한 우리의 관점**은 진짜 중요한 부분이 못 된다.

상담관계에서 "당신은 자신의 문제가 대단한 것이라고 생각하는데, 방글라데시의 가난한 어린이를 좀 생각해 보세요."라고 비교하는 것은 위기를 더 악화시킬 뿐이다. 그러나 일단 자살하려는 사람이 초기의 위기에서 벗어나 몇 주간의 치료를 받게 되고 삶에 다시 개입하기 시작하면 다음의 비교 기법이 도움이 될 수 있다.

환자에게 그가 가진 문제를 아주 커다란 테이블 위에 전 세계의 모든 사람이 가진 문제와 함께 올려놓는 것을 상상해 보라고 하자. 정말 커다란 테이블이 필요할 것이다. 사람들은 많은 문제를 가지고 있기 때문이다.

이제 그의 큰 문제를 지구상에 살고 있는 다른 누군가가 당면하고 있는 큰 문제와 맞바꿀 수 있다고 이야기해 보자.

그에게 잠시 생각할 시간을 주어라.

당신이 종종 보게 될 반응은 이런 것이다. 다른 사람이 처한 모든 커다란 문제를 살펴보고 나서, 대부분은 우리의 작은 문제를 다시 가져가고 싶어 할 것이다. 자신의 문제가 그것이라는 점에 정말 고마워하면서 말이다.

양에 대한 이러한 관점의 변화는, 환자가 적어도 그의 인생의 일부에 대해서 통달했으며 크고 작은 문제를 해결하는 방법을 알고 있다고 느끼게 해 주며, 그가 자신의 가장 좋은 친구이자 치료자가 되기 위해서 계속 배우고자 하는 동기를 부여해 줄 수 있다.

애완동물의 힘

예전에 워크숍에서 한 여자가 애완동물이 자살에 대한 보호 요인이 될 수 있는지 물었다. 나는 그렇다고 확신하고 있으며, 그녀가 왜 그 질문을 하는지 궁금하다고 말했다. 그러자 그녀는 어머니의 죽음에 대한 이야기를 해 주었다. 어머니의 죽음의 공식적인 사인은 의문의 여지가 없었으나, 그 사건이 어떻게 일어났는지는 수년간 가족들에게 의문거리로 남아 있었다.

그녀의 어머니는 70대 중반으로 3년간 과부로 지냈고 몹시 우울했으나 치료를 받지는 않았다. 그녀는 유일한 친구인 고양이와 함께 살았다. 가족의 간청에 못 이겨 그녀의 고향이자 유년 시절을 보낸 미국 중서부를 떠나, 자녀 중 한 명이 사는 캘리포니아로 이사 하기로 마침내 동의했다.

"잘 생각했어요." 그녀의 아들이 말했다. "어머니는 대환영이지만 고양이는 안 돼요. 엘리스가 고양이 알레르기가 있어요. 그래서 고양이는 데려올 수가 없어요."

잠시 말없이 잠자코 있던 어머니가 말했다.

"이해한다. 이제 우선해야 할 일이 몇 가지 있구나."

그러고는 전화를 끊었다.

그 말을 하고 이틀 뒤에 그녀는 너무나 사랑하는 고양이를 수의사에게 데려가서 영원히 잠들도록 했다. 그러고는 집으로 돌아오는 길에 그녀는 교통 표지판을 들이받는 충돌 사고가 나서 죽게 되었는데, 그때 그녀의 차는 시속 90마일 이상이었던 것으로 추정되었다. 그래서 그녀는 캘리포니아로 가지 않아도 되었다.

사고일까?

자살일까?

우리는 결코 알 수 없을 것이다.

그러나 우리는 다른 생명체에 대한 책임감이 그에게 의미와 목적과 의무를 줌으로써 사람이 살아가도록 돕는다는 점을 알고 있다. 그러므로 만일 자살하려는 사람이 애완동물을 키우는 것이 적절하고 실행 가능하다면(나는 항온동물을 더 좋아하지만, 매일 먹이와 물을 주지 않았을 때 죽게 되는 전자 애완동물 같은 것도 괜찮을 것이다) 이것은 고려해 볼 만한 전략이다.

당신처럼 좋은 사람이 이렇게 살다니요

많은 경우에 자살하려는 사람은 자신이 있을 수 없다고 믿는 상황에 처해 있는 것을 발견한다. 때로는 그들이 옳다. 타고난 어떤 성격 특성, 불가능한 상황, 불가능한 인간관계, 불가능한 일, 열악한 삶의 조건 그리고 힘겨운 삶 등이 있다. 어쩌면 당신은 나쁜 곳에 있는 좋은 사람일 수 있다. 그러나 당신은 거기에서 벗어나기 위해 병에 걸리거나 자살하지는 말아야 한다.

감옥이나 정신병동에 있는 경우를 제외하고, 자살이 나쁜 환경에서 벗어나고자 하는 욕구의 결과인 경우는 거의 없다. 그보다는 사람이 불안, 절망, 우울증의 증상을 겪은 이후에 자살이 바람직한 해결책으로 느껴지는 것이다. 수년간 나는 많은 좋은 사람이 우울증을 유발하는 나쁜 상황에 사로잡혀 있는 것을 봐 왔다.

그들 중에는 환자에게 질적으로 우수한 진료를 제공하는 것보다는 실리에만 관심이 있는 양로원에서 일하는, 마음이 따뜻하고 윤리적인 간호사가 있다. 이 선량한 간호사는 매일 매일 형편없는 복지정책에 직면해야 했으며, 이것은 그녀의 도덕적 신경을 자극했다.

또 다른 환자는 매우 도덕적이고 독실한 가톨릭 법률가였는데, 존경하기 어려운, 의심스러운 윤리를 가진 사람들(종종 부도덕하고 거짓말을 하는 그의 고객을 말하는 것이 아니다)에게 둘러싸여 10년간 회사를 다녔다. 나는 지금까지 많은 올바르고 건강한 사람이 유해하고 무정하고 불신으로 가득한 관계에 사로잡혀 매일 매일 어려운 일을 겪으며 지내는 것을 봐 왔다.

나쁜 환경에 있는 좋은 사람 기법은 당신과 함께 작업하고 있는 사람이 어떤 유형의 사람인지, 즉 그는 예술적이고 창의적이고 자유로운 영혼인가, 아니면 소심하고 과도하게 통제적이며 기계적인 사람인가를 파악하고 그의 성격을 분명하게 이해하는 과정을 요한다. 첫 번째 시나리오에서 그 간호사는 자동차를 위해 볼트에 너트를 바꿔 끼우는데 별다른 재미를 느끼지 못할 것이다. 두 번째 경우의 그 변호사는 신문사의 창의적 예술 부서에서 지도감독 역할을 하는 것을 즐기지 않을 것이다. 문제는 이것이다. 그 사람이 그 장소에 맞는가?

문제는 그 직업에 알맞은 기술과 재능을 가지고 있는지가 아니라 기본적인 신념이나 가치가 다른 사람이나 조직 자체와 얼마나 잘 맞는가 하는 것이다. 이를 위해 우선 좌절된 심리적 욕구를 살펴보라. 이때 스트레스 점수가 그 실체를 보여 줄 수 있을 것이다.

환자가 단지 나쁜 상황에 사로잡힌 마음씨 좋고 사려 깊은 사람이라는 것을 확인하게 되면 모든 종류의 일이 가능해진다. 상상도 못했던 출구가 갑자기 열리게 되는 것이다. 환자는 자신의 자기존중감을 유지할 뿐만 아니라 고통과 어려움에 대한 비난의 화살을 나쁜 상황으로 돌릴 수 있다. 예를 들어, "아마 당신은 농부(변호사, 간호사, 기술자, 외판원, 치료자 등)에 맞지 않았던 것 같아요."라는 말은 환자로 하여금 만족스럽지 않았던 일들이 자신에게 얼마나 적합한지에 대해 생각해 보게 한다.

많은 이력(커리어)이 충분한 고민 끝에 이루어진 것이라기보다는 우연이나 지나가는 기회에 의해 결정되기 때문에 그가 하는 일이나 결혼할 사람을 어떻게 결정하게 되었는지에 대해 탐색하는 것은 매우 큰 도움이 된다.

우리 대부분이 두세 가지의 서로 다른 이력(직업이 아니라 커리어)

을 가지게 될 것이라는 점을 상기시키는 것은, 환자에게 다시 한 번 생각해 보고 변화하고 전진할 수 있는 자유로움과 유연성을 준다. 적어도 미국에서 영혼을 죽게 하고 건강을 위태롭게 하는 결혼생활이라도 깨서는 안 된다는 오랜 금기가 해제되었다는 사실도 마찬가지일 수 있다. 한때 나는 자살하려는 보험 판매원을 만난 적이 있었는데, 그는 나이 든 사람에게 압력을 넣어 그들에게 필요하지도 않는 보험을 들게 하는 일을 몹시 싫어했다. 이 사실을 알고 그에게 물었다.

"당신 같은 괜찮은 친구가 지금 무엇을 하는 겁니까?"

"모르겠어요." 그가 대답했다. 마치 전에는 한 번도 그것에 대해 생각해 본 일이 없었던 것 같았다. "내가 왜 이러고 있지?"

한 우울한 회사원이 자살 생각 때문에 아내의 손에 이끌려 나를 찾아왔다. 그가 외국으로 출장을 간 사이에 회사에서는 그에 대한 투표가 있었고, 그는 회사를 그만두어야 할 상황에 몰렸다고 했다. 그의 너그러웠던 상관은 그 회사의 창립자였는데, 그가 죽고 난 후 그의 네 아들이 회사를 운영했다. 그들은 좋은 사람이 아니었다. 그들은 환자가 사무실에 없는 틈을 타서 그의 통제권, 영향력, 보유 주식, 직함 그리고 업무를 빼앗아 버렸다.

그의 아내와 친구들은 왜 그가 맞서 싸우거나 연령 차별에 관한 소송을 제기하지 않는지 의아해했다. 왜 그가 상관을 헐뜯지 않는지에 대해 물었을 때 그는 말했다. "내가 소년이었을 때 나는 언제나 하나님의 사람이 되길 원했네. 성직자 말이야. 나는 점잖고 용서할 줄 아는 사람이야. 복수는 나에게 맞지 않아."

그래서 나는 그에게 당신처럼 좋은 사람이 그런 어리고 무자비한 사람들이 잔뜩 있는 회사에서 무엇을 하고 있는 거냐고 물었다. 그는 그들이 얼마나 탐욕스럽고 욕심이 많은 사람인지 잘 몰랐기 때문에 혼란스러워했다. 그러나 그는 자신에게 좋은 일을 했다. 회사를 떠난 것이다. 그는 더 생각할수록 그 회사에 돌아가고 싶지 않다는 것과 결과적으로는 그들이 그에게 좋은 일을 해 준 것이라는 점을 깨달았다.

내가 마지막으로 그를 본 것은 공항에서였다. 그는 새로운 직업을 구했으며, 잘 해내고 있었다. 사실 그는 경쟁에 뛰어들었고 가장 유쾌한 방식으로 일했다. 이전 고용인의 시장을 깊숙이 점유해 들어간 것이다.

서로 참을 수 없는 관계라는 견지에서 '아마도 당신과 셜리는 서로 잘 맞지 않았던 것 같아요.'와 같은 말은 저 밖에, 미래의 언제가 찾아올, 좀 더 잘 맞는 배우자를 만날 수 있는 가능성을 열어 준다. 해로운 결혼생활은 서로가 스트레스를 받기 때문에 사람의 몸과 마음을 병들게 할 수 있다.

결혼이나 인간관계가 너무 스트레스가 되고 영혼을 짓눌러 우울증과 자살 생각을 촉발시킨다면 그때는 그것을 바로잡거나 끝낼 필요가 있는 것이다.

좋은 사람이 안 좋은 곳에 있다는 생각의 변화를 마음에 새기기 위해서는 다음과 같이 말하면서 우리가 했던 과거의 결정에 대해 마음을 비우는 것이 도움이 된다는 것을 알았다.

"당신도 알다시피, 우리는 우리가 할 수 있는 최선의 선택을 합니다. 우리는 그 당시에 우리가 얻을 수 있는 최선의 정보를 바탕으로 결정을 합니다. 다른 방법은 없습니다. 그러나 때로 우리는 좋은 정보—

특히, 우리 자신에 대해—가 충분치 않은 상황에 처하게 됩니다. 아마도 그것이 바로 당신에게 일어난 일일 것입니다. 어떻게 생각하십니까?"

우리 모두가 그런 것처럼 누군가 결정을 해야 할 때 완벽한 결정을 할 만큼 완벽한 정보를 충분히 가지고 있는 경우는 결코 없다는 것을 환자가 깨닫게 되면 멍청한 짓을 했다는 죄책감을 멈출 수 있다. 나중에 돌이켜 보았을 때 실수를 한 것으로 판명되는 일은 인생의 불가피한 부분이다. 그것이 연필 끝에 지우개가 달려 있는 이유다. 게다가 시간이 좀 지나면 좋은 결정이나 실수나 별반 다를 게 없다.

심호흡을 가르쳐라

자살하려는 사람에게 적절한 호흡법을 가르치는 일은 간단하고 빠르고 효과적이며, 그들을 삶의 공기로 가득 채울 수 있다.

많은 자살하려는 사람이 급성적이거나 만성적인 스트레스를 경험하고 있다. 그 결과 그들의 마음뿐만 아니라 몸도 통제권을 벗어났다는 느낌을 받게 된다. 불편감과 공황발작이 일어날 것 같은 느낌에 대해 통달감을 느끼게 하기 위해 환자들에게 간단한 호흡법을 알려줄 수 있는데, 상담 시간을 몇 분만 할애하면 된다. 호흡법의 목표는 그들이 '안도의 한숨'을 내쉬게 하는 것이다.

바이오피드백(biofeedback)뿐만 아니라 좀 더 공식적인 이완훈련을 사용할 수도 있다. 일단 당신이 호흡 조절의 잠재적 가치에 대해서 설명한 뒤에 여기에 제시한 실내용 지시를 따르도록 하라.

* 숨을 깊숙이 들이마시고 셋을 셀 때까지 숨을 내쉬지 말고 있어라.
* 셋까지 센 뒤에 "이제 우리가 셋을 다시 세는 동안에 숨을 내쉬십시오."라고 이야기하라. 그러고 나서 "긴장이 공기와 함께 몸 밖으로 빠져나가는 것을 느끼게 될 것입니다."라고 말하라.
* 이상의 과정을 몇 분간 반복하라. 대부분의 사람은 차분함, 심지어 이완된 느낌을 거의 즉각적으로 느꼈다고 대답한다.
* 환자가 이완과 조절의 내적인 평온함을 명명할 수 있도록 도와주어라. 원한다면 당신은 그것을 '중심을 잡는 것'이라고 표현할 수도 있다.
* 환자가 하루에 두 번이나 그 이상씩 깊은 호흡을 연습할 수 있도록 지시하라. 깊은 호흡은 언제, 어디서나 연습할 수 있는 방법이다.
* 마지막으로 당신은 이렇게 이야기할 수 있다. "당신이 스트레스를 받고 있거나 자살을 생각하고 있다는 것을 발견하면, 언제든지 깊은 숨을 들이마시고 셋을 셀 때까지 숨을 참고 있다가 천천히 내쉬도록 하십시오. 우리가 함께 작업한 것을 생각하면서 이것을 여러 번 반복하십시오. 그리고 스스로에게 '이것 역시 지나갈 것이다.' 라고 이야기하십시오."

나는 종종 사람들에게 이완하기 위해 깊은 숨을 내쉴 필요가 있겠다는 생각이 들기 바로 전에 무슨 일이 있었는지(사고, 감정, 외부 사건 등)를 적으라고 요구한다. 환자에게 불안과 고통을 유발하는 사건의 자극-반응 연결고리를 파악함으로써 우리가 함께 작업한 것에 도움이 되는 어떤 것을 파악할 수 있다.

조그만 카드나 녹음기 같은 기록도구는 스트레스 반응을 촉발하는 사건을 이해하는 데 도움이 된다. 꿈을 기억하고 싶다면 적어 보라고 하는 것과 마찬가지로, 생각하는 것을 기록하는 것은 언제나 매우 유용한 자료인, 부정적인 혼잣말과 자살 생각을 파악하도록 돕는다.

이 호흡-이완 반응은 환자가 통제할 수 없다고 느끼는 부분에 대해 어떤 즉각적인 통제감을 느낄 수 있게 해 줄 뿐만 아니라 환자가 자살에 대해 생각하는 역동, 사건, 상호 작용 그리고 상황을 파악할 수 있게 해 준다.

균형을 잡아라

자살하려는 사람과 작업하는 데 있어서 첫 번째 원칙은 치료자가 반드시 살아야 한다는 것이다.

아무리 심각하거나 절망적이거나 위험한 상황인 것처럼 보여도 어려움에 빠진 사람은 환자이지 **당신**이 아니라는 점을 기억하는 것이 무엇보다 중요하다. 인류 역사의 어느 시점에서건 자살 환자를 이해하고 치료하는 것은 과학보다는 기술(art)이었다. 우리는 불확실성의 안개 속에 둘러싸인 채 결정을 해야만 한다. 우리가 하는 것은 물리학이 아니며, 수학의 대칭이나 예측 가능한 화학적 구조와는 전혀 다르다. 우리가 하는 일은 기껏해야 경험을 바탕으로 짐작하는 것이라고 할 수 있으며, 더 안 좋은 상황에서는 경험도 없이 짐작을 하게 된다.

자살하려는 사람을 치료하는 단일한 방법은 없다. 심각한 자살환자에게는 약물치료가 가장 적합하며, 효과적인 모든 치료에서 공통적인 치유 요소가 발견된다. 자살 환자 집단에 관한 마샤 리네한 박사(Marsha Linehan)의 작업이 있었긴 하지만, 누구도 자살하려는 사람을 어떻게 치료해야만 하는지에 대해 확실히 알지 못한다.

그러므로 아무리 노력을 하더라도 당신은 아마 실수를 할 것이다. 의심의 여지없이 당신은 한두 번의 터무니없는 실책을 할 것이다. 치료 회기가 이상한 방향으로 빠져 버릴 수도 있고 당신이 몹시 무감각하고 심지어 무시하는 듯한 말을 할지도 모른다. 결정적인 질문을 하는 것을 잊어버릴 수도 있고(이런 일들은 대개 상담 회기가 끝난 뒤 20분이 지나서 떠오른다), 당신이 틀림없다고 믿었던 것이 그렇지 않은 것으로 밝혀질 수도 있다.

그러나 괜찮다. 걱정하지 마라. 당신의 눈이 밝고 생명을 구하겠다는 목표가 분명하면 실수를 한다 해도 배우는 것이 있을 것이다. 자신을 믿어라.

자살하려는 환자는 대개 이해심이 많고 용서하며 잘 참는다. 당신이 한 일이 부적절했다고 평가하기보다 당신의 얼굴에서 진지함을 보고, 그들의 인생은 자신이 믿고 있는 것처럼 그렇게 절망적이지 않다는 당신의 믿음을 보는 경향이 좀 더 많다.

당신이 실수를 하더라도 그것을 재빨리 인정한다면 그들은 당신이 스스로를 용서하는 것보다 훨씬 더 너그럽게 당신을 용서해 줄 것이다. 완벽한 치료를 하겠다는 마음을 버리고, 자신에게 기회를 주며, 당신이 할 수 있는 최선을 다하기만 하라.

만성적으로 우울한 자살 환자를 위한 개입법

비록, 니체가 '자살에 대한 생각은 대단한 위안이다. 이것은 수많은 고통스런 밤을 잘 넘길 수 있게 해 준다.' 고 진술하긴 했지만 어떤 사람들은 그 위안을 너무 많이 추구한다. 나는 만성적으로 자살하려는 사람들을 상담하는 과정에서 자살 생각과 소망에 대해, 그리고 그것이 어떻게 그의 인생의 중심 주제가 되었는지에 대해 상당히 많은 것을 배웠다.

내가 '만성적으로 자살하려는' 이라는 용어를 쓴 것은 메닝거(Menninger)가 사용한 용어와 다르다. 그는 분석에서 '만성 자살' 은 자살이라는 생각에 대해서 반대하지만, 약물이나 술을 남용하거나 다른 생명과 건강을 위협하는 행동에 연루됨으로써 서서히 죽으려는 것을 일컫는 말이라고 했다. 이와 달리 나의 만성적으로 자살하려는 환자는 빈번하고 반복적인 자살 사고 때문에 괴롭다고 했으며, 원래 수명을 다 채우지 못하고 죽을 수 있는 활동이나 자살을 하는 경우는 더 적은 경향을 보였다.

다른 말로 하면 그들은 자살에 대해 빈번히 그리고 지속적으로 생각하지만, 그 생각 단계를 결코 넘어가지는 않는다. 자살에 대한 이러한 공상은 인생에 무슨 일이 생기든 간에 관계없이 하는 일종의 기본적인 정신적 활동인 것 같다. 이런 낮은 수준의 생각은 몇 달이나 몇 년, 몇십 년 동안 지속될 수 있으며, 우울삽화의 발생과 더불어 며칠 또는 몇 주 동안 나타나는 경우는 제외된다.

나의 제한된 관찰에 따르면, 이런 생각은 실제적인 자살 시도를 수반하지 않지만, 그것을 이후에 행동으로 옮길 수 있는 궁극적인 기반을 갖춘 것으로 보는 것이 안전하다.

이런 지속적인 자살 반추는 그 철학자가 암시한 것처럼 환자의 불안을 경감시키기에 충분한 공상 여행으로써 기능을 하는 것 같다. '자살 출구' 로 나간다는 것이 차분함과 이완을 주는 것이다. 마찬가지로 이것은 자율신경계의 각성을 낮추는 조건화된 반응인 것 같다.

이러한 스스로 유도한 최면 모드에서 자살을 생각하는 것은 일종의 정신적 진정제 역할을 한다. 즉, 스트레스, 상실, 갈등의 시기에 이것을 소량 복용하면 고통에서 벗어날 수 있게 해 준다. 정신적 고통에서 탈출하는 방법을 스스로 훈련하고, 노력을 기울여 온 환자가 단순히 "그런 바보 같은 짓은 그만하세요."라는 말을 듣는다고 해서 그것을 포기하지는 않는다.

내가 치료한 사례 중에 자살에 대한 공상이 공고하게 형성된, 인지적 습관이 되어 버린 환자가 있었다. 즉, 그는 특별한 자극 상황, 견고하게 확립된 사고, 반복적인 우울한 주제, 죽음을 상상하는 의례적 양상 그리고 때로는 그런 기분을 고양시키기 위해 조심스럽게 선곡한 음악까지 모두 갖추고 있었다.

내 환자 중 몇몇은 음악과 꽃 그리고 관을 메고 가는 사람까지 정교하게 구성된 장례식 장면에 대한 공상을 발전시켰다. 자살하려는 사람은 관을 땅에 묻을 때 남아 있는 사람들의 얼굴도 똑똑히 볼 수 있었다. 이러한 강한 사고 습관이 변화에 저항할 것이라는 점과 소거하기 어렵다는 것은 의문의 여지가 없다.

자살을 공상하는 사람을 치료하기 위해서는 그 어떤 인지-행동적 치료 접근이나 역동적 심리치료, 그리고 필요한 경우에는 약물도 사용해야 한다. 이런 사람을 돕는 나의 개인적인 접근법의 출발점은 이들에게 반복적 인지의 기능적 목적과 그것이 대개 어떻게 학습되는지를 가르치는 것이다.

기본적으로 나는 어떻게 사람이 학습하는지(기본적인 강화이론, 자극-반응 연합, 사회학습), 우리가 어떻게 습관을 발전시키는지(불쾌한 인지적 습관을 포함해서), 그리고 일단 습득이 되어도 그런 습관을 탈학습할 수 있다는 것을 설명한다. 이것이 기본적인 작업이며, 나는 이것을 간단하고 비(非)판단적인 양식으로 전달하려고 노력한다. 우리는 우리를 기분 좋게 만들고, 불안을 감소시키는 것을 다시, 그리고 또다시 학습하는 경향이 있다는 것을 강조한다.

우중충한 음악을 들으며 누워서 자살에 대해 공상하는 것이 긴장을 감소시키고, 그게 없었다면 꼼짝없이 갇혀 버렸을 고통의 세계에서 탈출하게 해 준다고 느낀다면 그 습관은 알 수 있고 친숙한 것이지 알 수 없고 기괴한 것이 아니다. 나쁜 습관이 학습될 수 있다면 탈학습도 가능한 것이다.

나는 자살에 대해 공상하는 사람에게 "당신이 자살에 대해서 생각하는 것이 자살을 해야 한다는 의미는 아닙니다."라는 점을 확인시킨다. 생각을 행동에서 분리시킴으로써 그 둘 사이에 거리를 만들고 긴장을 감소시킨다.

또한 나는 자살에 대해서 많이 생각하는 사람에게 충동적으로 행동하지 말 것과 갑자기 다리 위에서 뛰어내릴 가능성을 줄이라고 강조한다. 마지막으로 나는 그들에게 사람이라는 존재는 원하는 어떤 몹쓸 것도 상상할 자유가 있으며, 그것이 바로 우리를 곤란에 빠뜨리는 행동이라는 점을 상기시킨다.

역설적 개입

때로는 역설적 암시가 자살 생각에서 벗어나는 데 도움이 될 수 있다. 예를 들어, "한 번 자살에 대해 생각하는 데 얼마나 많은 시간을 소비하는지 살펴봅시다. 조그만 종이 카드에 시간을 적어 보고 이번 주에 몇 시간 또는 몇 분이나 자살 생각을 하며 보냈는지 조사해 볼 수 있으시겠어요?"라고 할 수 있다.

이 지시는 즉각적으로 환자를 참여자이자 관찰자의 위치에 놓는다. 즉, 끊임없고 측정할 수 없는 생각의 물결이라고 지각되는 것을 측정하도록 요구받은 것이다. 이 생각들이 본인은 원하지 않는데, 스스로를 고통스럽게 하며, 침투적인 특성을 띤다면 환자는 강박장애(Obsessive-Compulsive Disorder)에 대한 평가를 받아보아야 한다.

환자가 하루에 평균 40분을 자살 생각을 하는 데 소비한다는 것을 보여 주는 자료를 수집해서 가져왔다면 다음 한 주 동안 어떤 실험을 해 보자고 제안한다.

"당신이 매일 적어도 60분씩 자살에 대해서 생각을 했으면 합니다. 다른 것은 말고…… 자살만요. 그리고 기록을 계속 하십시오."

역설적인 지시를 통해 환자는 이제 그의 자살 생각에 대한 완전한 통제권을 쥘 수밖에 없는 상황이 된다. 문제가 되는 증상을 더 심하게 보이라는 요구는, 자동적으로 환자가 자신을 괴롭히는 바로 그 증상에 대한 책임을 떠맡게 한다.

다른 사람들은 환자에게 "그만하세요. 당신은 나를 겁먹게 해요."라거나, "그런 생각을 너무 많이 하면 당신은 정말 그렇게 해 버릴지도 몰라요."라고 말할 수도 있겠지만, 이 기법은 환자가 책임을 떠맡게 해 준다.

만일 당신이 적극적으로 자각의 수준을 높이고, 나쁜 습관을 좋은 것으로 대체하도록 돕고, 오래된 문제에 관한 새로운 해결책을 찾으려고 한다면 상황은 꽤 빨리 변할 수 있다. 다시 한 번 이야기하지만 반복되는 생각이 강박장애의 진단 준거에 맞으면 약물이 필요할 수도 있다.

자살에 대한 공상이 그들에게 주는 강력한 효과를 인정하면서, 나는 또한 환자가 자신의 생각을 삶의 문제에 대한 보다 나은 해결책을 찾을 수 없는 어려움에 빠진 사람이 하는 정상적인 과정으로 받아들이도록 돕는다. 그들이 어떻게 이런 생각을 하게 되었는지에 대해 정상적인 과정일 수 있다고 설명해 주고, 평안함과 이완을 느낄 수 있도록 하는 인지적 단서로 대체할 수 있도록 해 줌으로써(왜 자살하는 공상 대신에 바닷가 모래 해변에 누워 있는 것을 상상할 수 없단 말인가?) 나는 자살이라는 현실도피자의 거짓 해결책에서 좀 더 예방적이고 문제 해결적인 접근으로 이동하도록 부드럽게 안내하려고 노력한다.

여기서 하는 작업은 설명, 부드러운 직면, 역설적 지시, 인지적 재구성 연습, 새로운 해결책을 제시하는 방식으로 문제를 재정의하기, 강박장애에 대한 평가, 그리고 필요한 경우에 약물을 사용하는 것을 포함한다.

자살에 대해 공상하는 사람의 상당수가 자기존중감이 낮은, 극단적으로 수동적인 사람이기 때문에 자기주장 훈련이 상당한 도움이 된다. 또한 자신의 제한된 사회적 인간관계 속에서 어떻게 자신의 욕구를 충족시킬 수 있는지 모르기 때문에 집단치료도 유용할 수 있다.

만성적으로 자살하려는 사람을 위한 좋은 치료제: 리네한 해법

이미 자살 위험성이 높은 사람의 위험성을 증가시키는 가장 확실한 방법 중 하나는, 그들이 치명적이지 않은 자살 시도를 하는 것이나 자살에 대해 이야기하는 것을 흘려듣는 것이다("음, 나를 조종하려고 하는군."). 나는 전문가의 임상 기록에 '조종하려는 것 같음'이라고 기록되어 있는 심리적 부검 자료를 적어도 20건 이상 보았다. 미국 자살예방재단에서 제공하는, 의료진을 위한 조언을 적은 응급실 포스터에는 "**오늘의 자살 시도는 내일의 자살이 될 수 있다.**"라고 씌어 있다.

자살하려는 사람 중 어떤 이는 다른 사람보다 좀 더 많은 사회적 관계를 맺고 있다. 따라서 이들의 자살 행동은 좀 더 많은 사회적 관심을 불러일으킨다. 이러한 관심의 결과는 긍정적일 수도 부정적일 수도 있으며, 둘 다일 수도 있다.

소위 '도움을 청하는 비명'이라고 했을 때 개입과 치료를 받게 하고, 그 결과 더 건강하고 더 행복한 사람이 된다면 그것은 바람직한 것이라고 할 수 있다. 만일 도움을 청하는 비명이 부정적인 관심을 끌거나 아무런 도움도 받지 못한다면, 또는 자살하려는 사람이 보기에 도움이 안 되는 것처럼 보였다면 그 결과는 부정적이라고 할 수 있다.

반복적으로 자살 생각을 행동으로 옮기지만 죽지 않은 사람은 아직 우리와 함께 있기 때문에 연구자 사이에서는 이 집단의 사람이 실제 자살로 삶을 마감할 가능성이 얼마나 되는 것인지에 대해 몇 가지 의문을 제기하였다.

그들은 처음 자살 시도를 했을 때 죽는 사람과는 다른 것일까?

전문가들은 궁극적으로 자살을 가장 강력하게 예측해 주는 것은 이전의 자살 시도라는 것을 기억하고, 모든 자살 시도를 심각하게 생각하라고 늘 조언한다. 그리고 우리는 그래야만 한다. 그러나 자살에 대해서 늘 이야기하고 위협하는 것 같지만 절대 시도는 하지 않는 사람은 어떠한가?

반복적으로 실제적인 자해를 하지만 죽을 가능성은 거의 없는 상처를 내는 사람은 어떠한가? 이러한 행동이 관심을 끌려는 것이더라도 이 사람을 정말로 위험한 사람이라고 보아야 하는 것일까?

나는 이 집단의 환자에 전문이 아니지만, 그런 사람을 알고 있다. 그는 경계선성격장애로 진단받은 만성적으로 우울한 사람이었는데, 수십 번의 치명적이지 않은 자살 시도를 했다. 그의 임상가가 나에게 물었다.

"그 행동은 관심을 끌려는 것으로 봐야 하는 것 아닐까요?"

대답은 아마 '그렇다' 일 것이다. 그러나 이 말이 곧 그런 행동이 언젠가 치명적인 자살 행동으로 이어지지 않을 것이라는 의미는 아니다. 일반 대중을 위해 자살에 관한 책을 쓰고 나서 나는 자신을 '자살하려는' 사람으로 보는 사람들에게서 편지를 받은 적이 있다.

어떤 사람에게는 늘 자살을 하려고 하는 것이 삶의 방식이 되었다. 한 부인이 (다소 뽐내듯이) 자신은 일생 동안 3,000번 이상의 자살 시도를 했다고 하였고, 내가 그렇게 열심히 자살하려는 사람은 본 적이 없을 것이라고 장담했다. 나는 처음 자살 시도를 하였을 때 죽은 몇몇 사람을 알고 있기 때문에 그 부인과 나는 똑같은 것을 지칭하기 위해 '자살하려는' 이라는 용어를 사용하지는 않을 것이다.

만성적으로 자살하려는 사람 중 몇몇은 나에게 '자살하려는 상태'

는 대중적 정체성이나 어떤 사회적 역할이 요구하는 의무와 권리를 모두 잃어버리게 한다는 것을 알려 주었다. 몇 주, 몇 달, 몇 년에 걸쳐 늘 자살 위협과 행동, 치명적이지 않는 자살 시도를 하는 것은 대인 간의 의사소통 형태로 분명하게 정의할 수 있다.

그럼, 왜 그런 행동을 하는 것일까? 그들은—보통 역기능적인 가정에서 성장하여—자살을 하려 한다는 사실을 공표하는 것이 대인관계에서 즉각적인 영향력을 미칠 것이라는 점을 배웠기 때문이다.

* 사람들은 그들이 하던 것을 멈추고 관심을 기울일 것이다.
* 그들에게 나쁘게 대했던 사람이—적어도 한동안은—나쁜 행동을 멈출 것이다.
* 그들에게 떠나라고 위협했던 사람이 떠나라고 위협하는 것을 멈출 것이다(그들은 죽으려는 사람을 떠나라고 할 수 없다).
* 그들을 해고하거나, F 학점을 주거나, 학교에서 퇴학시키거나, 감옥에 집어넣거나, 다른 그들에게 제제를 가한 사람은 다시 생각을 해 볼 것이다.
* 의사, 목사, 치료자, 상담가 그리고 도움을 주는 다른 사람들이 좀 더 도움과 지원을 해 주어야 겠다고 확신할 것이다.

크게 보았을 때, 우리 사회는 누군가가 목숨을 끊으려고 한다는 것을 알게 되었을 때 그를 구하기 위해 인간적으로 할 수 있는 모든 것을 다 하려는 입장을 취한다. 만성적으로 자살하려는 행동을 하는 사람에게 이것은 늘 찾아갈 수 있는 안전한 항구를 의미한다. 물론, 이것은 구조신호를 분명하게 보내고, 그것을 받는 사람이 깨어 있을 때

가능한 일이다.

만성적으로 자살하려는 행동을 하는 사람은 이 기술을 알고 있다. 사람이 자살 위협과 행동에 대해 어떻게 반응하는지에 관한 상당한 경험을 통해 이들은 정서적 폭풍 속에서 어떻게 한숨을 돌릴 수 있는지 알고 있다. 이들은 어려운 관계의 갈등을 어떻게 종식시키는지 알고 있으며, 룸메이트와의 싸움에서 어떻게 이기는지, 심지어 감옥에 갇히는 불쾌한 경험을 어떻게 피하는지를 알고 있다.

미국이나 대부분의 나라에서 '자살하고 싶다!'는 말은 일반적으로 영향력을 가진 사람이 어떤 조치를 취하게 만든다.

당신이 아무리 가지를 쳐내려 해도 어떤 성격장애 환자나 어려움에 빠진 사람은 상당한 권력을 행사한다. 그리고 그들은 그래야만 한다. 결국, 우리 보편적인 휴머니티는 누구도 자살로 죽지 않아야 한다고 주장하는 것이다.

무고한 한 사람에게 실수로 사형을 집행하는 것보다는 백 명의 죄인을 풀어 주는 것이 낫다는 신념과 유사하게, 자살로 죽지는 않을 것이지만, 도움을 청하며 비명을 지르는 백 사람에게 과도한 반응을 보이는 것이 죽을 의지를 가진 한 사람을 무시하는 것보다 낫다.

트럼프 카드를 하는 것으로 인생의 모든 문제를 대처해 보려는("나는 이 방법으로 내 문제를 해결할 거야") 사람을 다루고 있다면 당신은 매우 특별한 치료적 문제에 봉착하게 된다.

리네한 해법

만성적으로 자살하려는 행동을 하는 사람의 치료는 좀 덜 복잡한 임상적 양상을 띠는 사람과 작업을 할 때보다 훨씬 위험하다. 효과적인 심리치료적 개입을 지지하는, 우리가 가지고 있는 유일한 연구는 워싱턴 대학교의 임상심리학자인 마샤 리네한 박사의 독보적인 작업에 기초하고 있다. 이 연구는 자살 행동과 자살 사고의 만성적인 양상이 실제로 변화될 수 있음을 보여 준 훌륭한 연구였다.

치료자는 우리가 할 수 있는 한 근거에 바탕을 둔 치료를 해야 한다. 만일 당신이 만성적으로 자살하려는 환자, 특히 경계선성격장애를 가진 사람과 작업을 하려고 한다면 리네한 박사의 변증법적 행동치료(Dialectical Behavior Therapy)와 이 분야에 관한 그녀의 연구 이상 좋은 것을 추천하기 어렵다.

기본적으로 이 어려운 환자들이 행동하는 방식, 정서를 관리하는 방식, 다른 사람들과 상호 작용하는 방식을 바꾸도록 돕는 것이 치료자를 포함한 다른 사람에게 그들이 심어 놓은 부정적인 사회적 기대 속으로 침몰해 버리지 않도록 돕는 유일한 방법일 것이다.

과정이라는 관점에서 보면, 몇 달간의 자살 위협과 제스처, 치명적이지 않은 시도를 거치면서 처음에는 자살 위협이 행동으로 옮겨질까 봐 걱정하던 것이 얼마나 쉽게 무디어지는지를 짐작하는 것은 그리 어렵지 않을 것이다. 그 사람은 '늑대가 나타났다.'고 너무 여러 번 외친 것이다. 따라서 도움을 청하는 요청은 무관심과 심지어는 분노를 만나게 된다.

이러한 공감이나 반응의 부족은 자살하려는 사람에게 치명적이다. 어느 아들이 이혼 이후에 몇 달 동안 자살을 하겠다고 이야기해 온 아버지에게 이야기했다.

"아버지, 또 그런 이야기를 듣는 게 정말 지겨워요. ……정말 자살을 할 거면, 가서 끝내 버리면 되잖아요."

두려움 때문에 등골이 오싹한가?

제대로 맞췄다!

당신이 짐작하는 것처럼 그 아버지는 전화로 이야기를 하다가 권총을 꺼내 머리에 총구를 겨누었기 때문이다. 아버지를 화나게 한 말을 한 후, 그 무심한 아들은 총성뿐만 아니라 아버지가 마루에 쓰러지는 둔탁한 소리를 들어야 했다.

모든 자살 위협은 그것이 얼마나 반복적이든, 얼마나 길든, 반드시 심각하게 다루어야 한다!

한 가지 더 있다. "이것이 가족이나 인간관계의 문제인가?" 하는 것을 늘 생각하라. 만일 그렇다면 필요한 사람을 상담 회기에 오게 하라. 만성적으로 우울한 사람의 주위 사람들이 치료에 합류하거나 그들을 돕는 데 늘 관심을 가지는 것은 아니다. 결국 그들은 그가 자살을 하려고 한다는 것과 그의 행동이 바뀌지 않을 것이라는 점을 받아들인 것이다.

이러한 결론을 받아들이지 마라.

만성적으로 자살하려는 행동을 하는 사람들을 돕기 위해 치료자는 그들의 사회적 지각과 부정적인 결과 기대의 핵심을 바르게 이해해야 하고, 그것에 도전하며, 모든 사람이 자살하려는 사람을 새롭게 이해하고 좀 더 희망을 가지고 미래를 바라보도록 도와야 한다.

맺는 말: 당신 자신을 돌보라 07

우선 자살하려는 환자에 대해서 강렬한 감정을 느끼지 않은 것이 가능한지 잘 모르겠다. 떠나야만 하는 날보다 일찍 이 좋은 지구를 떠나려고 하는 사람과 이야기하면서 귀한 시간을 보내는 것은 기본적으로 뭔가 미친 짓이다.

그러나 이것이 바로 우리가 하기로 작정한 일이다. 그것을 잘 하기 위해서, 전문적 경력을 쌓아 가는 동안 우리는 자신을 잘 돌볼 필요가 있다. 수년간 많은 사람을 훈련시키면서 나는 자살하려는 사람과 상담하는 일반적인 규칙을 제시하였다.

* **규칙 1:** 가능하다면, 당신이 상담하는 자살 환자의 수를 제한하라. 자살 위기를 지나 호전된 사람은 당신의 밤잠을 설치게 하지 않겠지만, 벼랑 끝에서 흔들리는 사람은 다르다. 모든 일이 그러하듯이 이 흥미로운 일에 너무 몰두하지 않도록 주의하라.

* **규칙 2:** 모든 사례를 공유하라. 죽음과 삶의 문제를 한 사람이 붙들고 있어서는 안 된다. 자문을 받는 것이 결정적이다. 슈퍼바이저와 상의하는 것이 매우 중요하다. 어려운 회기나 까다로운 결정을 한 이후에 공식적인 보고를 하는 것은 당신이 최선을 다했다는 느낌을 유지하는 데 필수적이다. 이것은 또한 환자가 죽을 것이라는 스트레스에 대한 강력한 예방접종이 된다.
* **규칙 3:** 자살하려는 환자에 대한 당신의 감정을 늘 주시하라. 상담 회기 동안, 그리고 상담 회기를 끝마치고 나서 격한 감정이 생길 수 있다는 것을 예상하라. 많은 치료자가 상담 시간 중에 뒤로 물러나거나, 백일몽으로 빠져 들어가거나, 또는 급성적인 고통으로 힘들어 하는 환자가 가져온 정서적 소용돌이에서 벗어나려는 자신의 모습을 느끼게 된다. 이것은 괜찮다. 그런 일이 일어나고 있다는 것을 알면 된다.
* **규칙 4:** 누가 문제를 가지고 있는지 명확히 하라. 많은 자살하려는 사람들이 자신의 목숨은 당신 손에 달려 있다고 확신시키려고 애쓴다. 자살하려는 환자가 당신의 허락을 받고 죽는 것은 아니라는 점을 이미 잘 알고 있겠지만, 결국 우리(자살하려는 사람이건 아니건)에게 일어나는 일에 대한 궁극적인 책임은 우리 자신에게 있다는 것 또한 사실이다.
* **규칙 5:** 자살을 막는 것은 어려운 일이라는 것과 오직 두 유형의 치료자가 있다는 것, 즉 자살로 환자를 잃은 사람과 자살로 환자를 잃을 사람이 있다는 것을 받아들여라. 당신이 운이 좋아서 예외일 수 있을지 모르지만, 이 일에서 모든 환자가 생존하는 것은 아니다. 응급실에서 일하는 의료진이 모든 사람을 다 구하지는

못하는 것처럼 우리도 그렇다. 예를 들어, 만일 우리가 우리 지역에 있는 모든 자살하려는 사람이 치료를 받도록 더 열심히 노력한다면, 우리 눈으로 더 적은 수가 아니라 오히려 더 많은 죽음을 목격할 수 있다는 것을 고려해 보자. 그것은 좋은 일일 것이다. 적어도 자살하려는 모든 사람이 생명을 구하는 치료의 이득을 누릴 수 있는 기회는 가져본 것일 테니 말이다.

* **규칙 6:** 환자가 구원자의 역할을 당신에게 떠넘기게 하지 마라. 당신이 자살하려는 사람을 그 자신에게서 구할 수 있는 세상의 유일한 사람이 된다면, 당신은 자동적으로 당신과 그 사람 모두를 위험에 빠뜨리는 것이다. 이상화되는 것은 숭배받는 것과 한 걸음 차이다. 그리고 숭배받는 것은 우아함에서 추락하는 것과 단지 한걸음 차이다.
* **규칙 7:** 당신이 자살하려는 사람의 이야기에 지루함을 느낀다는 것을 발견하게 되면 즉시 비상 버튼을 찾아 눌러라. 이런 감정을 슈퍼바이저나 동료와 상의하라. 이런 감정은, 이 환자는 집단치료를 받는 게 더 낫겠다거나, 새로운 레지던트 또는 학생 상담자에게 넘길 수 있겠다는 지나가는 생각의 형태로 나타날 수 있다.
* **규칙 8:** 당신이 자살하려는 사람에게 조금이라도 분노를 느낀다면 비상 버튼 두 개를 눌러야 한다. 당신이 한때 잘 지냈고, 심지어 좋아하기까지 했던 환자에게 분노를 느낀다는 것은 치료가 뭔가 잘못되고 있다는 것을 보여 주는 것이다. 그러므로 반드시 슈퍼비전이나 자문을 받아야 한다.
* **규칙 9:** 당신이 부적합하다거나 불안하다고 느끼거나, 상담 약속에 늦게 도착하거나, 자살하려는 환자와 만남을 준비하면서 직

업을 바꿔 볼까 하는 생각을 하는 것을 스스로 발견한다면 친구에게 도움을 받도록 하라.

* **규칙 10:** 당신이 자살하려는 환자를 다른 환자와 사실상 똑같이 대하고 있는지 자세히 살펴보라. 이 환자에게 아무 때나 상담 약속을 잡을 수 있도록 해 주는가? 그들이 안전한지 확인하기 위해서 하루에 한 번씩 전화통화를 하기로 했는가? 만일 당신이 이 질문에 대해서 그렇다고 대답한다면 슈퍼바이저나 동료와 함께 균형이라는 부분에 대해서 점검해 봐야 한다.

이 분야에서 길고 어려운 경력을 쌓아가는 동안 건강함을 유지하기 위해서는 우리 자신에게 에너지와 시간을 들이고 관심을 기울여야 한다. 나의 관점으로는 내담자에 대한 우리의 감정과 반응을 적절히 관리하지 않거나 우리 자신의 개인적 · 전문적인 성장에 대한 책임을 받아들이지 않고서는 이 일을 잘 할 수 없다.

이 일을 잘하기 위해서 우리는 환자를 이끌고, 도우며, 때로는 어려움을 겪는 환자를 강렬한 감정 속으로, 고통스런 기억 속으로, 그리고 환자를 자살 위기로 몰아 넣는 갈등의 근원으로 밀어 넣어야 한다. 뭔가 부족하게 하는 것은 치료에 충분치 못한 것이다.

자살하려는 환자를 위한 유능한 치료자는 자신에 대해 좋은 느낌을 가지고 있으며, 정교한 삶의 철학과 환자의 고통스러운 여정을 함께할 용기를 지닌 사람이다.

치료는 이런 것이다. 환자가 도중에 죽을 수 있다는 것 그리고 우리는 이 책임을 받아들여야 한다는 것을 늘 자각하고 있어야 한다. 그러나 인간 존재의 가장 어두운 구석으로 들어가 보면 그곳이 치유의 진정한 작업이 이루어지는 곳임을 알게 될 것이다. 그러고 나서 우리의 할 일을 마친 다음에는 우리 자신을 특별히 잘 돌보고, 우리의 친구와 가족을 너그럽게 대하며, 우유 한 잔과 과자 몇 조각이 주는 즐거움을 누릴 필요가 있다.

희망의 전염

자살의 원인이 되는 절망감이 전염성이 있는 것이라면 희망도 마찬가지일 것이다. 한 사람의 감정이 다른 사람의 감정에 영향을 줄 수 있다는 생각을 적용한다는 것은 희망이 가진 충분한 잠재적 영향력을 보는 것이다.

많은 환자가 치료 과정이 성공적으로 끝난 뒤에 그들을 계속 살 수 있게 해 주었던 가장 중요한 요소는 그들에 대한 치료자의 신념이었다고 보고했다. 아주 많은 경우에 환자는 포기할 준비가 되어 있지만 치료자는 절대 아니었다. 환자가 지각하고 기억하는 것처럼 절망을 이기는 승리를 이끌어 내고, 돌이킬 수 없는 결정을 포기하게 한 것은 치료자의 완강한 신념이었다.

지금까지 그것이 분명하지 않았다면 분명하게 알아야 한다. 희망을 포기하지 않는 것과 좋은 치료는 자살에 대한 최선의, 최고의, 그리고 최강의 해독제다.

이 책의 마지막을 한 편의 시로 마치려고 한다. 한때 오스카 와일드는 이런 구절을 적었다.

우리는 감히 기도를 올리지 못했고
고통에서 벗어날 여지를 주지 못했다.
우리 모두 안에서 무언가 죽었는데
죽은 것은 바로 희망이었다.

이 구절을 읽으면서 나는 동의하지 않는 부분이 있어 이렇게 바꾸려 한다.

우리는 높이 그리고 빨리 날아갔다
그리고 죽음 위로 날아올랐다
둥실거리며
한 조각의 희망 위로

죽음을 향한 여정에서 자살하려는 사람은 단테의 『신곡』 '지옥편' 에 나오는 문 앞에 서 있는 것처럼 느낀다. 거기에는 이런 글귀가 적혀 있다.

모든 희망을 버린 자만이 여기에 들어올 수 있다.

이것은 대부분의 희망이나 조금의 희망을 버린 것을 말하는 것이 아니라는 점에 주목하자. 지옥에 가려면 모든 희망을 다 버려야 하는 것이다. 마지막 한 조각까지 말이다. 그러므로 치료자로서, 희망을 전달하는 사람으로서, 사람을 살리는 일에 관심을 가진 사람으로서 당신의 훌륭한 작업에 대해 마지막으로 두 가지 질문을 하고자 한다.

* 만일 당신이 지옥으로 아주 작은 조각의 희망이라도 몰래 가지고 갈 수 있다면 그곳이 여전히 지옥일 수 있을까?
* 만일 당신이 자살하려는 사람에게 아주 작은 조각의 희망이라도 살짝 건네줄 수 있다면 그 사람이 여전히 죽기를 원할까?

부 록

알아두면 유용한 사이트

중요한 웹사이트

www.qprinstitute.com (QPR Institute, Inc.)

정보를 얻을 수 있는 사이트

www.suicidology.org (American Association of Suicidology)
www.afsp.org (American Foundation for Suicide Prevention)
www.apa.org (American Psychological Association)
www.psych.org (American Psychiatric Association)
www.cdc.gov (Center for Disease Control)
www.mentalhealth.org/cmhs/index.htm (Center for Mental Health Services)
www.nimi.org (National Alliance for Mentally Ill)
www.nimh.nih.gov (National Institute for Mental Health)
www.nmha.org (National Mental Health Association)
www.geocities.com/nopcas (National Organization for People of

Color Against Suicide–NOPACS)

www.nccbh.org (National Council for Community Behavioral Healthcare)

www.samaritans.org.uk (The Samaritans)

www.save.org (Suicide Awareness/Voices of Education)

www.surgeongeneral.gov (US Surgeon General)

www.spanusa.org (Suicide Prevention Advocacy Network USA)

www.siec.ca (Suicide Information and Education Centre)

www.yellowribbon.org (Yellow Ribbon Suicide Prevention Program)

만약 당신에게 자살로 사망한 환자가 있다면, 매우 도움이 될 수 있는 사이트

www.iusb.edu/~jmcintos/therapists_mainpg.htm

우리나라 자살 예방 관련 사이트

• 서울시 정신보건네트

전화번호: (02)3444-9934(내선 211)

http://www.seoulmind.net

• 서울시 광역정신보건센터

서울시 강남구 논현동 206 일양빌딩 별관 5, 6층

전화번호: (02)3444-9934

• 정신건강 HOT LINE

상담전화: 1577-0199

http://www.suicide.or.kr

• **수원시 자살 예방센터**

수원시 팔달구 매산로 3가 43-1 (2F) 구 중부소방서 2층
전화번호: (031)228-3279
http://www.csp.or.kr

• **생명의 전화**

서울시 종로구 이화동 93-8번지
상담전화: 1588-9191
http://www.lifeline.or.kr

• **사이버위기상담실**

http://www.crisis119.co.kr
상담전화: 1577-0199

• **한국자살예방협회**

서울시 송파구 방이동 45-2 금복빌딩 606호
전화번호: (02)413-0892~3
http://www.suicideprevention.or.kr

• **QPR 자살예방연구소**

서울시 송파구 방이동 잠실리시온 1605호
전화번호: (02)412-7845
http://www.qprkorea.co.kr

권장 도서

- *Adolescent suicide: assessment and intervention.* A. L. Berman & D. A. Jobes.
- *Assessment and Prediction of Suicide.* Ronald Maris, Alan Berman, John Maltsherger, & Robert Yifit (Eds.).
- *Help Me, I'm Sad: Recognizing, Treating and Preventing Childhood and Adolescent Depression.* David Fassler & Lynne Dumas.
- *Making Sense of Suicide: An In–Depth Look at Why People Kill Themselves.* David Lester.
- *Night Falls Fast: Understanding Suicide.* Kay Redfield Jamison.
- *No One Saw My Pain: Why teens kill themselves.* Andrew Slaby & Lili Frank Garfinkel.
- *Suicide: Guidelines for Assessment, Management, and Treatment.* Bruce Bonger (Ed.).
- *The Suicide patient: Clinical and legal standards of care.* B. Bonger.
- *Suicide over the life cycle: Risk factors, assesment, and treatment of suicidal patients.* S. J. Blumenthal & D. J. Kupfer (Eds.).
- *Tender Leaves of Hope.* Paul Quinnett (Ordered through QPR Institute: 509–536–5100).
- *When Nothing Matters Anymore: A Survival Guide for Depressed Teens.* Bev Cobain.
- *After Suicide.* John Hewett.
- *Breaking the Silence.* Mariette Hartely.
- *Family therapy for suicide people.* J. Richmen.

- *His Bright Light.* Danielle Steel.
- *My Son, My Son... A Guide to Healing After a Suicide in the Family.* Iris Bolton.
- *Singing Lessons.* Judy Collins.
- *Suicide Survivors,* Adina Wrobleski (Ordered through SA/VE: 612–946–7998).

Page Notes

I: ID Hellman, et al., The stresses of psychotherapeutic work: A replication and extension. *Journal of Clinical Psychiatry* (1986) 42, 197–205; 3, RI Simon, Silent Suicide in the Elderly, *Bulletin of the American Academy of Psychiatry and the Law* (1989) 83–95; 9, ES Shneidman, *The Suicidal Mind* (1996) Oxford University Press; 12. GE Murphy, The physicians responsibility for suicide

II: errors of omission, (1975) *Annals of Internal Medicine* 82: 305–309, P Quinnett, Suicide and the primary care physician (1998) *Northwest Physician Magazine*, P Quinnett, Consumer response to a suicide risk assessment interview (1998), paper delivered at the annal American Association of Suicidology Conference; 22, J Motto, Critical points in the assessment and management of suicidal risk, (1999), in D Jacobs (Ed.), *Havard Medical School Guide to Suicide Assessment and Intervention* Jossey–Bass; 25–30, B Bongar, *The Suicidal Patient: Clinical and Legal Standards of Care*, (1991) American Psychological Association, Washington D.C., DA Brent and DJ Kolko. The assessment and treatment of children and adolescents at risk for suicide, in SJ Blumenthal and DJ Kupfer (Eds.), *Suicide Over the Life Cycle: Risk*

Factors, Assessment, and Treatment of Suicidal Patients (1990) American Psychiatric Press, Washington D.C.

CR Drye, et. al., No–suicide decisions patient monitoring of suicidal risk. *American Journal of Psychiatry* (1973) 130, 171–174, T Gutheil, Suicide and suit: Liability after self–destruction, in D Jacobs (Ed.), *Suicide and Clinical Practice* (1992) American Psychiatric Press, Washington D.C., J Hipple and P Cimbolic, *The Counselor and Suicidal Crisis* (1985), Charles C. Thomas, Springfield, IL, JT Maltzberger and DH Buie, Common errors in the management of suicidal patients, in DG Jacobs and HN Brown (Eds.), *Suicide: Understanding and Responding* (1989) International University Press, Madison, CT, J Modstein, To the psychotherapy of an acute suicidal patient: "Anti–suicide promise" as a suicide preventing method (1989), *Psychotherapie, Psychosomatik Medizinsche, Psychologie*, R Pary et. al., A Prevention approach to the suicidal patient (1988), *The Journal of Family Practice* 26, 185–189, KS Pope and MJT Vasquez, *Ethics in Psychotherapy and Counseling: A Practical Guide for Psychologists* (1991) Jossey–Bass.

MJ Rotheram, Evaluation of imminent danger for suicide among youth (1987), *American Journal of Orthopsychiatry*, 57, 102–110, CD Stromberg et al., *The Psychologist's Legal Handbook* (1988), The Council for the National Register of Health Service Providers in Psychology, Washington D.C., VM Victoroff, T*he Suicidal Patient: Recognition, Intervention,*

Management (1983), Medical Economic Books, Oradell, NJ; 34, P Quinnett and K, Bratcher, *The QPRT Suicide Risk Management Inventory* (1998), QPR Institute; 36, G. Murphy, *Suicide in Alcoholism* (1992), Oxford University Press; 41, R Cardell and Horton–Deutsch, A model for assessment of inpatients suicide potential (1994), *Archive* (1998), 366–372, NL Farberow, Suicide prevention in the hospital (1981), *Hospital and Community Psychiatry* 32, 99–104, NL Farberow et. al., An eight–year survey of hospital suicides (1971), *Life Threatening Behavior*, 1, 184–20; 42, J. McIntosh, Data supplied to American Association of Suicidology; 60–61, DM Stoff, JJ Mann, editors. *The Neurobiology of Suicide.* American NY Academy of Science (1997), 836: 1–363, S.J. Blumenthal, D.J. Kupfer, editors, *Suicide Over the Life Cycle*, 1990, American Psychiatric Press, E.K. Moscicki, Epidemiology of Suicide, in D.G, Jacobs, editor, *Havard Medical School Guide to Suicide Assessment and Intervention* (1999), Jossey–Bass (1998) 40–51, M. Henriksson, et. al., Mental Disorders and Comorbidity in Suicide. *American Journal of Psychiatry* (1993), 150: 395; 63, J.R. Cornelius, I.M. Salloum, J. Mezzich, et. al. Disproportionate suicidality in patients with comorbid major depression and alcoholism (1995), *American Journal of Psychiatry* (1995), 152: 358–64; 65, D. Jacobs, Editor, *Havard Medical School Guide to Suicide Assessment and Intervention* (1998), Jossey–Bass, L Berman and D Jobes, *Adolescent Suicide: Assessment and Intevention*

(1996), American Psychological Association, RJ Baldessarini, et. al., Effects of Lithium Treatment and it's Discontinuation on Suicidal Behavior in Bipolar Manic–Depressive Disorders, *Journal of Clinical Psychiatry* (1999), 77–84; 69–70, B. Bongar, T*he Suicidal Patient: Clinical and Legal Standards of Care* (1991), American Psychological Association; 78, AT Beck et. al., Hopelessness and eventual suicide: A 10–year prospective study of patients hospitalized with suicidal ideation (1985), *American Journal of Psychiatry* 142, 559–563, AJ Rush et. al., Comparison of the effects of cogntive therapy and pharmacotherapy on hopelessness and self–concept (1982), *American Journal of Psychiatry* 139, 862–866, AT Beck et. al., The Measurement of pessimism: the Hopelessness Scale (1974), *Journal of Consulting Psychology* 42, 861–865, K Minkoff et. al., Hopelessness, depression, and attempted suicide (1973), *American Journal of Psychiatry* 130, 455–459, AT Beck et. al., Hopelssness and suicidal behavior: an overview, (1975), JAMA 234: 1146–1149, RD Wetzel, Hopelessness, depression, and suicide intent (1976), *Archives of General Psychiatry* 33: 1069–1073, JAT Dyer and N Kreitman, Hopelessness, depression and suicide intent in parasuicide (1984), *British Journal of Psychiatry*, Weissman et. al., Drug abuse, hopelessness, and suicidal behavior (1976), *International Journal of Addition* 14: 451–456; 79.

A Ellis and C MacLaren, *Rational Emotive Therapy* (1998), Impact Publishing; 91–93, Consensus Conference on the

Undertreatment of Depression, National Depression Manic Depression Association, January (1996), *The Surgeon General's Call to Action to Prevent Suicide* (1999), Department of Health and Human Services, U.S. Public Health Services.

TZ Tang and RJ DeRubeis, Sudden gains and critical sessions in cognitive–behavioral therapy for depression (1999), *Journal of Consulting and Clinical Psychology* 67: 894–904, KR Jamison (1999), *Night Falls Fast,* Alfred F. Knopf; 94, J Fawcett et. al., Time–related predictors of suicide in major affective disorder. (1990), *American Journal of Psychiatry*, KA Bush et. al., Clinical features of inpatient suicide (1993), *Psychiatric Annals.*

RC Hall et al., Suicide risk assessment: a review of risk factors for suicide in 100 patients who made severe suicide attempts. (1999) *Psychosomatics* 40: 18–22, C Salzman, Treatment of the Suicidal Patient with Psychotropic Drugs and ECT, and MC Miller and RH Paulsen, Suicide Assessment in the Primary Care Setting, in D. Jacobs (Ed.), *The Havard Medical School Guide to Suicide Assessment and Intervention* (1999), Jossey–Bass; 95, PM Marzuk and JJ Mann, Suicide and substance abuse (1988), *Psychiatric Annals* 18:11 639–645, NG Ward and M Schuckit, Factors associated with suicidal behavior in polydrug abusers (1980), *Journal of Clinical Psychiatry* 41: 379–385, GE Murphy, Suicide and substance abuse (1988), *Archives of General Psychiatry* 45: 593–594; 102–103, HM van Pragg, R Plutchick, A Apter, *Violence and suicidality: Perspectives in clinical and psychology research.* New York: Brunner/Mazel (1990), PM Marzuk, K Tardiff, CS Hirsch. The Epidemiology of murder–suicide. *Journal of the American Medical Association.* (1992), 3179–3183, PJ Resnik, Child murder by parents: A psychiatric review of filicide. *American Journal of Psychiatry* (1970), 126: 1414–1420, M Rodenberg, Child murder by depressed parents. *Canadian Psychiatric Association Journal.* (1971), 16: 41–48, PE Dietz, Mass, serial, and sensational homicides. *Bulletin of the New York Academy of Medicine* (1986), 62: 477–491; 108, M Philip St. John's Wort as Effective as Impramine in Treating Moderate Depression (1999), *British Medical Journal* 319: 1534–1539, AL Stoll, et. al., Omega–3 Fatty Acids in Bipolar Disorder: A Double–Blind Placebo–Controlled Trial (1999), *Archives of General Psychiatry* 54, 700–705, T. Hirayama, *Life–Style and Mortality: A Large Census–Based Cohort Study in Japan* (1990), Basel: Karger, JR Hibblen, Fish Consumption and Major Depression (1998), *Lancet* 351: 1213, N. Rosenthal, *St. John's Wort* (1998), Harper Collins; 120–122; D Humphry, *Final Exit* (1997), Bantam Doubleday Dell, T Ellis, *Choosing to Live* (1996), New Harbinger, W. Styron, *Darkness Visible* (1992), Vintage Books, D Block, *When Going Through Hell... Don't Stop* (2000), Pallas Communications, KR Jamison, *Night Falls Fast* (1999), Random House, A Slaby, *No Saw My Pain: Why Teens Kill Themselves* (1996), Norton.

B. Cobain, *When Nothing Matters Anymore: A Survival*

Guide for Depressed Teens (1998), Free Spirit, D. Fassler and L Dumas, *'Help Me I'm Sad' Recognizing, Treating and Preventing Childhood and Adolescent Depression* (1998), P Quinnett, *Suicide: the Forever Decision* (1997), Crossroad; MM Linehan, Standard protocol for assessing and treating suicidal behaviors for patient in treatment (1999), in D. Jacobs (Ed.), *The Havard Medical School Guide to Assessment and Intervention*, Jossy−Bass.

자살 예방 지지 시스템

119

병원 응급실 전화번호 ______________________

지역 위기관리센터 전화번호 ______________________

지역 정신건강센터 전화번호 ______________________

슈퍼바이저의 집 전화번호 ______________________

책임자의 집 전화번호 ______________________

자문가/후원자의 전화번호 ______________________

치료자(의사) ______________________

아동/청소년전문가 ______________________

노인질환전문가 ______________________

가족치료자 ______________________

약물/알코올전문가 ______________________

통역자(청각장애인, 외국인의 경우) ______________________

변호사 ______________________

자살 생존자 집단 ______________________

자살협회 ______________________

저자 소개

Paul Quinnett 박사는 임상심리학자이며 QPR 연구소(자살예방교육기관) 소장이자 CEO다. 그는 자살과 정신병리 그리고 낚시에 관한 몇 권의 책을 저술하였으며, 이것으로 상을 받았다. 또한 그는 워싱턴 의과대학의 정신과 임상 조교수이며, 『Preventing Suicide: the National Journal』의 편집장을 역임하였다.
30년간 그는 성인과 노인을 위한 대규모 공공 정신건강 프로그램을 운영하였으며, 개인심리치료와 기업 컨설팅을 하였고, 법원에서 의뢰된 환자의 치료에 관여하였다.

역자 소개

이혜선_ 고려대학교 심리학 박사 (임상 및 상담심리 전공)
임상심리전문가, 상담심리사 1급
QPR Master Trainer
고려대학교 학생상담센터 상담교수
QPR 자살예방연구소 선임연구원

〈역서〉 돌이킬 수 없는 결정, 자살(학지사), 자살의 인지치료: 자살하고 싶을 때(학지사), 십대를 위한 자살예방법(시그마프레스), 자살을 꿈꾸는 십대(시그마프레스), 말할 수 없는 고통의 치유: 자살유가족을 위한 치유 가이드(시그마프레스)

육성필_ 고려대학교 심리학 박사 (임상 및 상담심리 전공)
University of Rochester Medical Center, the Center for the Study & Prevention of Suicide, Fellow
임상심리전문가
QPR Master Trainer
용문 심리상담대학원대학교 심리학과 교수
QPR 자살예방연구소 소장

〈저서 및 역서〉 심리상담의 과정과 기법(시그마프레스), 심리상담의 전략과 기법(시그마프레스), 자살의 이해와 예방(학지사), 돌이킬 수 없는 결정, 자살(학지사), 십대를 위한 자살예방법(시그마프레스), 말할 수 없는 고통의 치유: 자살유가족을 위한 치유 가이드(시그마프레스) 등

자살심리치료의 실제

Counseling Suicidal People: A Therapy of Hope

2006년 2월 10일 1판 1쇄 발행
2024년 8월 20일 1판 10쇄 발행

지은이 • Paul G. Quinnett
옮긴이 • 이혜선 · 육성필
펴낸이 • 김진환
펴낸곳 • (주) 학지사
04031 서울특별시 마포구 양화로 15길 20 마인드월드빌딩
대표전화 • 02)330-5114 팩스 • 02)324-2345
등록번호 • 제313-2006-000265호

홈페이지 • http://www.hakjisa.co.kr
인스타그램 • https://www.instagram.com/hakjisabook

ISBN 978-89-5891-245-3 03180

정가 13,000원